KB106895

長生竹島記

장생죽도기 長生竹島記

초 판 인 쇄	2016년 08월 12일
초 판 발 행	2016년 08월 22일
편 역 주	권혁성·오오니시 토시테루
감 수	권오엽
발 행 인	윤석현
발 행 처	제이앤씨
책 임 편 집	최인노
등 록 번 호	제7-220호
우 편 주 소	서울시 도봉구 우이천로 353 성주빌딩 3층
대 표 전 화	02) 992 / 3253
전 송	02) 991 / 1285
홈 페 이 지	http://jncbms.co.kr
전 자 우 편	jncbook@hanmail.net

ⓒ 권혁성·오오니시 토시테루, 2016. Printed in KOREA

ISBN 979-11-5917-021-8 93910   정가 45,000원

장 생 죽 도 기

長生竹島記

권혁성(權赫晟)·오오니시 토시테루(大西俊輝) 편역주
권오엽(權五曄) 감 수

제이앤씨
Publishing Company

長生竹島記

▌目次▐

┃일러두기┃

1, 본 『장생죽도기』는 시마네현립 도서관소장 사적 기록원부 제1067호를 저본으로 했음.

1, 본서의 번각문과 현대일본어역과 주는 오오니시토시테루의 작업임.

1, 본서의 해설은 권혁성의 의견임.

1, 본서의 '죽도'가 '울릉도'를 의미할 경우는 '울릉도'를 병기하지 않는 것을 원칙으로 함. 또 본문 중의 '일한'이나 '한일' '일조' '조일' 등의 표현은 일본과 조선(한국)의 관계를 설명하기 위한 표현일뿐, 우선권을 인정하는 것은 아님.

1, 고문서와 번각문과 현대일본어를 병기하는 이역이나 보다 좋은 해석이 나올 수 있는 경우를 상정한 구성임.

1, 일본어표기는 원음에 가까운 표기를 위하여 일반적으로 생략하는 장음 '이·우·오'를 살려 '東京'은 '토우쿄우'로 '大阪'은 '오오사카'로, '京都'는 '쿄우토'로 표기함.

1, 'か·き·く·け·こ'는 '카·키·쿠·케·코'로, 'た·ち·つ·て·と'는 '타·치·쓰·테·토'로, 'しゃ·しゅ·しょ'는 '샤·슈·쇼'로, 'ちゃ·ちゅ·ちょ'는 '챠·츄·쵸'로 표기함.

┃凡例┃

一, 本『長生竹島記』(島根県立図書館所蔵、史籍記録 原簿第1067号)を底本にした。

一, 本書の飜刻文と現代日本語訳と註は大西俊輝が作業した。

一, 本書の解説は權赫晟の意見である

一, 「竹島」が「欝陵島」をも意味する場合は「欝陵島」は併記しないことを原則とした。また本文中の「日韓」や「韓日」、「日朝」、「朝日」などの表現は両国の表記で、前後に優先権を置くことではない

一, 古文書と翻刻文と現代日本語を併記することは異訳やより良い解釈が出てくる可能性を想定した構成である。

一, 日本語の韓国語表記は原音に近い表記を期待して一般的に省略する長音「い·う·お」を生かして「東京」は「토우쿄우」に、「大阪」は「오오사카」に、「京都」は「쿄우토」に表記することにした。一、「か·き·く·け·こ」は「카·키·쿠·케·코」に、「た·ち·つ·て·と」は「타·치·쓰·테·토」に、「しゃ·しゅ·しょ」は「샤·슈·쇼」に、「ちゃ·ちゅ·ちょ」は「챠·츄·쵸」に表記する。

長生的島記

▌감수의 변 ▌

충남대학교 명예교수 권오엽

　본서를 작업하면서 느낀 것이 두 가지다. 전승에 근거하는 기록이 얼마나 사실과 다를 수 있는가와 이처럼 난해한 문서를 용케도 해독했다는 것이다. 전승에 근거하는 본서의 내용은 일반적인 사실과 많이 다르다. 여기서 말하는 일반적 사실이란 여러 기록들이 공통적으로 전하는 내용을 말하는데, 그것과도 크게 다르다는 것이다. 안용복이 납치된 것이 1693년이었다는 것, 안용복 일행 11인이 톳토리한을 방문한 것이 1696년이었다는 것, 그 일행에 박어둔은 포함되지 않았다는 것, 안용복이 일본어로 의사를 소통할 수 있었다는 것, 납치된 안용복이 나가사키로 송환되었다는 것 등은 일반적인 내용이다.

　본서는 1696년에 안용복과 박어둔이 톳토리를 방문한 것으로 하면서도, 톳토리에서 있었던 일은 일체 언급하지 않았다. 안용복의 일본어 능력도 인정하지 않은 것이나 조선어민이 무기를 소지했다는 것 등은 일반적인 사실과 다르다.

　그런데 그처럼 일반적인 사실들과 다른 내용들이 안용복의 실체를 부각시키는 것 같아, 오히려 중요한 자료라는 생각이 든다. 안용복의 일본 경험은 납치와 방문을 통한 것인데, 그것이 일본경험의 전부라면 안용복과 오키의 주민들이 서로 친해질 기회가 없었다는 것이 된다.

　일반적인 기록에 의하면 안용복이 후쿠우라에 머문 것은 기껏해야 3박 4일이다. 그때 그는 대관에게 심문 받고 있었기 때문에 일반인들과 자유로이 교류할 수 없었다. 3년 후에 톳토리한을 방문할 때도 난풍으로 니시무라 등지를 표류했으나, 반대 측의 후쿠우라, 3년 전에 납치되어 심문받았던 그곳에는 들리지 않았다. 그럼에도 본 기록은 그곳에 들린 것으로 되어있다.

　본서는 처음으로 들린 니시무라 주민들은 물론, 다시 찾아간 후쿠우라 주민들이 친절을 배풀고 이별을 슬퍼하면서 흘린 눈물이 옷자락을 적신 것으로 기록하고 있다. 안용복도 주민들의 은혜에 감사하며 하늘을 향해 9배하고 주민들에게 3배하는 예를 취하고, 헤어질 때는 눈물을 흘렸다. 이런 관계를 어떻게 볼 것인가? 주민들이 해변에 나오는 것은 이국인에 대한 호기심으로 볼 수도 있으나 눈물을 흘리며 감사하는 것은 호기심만으로는 설명되지 않는다.

　안용복과 오키 주민의 교류를 납치당했을 때에 한정하고 있으나, 이국인의 접촉을 금하는 시기였음에도 안용복을 환영하는 것을 보면, 그 이상의 교류가 있었던 것으로 보아야 한다. 본서에 일반적인 인식과 다른 내용이 많은 것은, 그런 교류들을 인식하 못한 편자가 지역의 공통인식, 즉 안용복의 도일이 2회였다는 인식에 맞추어 정리한 결과 같다. 안용복과 오키 주민들의 친밀했던 관계가 1696년의 방문기에 무리하게 혼합되어, 그 같은 모순을 노정하고 있는 것이다.

안용복과 주민들이 재회를 반기고 이별을 슬퍼했다는 것은, 그들이 서로 신뢰하고 있었다는 것으로, 그렇게 신뢰할 수 있을 정도의 교류가 있었다는 것을 의미한다. 또 그것은 안용복이 오키 주민들에게 이익을 주었거나 이익을 도모하는 일을 같이 하고 있었다는 것을 의미한다. 그들은 장기간에 걸쳐 반복적으로 교류하고 있었다는 것으로 볼 수도 있다. 본서의 독자적인 내용이 그런 가능성을 시사하고 있다.

그 가능성은 안용복을 납치한 선장 부인을 통해서도 엿볼 수 있다. 선장의 부인 테루는 20세로, 선장에게 어울리지 않을 정도로 아름다웠다. 그 부인이 다른 사람도 아닌 남편이 납치한 이국남성에게 웃옷을 벗어 주었는데, 그것은 단순한 동정으로 볼 수 없는 행동이었다. 부인과 선장과 안용복의 갈등 관계도 연상할 수 있는 상황이다. 40대의 이국남성에게 선장의 부인이 옷을 벗어주는 설정은, 국적과 나이를 초월한 인간 관계를 추정하게 한다.

이것을 동해안에서 이루어지는 밀무역과 같은 이권다툼과 연계하면 더 복잡한 설정도 가능하다. 어쩌면 선장과 안용복이 테루를 매개로 하는 연적이었을 가능성도 있다. 또 그것은 해상에서 이루어지는 밀무역에 근거하는 이국 남녀간의 인연 등으로 발전할 수도 있다. 그런 여지와 가능성을 본서의 독자적인 내용이 제공하고 있는 것이다.

독도에 관한 고문서의 해독은 어려운 일이다. 그것은 좋은 문장이라고 할 수도 없으면서 감동을 주는 내용도 아니다. 특수한 목적을 가지지 않으면 접할 필요도 없는 것들이다. 그래서 대부분의 자료가 해독되지 않은 채로 존재한다. 필요하면 그 부분만 해독하고 있었다.

그것은 현명한 방법이 아니다. 기록은 전체를 보아야 한다. 그리고 그 전체 속에서 부분의 의미를 규명해야 한다. 그런 의미에서 일본에 존재하는 독도관련 자료를 소개하고 있으나 능력의 한계에 부닥치는 경우가 많다. 그러던 차에 신예 권혁성 박사가 참여해주어, 장기간 방기되었던 본서를 연구계에 제공할 수 있게 되어 다행이다. 이보다 더한 것은 이윤이 보장되지 않는 본서의 출판을 제이앤씨가 맡아준 일이다. 고마운 일이다.

2016년 5월 8일

東山　權五曄

▌監修の弁▐

　本書の作業をしながら感じたことが二つある。伝承に基づいた記録がどれほど事実と乖離するかという点と、このように難解な古文書を何とか解読でき事実に対する驚きである。伝承に基づく本書の内容は一般的な事実とは大きく違う。ここで言う一般的事実とは諸記録が共通して伝えている内容を言うが、それは絶対的なものではない。安龍福が拉致されたのが1693年であったということ、安龍福の一行11人の鳥取藩への訪問が1696年であったということ、その一行に朴於屯は含まれていなかったということ、安龍福が日本語で意思表現ができたということ、拉致された安龍福が長崎へ送還されたということ等は一般的に通用する内容である。

　ところで本書では1696年に安龍福と朴於屯が共に鳥取藩を訪問したとしながらも鳥取においてのことには一切言及しなかった。安龍福の日本語能力をも認めなかったことや朝鮮漁民が武器を所持したということなどは一般的事実と異なる。

　ところでそのように事実と異なっている内容が安龍福の実態を浮彫りにしているようで、むしろ重要な資料と思われる。安龍福の日本経験は拉致と訪問を通じたものであるが、それが日本経験の全てなら安龍福と隠岐住民とが互いに親しむ機会はなかったと言うわけである。

　一般的記録によると、安龍福が福浦に留まったのは精々三泊四日である。そのとき安龍福は代官に審問されていたので一般人と自由に交流できなかった。三年後に鳥取藩を訪問するときも難風で西村等の地を漂流したが、反対側の福浦には寄らなかった。ところが本記録では福浦へ寄ったことになっている。

　本書は初めて寄った西村の住民はもちろん、また訪ねた福浦の住民らが親切に応対し、別れを悲しみながら流した涙に袂が濡れたことに記録している。安龍福も住民らの恩に感謝しながら天をさした後九拝し、住民らには三拝する礼を取り、別れる際には涙を流した。この関係をどう見るべきか。住民らが海辺に出ることは異国人に対する好奇心とも見なせるが、涙を溢しながら感謝することは好奇心だけでは説明できない。

　安龍福と隠岐住民との交流を拉致されたときに限っているが、異国人との接触を禁じる時期であったにも関わらず安龍福を歓迎しているのを見ると、それ以上の交流があったと見るべきである。本書に一般的認識と異なる点が多いのは、そのような交流を認識出来なかった編者が地域の共通認識、つまり

安龍福の渡日が二回であったという認識に合わせて整理した結果であろう。安龍福と隠岐注民らの一般的関係が1696年の訪問記に無理矢理混合され、そのような矛盾を露呈しているのである。

　安龍福と住民らが再会を喜び別れを悲しむという事は、彼らがお互いに信頼しており、そのように信頼出来る程度の交流があったことを意味する。またそれは安龍福が隠岐住民に利益を与え、共に利益を図ることを行なっているという事実をも示唆する。彼らは長期間に渡って反復的に交流していたことにもなる。本書の矛盾的内容がその可能性を示唆している。

　その可能性は安龍福を拉致した船頭の夫人を通じても伺える。船頭の夫人テルは20才で、船頭に似合わないほど美しかった。その夫人がほかでもない、夫が連れ去ってきた異国男性に脱いだ羽織を掛けてやったということは単純な同情心とは見られない。夫人と船頭と安龍福との葛藤関係も連想できる状況だ。40代の異国男性に船頭の奥様が服を脱いで掛けるという設定は、国籍と年齢を超越した人間関係を推定させる。

　これを東海で行われる密貿易のような利権活動に連携させると、もっと複雑な設定も可能である。もしかすると船頭と安龍福がテルを媒介とする恋敵であった可能性もある。またそれは海で行われる密貿易に根拠する異国男女間の因縁などにも発展し得る、その余地と可能性を本書の矛盾する内容が提供するのである。

　独島に関する古文書の解読は難しい。それは良い文章とも言えず感動を与える内容でもない。特殊な目的がなければ接する必要もない物である。それで、大部分の資料が解読されないまま存在する。必要ならその部分だけを解読していた。

　それは賢明な方法ではない。記録は全体を見るべきである。そして、その全体の中から部分の意味を探求しなければならない。その意味で日本に存在する独島関連の資料を紹介しているが、能力の限界にぶつかることが多い。そういう時、新鋭コンヒョクソン博士の作業で、長い間放棄されていた本記録を整理して研究界に提供することができ、幸いである。それより幸甚なことは利が保障されない本書の出版をJ&C出版社が引き受けて下さったことである。有り難いことである

2016年5月8日

東山　權五曄

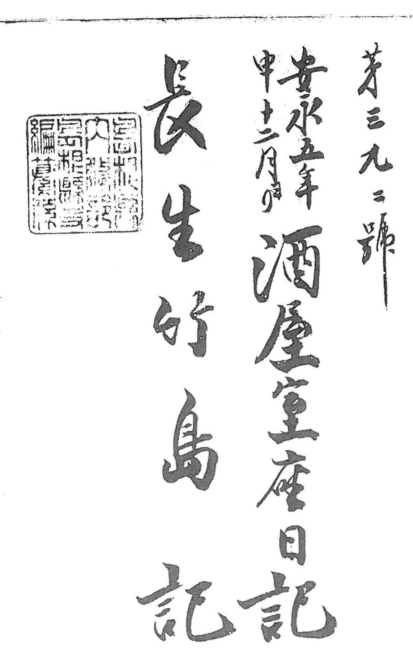

芽三九二號

安永五年
申十二月日

酒屋室座日記

長生竹島記

史籍
記録原簿第一〇六七号

記録原簿第一〇六七号　　紙数二十六枚

長生竹島記

史籍記録　原簿第一〇六七号　　　紙数二十六枚

長生竹島記

ちょうせいたけしま き
長生竹島記

사적기록 원부 제1067호　　지수 26매

쵸우세이타케시마키
장생죽도기

長生的島記

一、長生竹島記　序

장생죽도기의 서

長生竹島記序

地れ本朝隠岐三ツ子乃㴱よ里西海遠ふすなれ
て。名も千代万代が経ぬらん松島竹島と云ふ二
島なりさうも竹島ゟ廣々なり比類なき漠場な
りといへとも古今み異朝の筆通ひ得ざるふさ
話める元録の半中

長生竹島記　序

それ本朝隠岐三ツ子の洲よ里。西海遙にはなれて。名も千代万代を経ぬらん松島竹島と云ふ二島あり志可も竹島は広々たる比類なき漁場なりといへとも古今に異朝の輩通ひ得ざるにころは元禄の年中

【一、長生竹島記　序】

　さて[話しを始めれば]本朝[大八洲の一つ]隠岐の三つ子の洲から西海[に向けて]遙かに離れて[島がある。その]名は千代万代を経るというばかりの松島と竹島で、そのような[長生を称する]二島である。しかもこの竹島は、広々とした比類のない漁場でありながら、古くから今に到るまで、異国からの者共が[ここに]通うことの無い[島で、また漁を行なうことの無い]島であった。そのような中で、時代は元禄(一六八八〜一七〇四)の年中のことであった。

【1, 장생죽도기의 서】

　그런데 [이야기를 시작하자면] 우리나라 [오호야시마의 하나]인 오키노미쓰고노시마에서 서해[를 향하여] 멀리 떨어진 [섬이 있다. 그] 이름은 천대 만대에 걸쳐 영원하다고 하는 마쓰시마와 타케시마로, 그렇게 [장생을 의미하는] 2도가 있다. 그것도 이 타케시마는 옛날부터 지금까지 이국 사람들이 왕래하는 일이 없는 섬이었다. 그러한 가운데 시대는 겐로쿠(1688〜1704) 시대의 일이었다.

将軍家親公の御代幸を重。隠岐の島より渡海し
て漢となす或ハ時朝鮮のり渡り来り居けれ
ハ。酒宴み長しさ,きバおびき出して隠岐渕ヽ連
れ飯り猶馴添。重りれバ亦後幸。千里の海上を漢
船み遊んて和漢両朝ひ義理を発すされい隠雲。
朝鮮ろ契り写ふして役島の常磐堅磐みとり色

将軍家綱公の御代年を重。隠岐の島より渡海して漁をなす或ル時朝鮮のもの渡り来り居けれハ。酒宴に長しこれをおびき出して隠岐洲へ連れ帰り猶馴染。重ければ亦後年。千里の海上を漁船に遊んて和漢両朝の義理を発すされハ隠雲。朝鮮の契り厚ふして彼島の常磐堅磐みとり色

[すでに前代の]将軍、徳川家綱公の御治政(一六五一～一六八〇)の頃から^(註1)年々に年を重ね、隠岐の島から[この島へ]渡海をし、漁を行なう事があった。だが[この元禄に到り]或る時^(註2)[この島に]朝鮮の者共が渡り来る事があった。[彼等は島に]居続けて[漁を行なって]いたので、酒宴を盛り上げ[酔う中で、その内の二人を]おびき出し、隠岐の洲へと連れ帰った。[異国人の渡島の証拠を公儀へ報告するためである。この隠岐への連行の間に、この二人の朝鮮人は]猶[いっそう日本人と]馴染を重ね[親しい交流の絆を築いて]いった。[その後、帰国した彼等は]それゆえ、また後年^(註3)この千里の海上を[再び]漁船を仕立て、渡り来た。[彼等は]和(日本)漢(唐国すなわち韓国)の両国[交流]の義理[筋道]を立て[その友好の証を、ここで示し]発したのである。そのような出来事があったので、そうであれば、ここに隠岐と出雲[を含む大八洲の本朝]と[その隣国である]朝鮮との[親しい交流の]契りが[いっそう]厚くなることを乞い願うばかりである。また彼の島の常磐堅磐[すなわち永遠に変わらぬ目出度い頑丈な岩]のように[その岩に永遠の草木が茂り、豊かな]緑色を

[이미 전대의] 장군 토쿠가와 이에쓰나 공이 정치를 하실(1651~1680) 때부터 매년 해를 거듭하여, 오키노시마에서 [이 섬으로] 도해하여 어렵을 했다. 그러나 [겐로쿠 시대가 되자] 어느 때부터인가 조선인들이 건너오는 일이 있었다. [그들은 섬에] 머물면서 [어렵하고] 있었기 때문에, 주연을 벌려 [취하게 한 다음에 두 사람을] 끌고 오키노시마로 돌아왔다. [이국인이 도해한다는 증거를 장군에게 보고하기 위해서였다. 오키에 연행되었을 때, 두 조선인은] 더 [한층 일본인과] 익숙해지는 일을 반복하며 [친한 교류의 인연을 만들어] 갔다. [그 후에 귀국한 그들은] 그렇기 때문에, 또 후년에 천리 해상을 다시 어선으로 건너왔다. [그들은] 일본과 조선 양국이 [교류하는] 의리적 [모범]을 보이고 [우호의 증거를 보이며] 건너온 것이다. 그와 같은 일이 있었기 때문에, 그렇다면 여기에 오키와 이즈모[를 포함하는 오오야시마의 본조]와 [인국] 조선의 [친밀한 교류의] 서약이 [한층] 돈독해지는 것을 원할 뿐이다. 또 그 섬의 단단한 바위 [즉 영원히 변하지 않는 단단하고 강한 바위]처럼 [그 바위에 영원의 초목이 우거져 풍성한] 녹색을

その壽みたよりて愛以長生竹島記と号ゝ万里
の海上展転不祥といへとも後見の諸がへり
みすひそりみ予先輩此佳しなき筆を馳らしめ
家その奇博を記すゝその郎らし

于時享和元
辛酉初春
　　　　雲陽大社赤人墳さと
　　　　　　　　矢田髙當タカマサ

そふ寿にたよりて爰以長生竹島記と号し万里の海上展転不祥といへ共後見の諧をかへりみすひそか
に予老耄のつたなき筆を馳らしめて。その奇事を記すものならし

雲陽大社赤人墳<ruby>赤<rt>さと</rt></ruby>

　　于時享和元　　　　　　矢田<ruby>高當<rt>タカマサ</rt></ruby>

　　辛酉初春

添え育ってくれるように、栄寿[長生の友好が、この両国の間で]続くように[祈り願うことにする。それ
ゆえ]この拙文を[私は]長生竹島記と名付けることにした。[だが私の筆の運びは、その島の浮かぶ]
万里の海上を展転[疾走する船のように、滑らかには進まない。またその内容も誇るほど]詳らかなも
のではない。だが後[の世の]眼に曝され[その拙さのゆえに]たとえ 諧謔 (冗談)とも受け取られよう
と、そのような批難をも省みず、密かに私は筆を走らせ、老いたゆえの耄碌の文を、ここで綴り、この
奇事を[後世のために]記そうと思う。

雲陽大社(註4)赤人墳(註5)[の社人]矢田高當[これを記す]

　　時は享和元年(一八〇一)辛酉の年(註6)の初春[である]

뒤덮으며 자라는 것처럼 영수 [장생의 우호가, 양국간에] 계속되도록 [기도하며 원하기로 한
다. 그렇기 때문에] 이 졸문을 [나는] 쵸우세이타케시마키로 명명하기로 했다. [그러나 내 붓
의 움직임은 섬이 떠있는] 만리 해상을 미끄러지듯 [질주하는 배처럼 매끄럽게 나가지 못한다.
또 내용도 자랑할 만큼] 자세하지 않다. 그러나 후[세인의] 눈에 띄어 설령 해학(웃음거리)으
로 취급된다 해도, 그런 비난을 각오하고 은밀하게 나는 붓을 놀려, 늙었기 때문에 어눌한 문장
을 엮어, 기이한 일을 기록하려고 생각한다.

운요우타이샤 샤쿠진사토 야다 타카마사

　　때는 쿄우와 원년(1801) 신유년의 초춘

[주1] 장군가 이에쓰나공이 통치할 무렵

하큐슈우 요나고 상인의 죽도도해 사업이 시작된 것은 제4대 장군 이에쓰나의 시대가 아니다. 그것은 제2대 장군 히데타다의 시대이다.

将軍家綱公の御治政の頃

伯州米子の商人による竹島渡海事業が始まったのは、第四代将軍、徳川家綱の時代ではない。それは第二代将軍、徳川秀忠の時代である。

[주2] 어느 때

조선인 둘을 일본에 끌고 돌아왔다는 것은 겐로쿠 6년(1693)의 일이다. 그러나 그이전부터 조선 어민은 요령껏 섬에 건너다니고 있었다. 많이 건너와 일본 어민과 조우하게 된 것은 겐로쿠 5년(1692)부터 이다.

或る時

朝鮮人二人を日本に連れ帰ったというのは元禄六年(一六九三)のことである。だが、それ以前から朝鮮人漁民は、細々と島に渡っていた。大挙して渡り、日本人漁民と遭遇するようになったのは元禄五年(一六九二)からである。

[주3] 후년, 겐로쿠 9년(1696)의 일이다

後年, 元禄九年(一六九六)のことである。

[주4] 운요우 타이샤

시마네켄 히카와군 타이샤쵸우에 있는 이즈모 타이샤(키즈키타이샤)를 말한다.

雲陽大社、島根県簸川郡大社町にある出雲大社(杵築大社)のことである。

[주5] 샤쿠진사토(아카히토노야시로)

이즈모타이샤의 해변에 있는 셋샤(부속된 신사) 「아카비토(아카훈)샤」의 직원, 즉 묘를 지키는 마을 사람을 말한다. 지금도 현지에는 아카쓰카코우진쟈가 남아 있다. 이 일대는 아카쓰카의 지명이다. 야타 타카마사는 이즈모 타이샤에 사는 사람으로 당시 이즈모 타이샤의 부속사인 「아카히토샤(아카쓰카샤)」의 신수(칸누시)로서 이곳의 제사나 기도, 그리고 해변 사람들의 상담에 응하고 있었던 것 같다. 그러한 생활 속에서 타케시마(울릉도)에 관한 이야기를 해변 사람들한테 들은 것이다.

아라카미란 글자 그대로 날뛰는 신으로 주의하여 제사할 필요가 있는 신이지만, 키즈키에서는 토지의 수호신으로 여러 곳에서 모시고 있다. 그곳 사람들의 말하는 것에 의하면 수 백년 전에 토지신(쓰치노미치노카미)으로 해서, 사당을 지어 제사지내고 있었으나 꿈에 나타나 요구한 대로 사전을 세웠다 한다. 현재는 스사노오를 제신으로 한다.

赤人墳

矢田高當は出雲大社の浜辺にある摂社「赤人(赤墳)社」の社人、すなわち墳守の里人を言う。今も現地には赤塚荒神社が残っている。この一帯は今も赤塚の地名である。矢田高當は出雲大社の社人で、当時、出雲大社の摂社「赤人社(赤塚社)」の神守(神主)として、この地の祭祀や祈祷、また浜人の種々の相談事に乗っていたのかもしれない。そのような中で、竹島に関する話を、この浜人の一人から聞き出したのである。

荒神とは、書いて字のごとく荒ぶる神で、注意して祀る必要があるとされる神であるが、杵築では、土地の守護神としてこの神が各所で祀られている。地元の言い伝えによれば、数百年前、土祖神(つちのみおやのかみ)として祠を建てて祀っていたが、夢のお告げにより社殿を建てたものという。現在、祭神はスサノヲである。

주6 쿄우와 원년(1801)이란 칸세이 13년에 해당하는 해로, 이 시대에 칸세이 개혁을 하고 있던 마쓰다이라 사다노부가 실각(칸세이 5년 7월, 1793년)하여, 막부의 집정 방침이 크게 전환하기 시작했다. 타누마 시대와 같은 중상주의 정책, 그리고 북방영토에 대한 적극적 개척정책이 다시 채택되었다. 사다노부가 실각한 직후인 1793년 9월에 에도 후키아게교엔에서, 장군 이에나리는 표류민 다이코쿠야 코우다유우와 이소키치를 알현했다.

에카테리나 여제가 통치하는 러시아의 정세, 그리고 세계 정세를 장군이 몸소 청취했다. 다음 1794년에 아라이 하쿠세키의 손자 아라이 나루미가 조부 하쿠세키의 『서양기문』을 막부에 제출했다. 드디어 막부 그리고 장군은 해외를 향하여 눈을 뜨기 시작했다. 1796년과 1797년에 영국의 탐험가 브로톤이 해도를 작성하기 위해 에도만을 포함한 일본 근해를 탐색하여 에토모(북해도 무로란)에 입항했다. 쓰시마에서는 외국선이 빈번하게 출몰한다는 보고가 있었고 마쓰마에에서는 러시아인이 에토로후도에 상륙했다는 보고가 있었다. 닫힌 바다가 조금씩 열리기 시작한 것이다. 콘도우 쥬우소우가 대일본 에토로우의 표주를 세운 것은 칸세이 10년으로, 1799년(칸세이 11)에는 타카타 야카베에도 에토로후 항로를 개척했다.

그리고 1800년(칸세이 12)에는 막부 천문방의 이노우 타다타카 등의 에소지 측정이 있어, 막부의 오난도토리시마리격인 토가와 야스노부 오난도역인 오오카와치 마사토시 등의 측량대는 막부의 명을 받아 이즈·사가미·무사시·카즈사·시모사·히타치·무쓰 연안을 차례 차례 측량했다. 막부로서는 바다에 대한 관심이 필요하게 되었다. 그리고 5월에 막부 후신역의 나카무라 코이치로우 등이 카라후토를 순시하고, 6월에는 막부 지배 감정인 토미야마 모토쥬우로우 등이 우룻푸 섬에「천장지구대일본속도」라는 표주를 세웠다. 오란다 통사 시즈키 타다오가 상관 의사 켄벨의『일본지』를 초역하여『쇄국론』이라고 제목한 것이 이 해의 일로, 일본이 쇄국상태에 있었다는 것을 충분히 자각하는 시대였다. 혼다 토시아키가『교역론』을 발표한 것도 이 해의 일로, 넓고 미개한 토지를 개척하여 적극적으로 대외교역을 하는 이점을 말하고 있다. 야다 타카마사가 바다에 눈을 돌려 서해의 먼 곳에 있는 섬(마쓰시마와 타케시마)에 대해, 그것을 소개하는 기사『장생죽도기』를 쓰려고 한 것은 이러한 시대적 배경이 있었기 때문이다.

享和元年辛酉の年

　享和元年(一八〇一)とは寛政十三年に該当する年であり、この時代、寛政の改革を行っていた松平定信の失脚(寛政五年七月)があり、幕府の執政方針は大きく転換し始めた。田沼時代のような重商主義政策、そして北方領土に対する積極的な開拓政策が、再び採られるようになっていく。定信失脚直後の寛政五年九月、江戸吹上御苑において、将軍家斉は漂流民大黒屋光太夫と磯吉に謁見した。

　エカテリーナ女帝の統治するロシア情勢、そして世界情勢を、将軍自らが聴取した。翌六年、新井白石の孫・新井成美が祖父白石の『西洋紀聞』を幕府に呈出している。ようやく幕府そして将軍は、海外に向けて、目を開き始めた。寛政八年と九年、イギリスの探検家ブロートンが海図作成のため、江戸湾を含む日本近海を探索し、絵鞆(北海道の室蘭)に入港している。対馬からは、外国船が頻繁に出没することの報告があり、松前からはロシア人が択捉島に上陸したことの報告があった。閉ざされていた海は少しずつ綻びを見せ、開かれ始めたのである。近藤守重が大日本恵土呂府の標柱を建てたのは寛政十年のこと、翌寛政十一年には高田屋嘉兵衛も択捉航路を開拓している。

　そして寛政十二年には幕府天文方の伊能忠敬らの蝦夷地測量があり、幕府御納戸頭取格の戸川安諭、御納戸役の大河内政寿らの東蝦夷地巡行(国後島までも巡行した)もある。そして、この享和元年が来る。伊能忠敬らの測量隊は、幕命を受け、伊豆・相模・武蔵・上総・下総・常陸・陸奥の沿岸を次々に測量する。幕府にとって海に対する目配りが必要となっていた。そして、この五月、幕府普請役の中村小市郎らが樺太を巡視し、六月には幕府支配勘定の富山元十郎らが得撫島に

「天長地久大日本属島」という標柱を建てている。オランダ通辞の志築忠雄が、商館医師ケンペルの『日本誌』を抄訳し『鎖国論』と題したのは、この年のことで、日本が鎖国状態にあるという事を、しっかりと自覚する時代であった。だが本多利明が『交易論』を発表したのも、この年のことで、広く未開の土地を開拓し、積極的に対外交易を行うことの利を説いている。矢田高當が海に目を向け、西海の沖合の島(松島と竹島)について、その紹介記事『長生竹島記』を書こうとしたのは、このような時代的背景があったからである。

해설1 『코지키』의 논리

『장생죽도기』를 이해하기 위해서는 『코지키(古事記)』가 이야기하는 신화의 내용을 알아야 한다. 『코지키』는 천황이 일본을 통치해야 한다는 정통성, 천황이 통치하는 일본이 천하의 중심이라는 것을 확인하기 위한 관념의 기록이다.

『코지키』의 공간은 천과 지로 구성되는데, 천상의 타카아마노하라(高天原)가 지상의 아시하라나카쓰쿠니(葦原中國)를 건설하고, 통치자를 파견하여 통치한다. 그래서 葦原中國는 高天原에 종속되기 때문에 葦原中國는 高天原가 파견한 천손의 후손만이 통치할 수 있다. 葦原中國는 신들이 사는 세계로, 高天原의 후원을 받아 같이 존재하는 요모쓰쿠니(黃泉國), 카이진노쿠니(海神國), 네노카타스쿠니(根之堅州國)를 속국으로 거느리는 중심국이 된다.

그러다 葦原中國는 오오야시마노쿠니(大八島國)로 이름이 바뀐다. 이 大八島國는 高天原가 파견한 천손 중에서 천황의 자리에 오른 후손이 통치하는 나라다. 그런데 大八島國도 高天原의 수호를 받기 때문에 같이 존재하는 新羅와 百濟를 속국으로 하는 천하의 중심국이 된다. 그것이 『코지키』의 논리다. 高天原가 천황이 통치하는 大八島國를 수호하기 때문에 같이 존재하는 신라와 백제는 大八島國의 속국이라는 『코지키』의 논리는 사실에 근거하는 것이 아니라. 일본을 천하의 중심으로 보려는 자들의 관념에 근거하는 허구일 뿐이다.

해설2 오오야시마노쿠니(大八島國)

高天原의 명을 받은 이자나키노미코토(伊耶那岐命)와 이자나미노미코토(伊耶那美命)가 낳은 여덟 개의 섬으로, 신들이 통치할 때는 葦原中國로 불리다 천황이 통치하게 되면서부터는 大八島國로 불렀다. 8도 중에서 3번 째 태어난 섬이 오키노시마(隱岐島)이다. 『코지키』는 그 섬을 오키노미쓰코노시마(隱伎之三子島)라 했다.

그런데 『長生竹島記』가 隱岐島를 오키미쓰코노시마(隱岐三ツ子洲)라고 호칭하는 방법으로 『長生竹島記』가 이야기하는 세계를 『코지키』의 세계와 연계시키고 있다. 그것은 隱岐島를 高天原가 수호하는 섬으로 해서 같이 존재하는 마쓰시마(松島)와 타케시마(竹島)를 일본의 섬으로 하려는 것을 목적으로 한다.

해설3 오키노미쓰코노시마(隱伎之三子島)

먼 바다에 있는 섬. 오키노시마(隱岐島). 4개의 섬으로 이루어진 隱岐島는 도우고(島

後)와 3개의 작은 섬이 모인 도우젠(島前)으로 나뉜다. 島前이 3개의 섬으로 이루어진 것에 기인하여 미쓰코노시마(三子島)로 표현했을 것이다.

해설 4 토키와카키와(常磐堅磐)

사물이 영구히 변하지 않는 것. 항상 변하지 않는 것. 영원히 변하지 않는 것. 상록수의 잎이 언제나 푸르듯이 언제나 변하지 않는다는 것을 의미한다.

해설 5 出雲大社

일본신화에 의하면 오호쿠니누시노카미(大國主神)가 천신에게 나라를 양도할 때, 그 대가로 천손이 사는 것과 같은 정도의 큰 궁전을 지어달라고 요구하여 조영된 것이 이즈모타이샤(出雲大社)의 시초라고 한다. 고대부터 키즈키타이샤(杵築大社: 카즈키노오오야시로)라고 불렀으나, 1871년(明治 4)에 出雲大社로 개칭했다. 엔기시키(延喜式) 神名帳에는 「出雲国出雲郡 杵築大社」라고, 名神大社로 열거되어 있다. 神階는 867년(貞觀 9년)에 正二位까지 올랐다. 江戶時代에는 社領五千石을 받았다. 1871년(明治 4)에 官幣大社에 列格한 후에, 大正時代에 勅祭社가 되었다. 현재는 신사 본청의 別表神社가 되었다. 창건 이래 아마테라스오오카미(天照大神)의 아들 아메노호히노미코토(天穗日命)를 선조로 하는 이즈모쿠니노미얏코(出雲國造)가 제사를 담당했다. 현재에도 황실의 사람이라 해도 본전 안에는 들어가지 못한다. 60년에 한 번 신체를 임시거처로 옮긴 후에 본전의 내부와 지붕을 공개한다.

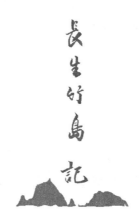

長生的島記

二、長生竹島記　目録

장생죽도기 목록

長生竹島記目録

一從隱岐洲ニ竹島江渡海傳聞之事

一同洲ヘ從ニ出雲國海上道洛渡海津口之事

一從ニ全洲松島江竹島九津懸リ之事

一從ニ全洲竹島渡海天海上道洛之事

一同洲渡ル。大明神御神德を以竹島渡海之事

一從ニ同洲竹島ヘ渡海六度目朝鮮人ニ出會ふ驚たる事

一從ニ同洲竹島ニ渡海七度目唐人酒宴ニ長したる事

一從ニ同洲唐人連來リ御注進之事
　附リ見藻之綵リ戲文之事

長生竹島記　目録

一、従⁼隠岐洲⁼竹島ᴴ渡海伝聞之事

一、同洲ヘ従⁼出雲国⁼海上道法渡海津口之事

一、従⁼同洲⁼松島ᴴ竹島丸津懸り之事

一、従⁼同洲⁼竹島渡海ᴴ海上道法之事

一、同洲渡ル。大明神御神徳を以竹島渡海之事

一、従⁼同洲⁼竹島ヘ渡海六度目朝鮮人ᴺ出合。互ᴺ驚たる事

一、従⁼同洲⁼竹島ᴴ渡海七度目唐人酒宴ᴺ長したる事

一、従⁼同洲⁼唐人連来り御注進之事、

　　附り貝藻の綴り戯文之事

【 二、長生竹島記　目録 】

一、隠岐洲より竹島への渡海伝聞の事

一、同洲ヘ出雲国より海上道法そして渡海の津口の事

一、同洲より松島へ竹島丸の津懸りの事

一、同洲より竹島への渡海ならびに海上道法の事

一、同洲渡。大明神の御神徳を以て竹島へ渡海の事

一、同洲より竹島へ渡海六度目、朝鮮人に出合い互いに驚きたる事

一、同洲より竹島へ渡海七度目、唐人の酒宴に長じたる事

一、同洲より唐人を連れ来り御注進の事、

　　附たりとして貝藻の綴り戯文の事

【 2, 장생죽도기 목록 】

1. 오키노시마에서 타케시마에 도해하는 일을 전해 들은 일

1. 이즈모노쿠니에서 동주에 가는 해상의 도법, 그리고 도해포구의 일

1. 오키노시마에서 마쓰시마로 가는 타케시마마루가 거쳐가는 포구의 일

1. 오키노시마에서 타케시마로 도해하는 해상의 거리에 관한 일

1. 오키노시마의 도대명신의 신덕으로 타케시마에 도해하는 일

1. 오키노시마에서 타케시마에 6회째로 도해하여, 조선인을 만나서 서로 놀란 일

1. 오키노시마에서 타케시마에 7회째로 건넜을 때, 조선인이 주연에 능한 일

1. 오키노시마에서 조선인을 끌고 와서 보고한 일

　　첨부　조개 해초를 열거한 희문의 일

一　従ニ同島ニ唐人連来 乃　刎舩中ニ乗り卸シ尋問之事

一　従ニ同島ニ八年目ハぺんてふ虎ヘ ひ義を糺して
　　隱州江再ヒ渡海之事
　　　　　以上

一、從二同島一唐人連来る刻船中乗り 飄^{はしり} 尋問之事
一、從二同島一八年目あべんてふ虎へひ義を紃して隠洲江再ヒ渡海之事

以上

一、同島より唐人を連れ来る刻^{きた}、船中乗飄^{じょう はん}、尋問^{じんもん}の事
一、同島より八年目、あべんてふ^(註1)虎へひ^(註2)義を紃^{ただ}して隠洲へ再び渡海の事

以上

1. 타케시마에서 조선인을 끌고 올 때 선중에서 심문한 일
1. 타케시마 도해 8년째, 아벤테후와 토라헤히가 의를 따져 인슈우에 다시 온 일

이상

주1 안벤테후

안벤테후는 동래인 안용복을 말한다.

あべんてふ

あべんてふとは東萊人の安龍福(安用卜)のことである。

주2 토라헤히

토라헤히란 울산 사람 박어둔을 말한다.

虎へひ

虎へひとは蔚山人の朴於屯のことである。

《安龍福像(釜山水営史跡公園内)》

해설1 일본의 안용복

안용복은 울릉도에서 일본 어민들에게 납치되어 각지를 전전하면서 많은 정보를 수집할 수 있었다. 그는 심문을 받을 때마다 독도와 울릉도의 영유권을 주장하여, 관백이 그것을 인정하는 서계까지 받았다. 그런데 이상한 것은 안용복을 납치했던 톳토리한(鳥取藩)의 태도이다.

범죄자라며 납치하여 처벌을 요구했으면서도, 송환할 때는 의사를 포함한 90인의 호송단을 구성하여 안용복과 박어둔을 가마에 태우고, 앞에서 물을 뿌리고 옆에서는 부채질을 했다. 인계받은 쓰시마한(對馬藩)이 소지품을 빼앗고 냉대한 것을 감안하면 의문은 더 커진다. 탈취한 물품에 관백한테 받았던 서계도 포함된 것으로 보아야 한다.

쓰시마한은 6개월이나 안용복을 심문한 후에 조선에 양도했는데, 조선은 안용복이 제공하는 정보를 무시하고, 쓰시마의 주장을 믿다가 울릉도를 침탈 당할 위기를 자초하기도 했다. 죽도와 울릉도가 동도라는 것을 알면서도, 죽도는 일본 땅, 울릉도는 조선 땅이라는 문서를 건네 울릉도만이 아니라 독도까지 빼앗길 뻔했다.

납치당했다 송환되었음에도 안용복은 2년형을 복역해야 했고, 형기를 마친 안용복은 쓰시마한의 비리를 소송하겠다며 다시 톳토리한을 방문하여 쓰시마한의 비리를 막부에 고발했다. 그런 안용복의 활동을 사적인 이익활동으로 보려는 의견이 많으나 안용복의 진술과 남구만의 외교정책을 같이 생각하면, 안용복의 톳토리한 방문은, 중간에서 사실을 왜곡하는 쓰시마한을 제외하는 외교노선을 개척하려는 남구만의 밀명을 받고 간 것으로 보아야 한다.

쓰시마한이 조선과 일본 사이에서 사실을 왜곡하고 있다는 것을 잘 아는 영의정 남구만은 쓰시마한이 아닌 톳토리한을 통해서 막부에 사실을 전달하는 외교노선을 새로 구축하려고 했다. 그래서 쓰시마한이 막부의 뜻과 다른 요구를 한다는 정보를 제공한 안용복을 톳토리한에 파견하여, 쓰시마한의 비리를 막부에 전달했다. 막부도 톳토리한을 통해 안용복이 제출한 서류를 접수하고 처리하려 했으나, 쓰시마한의 요구에 따라 기각하고, 안용복 일행을 톳토리한에서 돌려보내게 했다.

그런 안용복의 행적과 진술을 인정하게 되면, 일본의 역사적 정통성은 물론 국제법의 근거도 상실된다. 그래서 일본은 안용복의 독도인식을 부정하는데, 안용복의 독도인식은 조선의 기록만이 아니라 일본의 기록도 전하고 있다. 그래서 일본은 조선의 기록은 부정하고 일본의 기록은 자의적으로 해독하려 한다.

일본은 안용복이 천민이라는 신분과 그가 칭한 관직명이 어울리지 않는다는 논리,

에도에서 관백의 서계를 받았다는 사실을 허구로 단정하는 논리, 납치되기 전에는 독도의 존재를 몰랐다는 논리, 조선의 국법을 위배했다는 논리 등으로 안용복을 부정하고 있다.

해설2 박어둔(朴於屯)

박어둔과 안용복이 같이 납치되었음에도 기록은 안용복 중심으로, 박어둔은 부수적으로 취급한다. 일본에서의 행적은 일본어 능력에 의한 결과로 볼 수도 있으나 조선의 기록도 안용복 중심이라는 것은, 안용복이 보다 적극적이었기 때문일 것이다. 박어둔을 구출하려다 납치 당한 일이나 쓰시마한의 정보를 제공하는 것 등을 보면 안용복이 적극적이었던 것은 분명하다. 그런 가운데도 『변례집요』와 『죽도기사』는 박어둔과 그 가족들의 진술과 행적에 근거하여 기록했다.

안용복의 신상은 크게 『죽도고』가 안용복의 것으로 해서 전하는 호패와 안용복의 진술을 근거로 하는 것으로 나눌 수 있는데, 양자의 내용이 달라 호패는 안용복의 것으로 볼 수 없다. 그에 비해 박어둔의 호패는 구술서는 물론 울산부호적대장에 있는 것과도 일치한다. 호적이 전하는 박어둔은 1661년에 大代面에서 정병 朴己山의 아들로 태어나 蔚山府 靑良面 目島里로 이주한 良海尺으로, 兵營鹽干의 경력을 가지고 노비 千時今과 혼인했다. 그의 조부가 통정대부, 증조부가 가선대부를 칭한 것을 보면 박어둔도 안용복이 櫓軍·裨將·通政大夫·同知 등을 칭한 것처럼 다른 관명을 칭했을 수도 있다.

『변례집요』와 『호우키시(伯耆志)』가 전하는 납치상황에는 공통점이 있다. 『변례집요』는 하선이 늦어 납치된 것으로 『伯耆志』는 도망쳐 숨지 못하여 납치된 것으로 한다. 무위를 배경으로 하는 당당한 일본어민에 비해 도망치지 못하여 붙잡힌 나약한 조선인으로 볼 수 있는 내용이다. 그에 비해 『죽도기사』와 『죽도고』의 기술은 그것과 다르다.

『죽도기사』는 납치 당하는 박어둔을 구하려다 안용복도 납치당한 것으로 전하고 『죽도고』는 창고의 전복과 미역을 지키다 납치당한 것으로 전하여, 박어둔이 납치 당하기 전에 소옥(假廠)을 지키고 있었다는 것을 알 수 있다. 그것은 동료들이 채취한 수확물을 갈무리하고 있었다는 것으로, 兵營鹽干의 전력을 가진 박어둔에 부합하는 추정이다.

良海尺의 병영염간인 박어둔은 산촌에서 해변으로 이주한 자로, 해상작업보다는 어채물의 鹽事와 같은 일에 적합한 어민으로 여겨진다. 어민들이 죽도에 도해하여 어렵을 하는 것은 장기간에 걸친 작업이므로, 어획하는 일도 중요하지만, 그것을 갈무리하여 상품화하는 일도 중요했다. 따라서 어획물을 장기간 보존하기 위한 鹽事는 빠뜨릴 수 없는 중대사였다.

안용복과 박어둔의 관계를 「通詞」와 「下人」으로 구별하기도 하나 그 기준은 알 수 없다. 연령에 의한 구별인지 일본어능력에 의한 구별인지 아니면 신분에 따른 구별인지를 알 수 없으나 안용복이 주도적이었던 것은 사실이다.

박어둔과 안용복이 수군의 경력을 공유하고, 오키의 주민들과 친밀하다는 사실을 감안하면 두 사람의 도해는 어렵만을 위해 도해가 아닐 수도 있다. 1696년의 일행에 승려 다섯이 포함되어 있었다는 사실도 그런 가능성을 시사한다. 승려를 포함하는 11인의 일행이 죽도에 2개월이나 두류했는데, 그 동안에 무엇을 하며 소일했는지를 알 수 없다. 박어둔의 경우는 염간의 역할을 수행한 것으로 볼 수 있으나 승려들이 수행한 역할은 추정되지 않는다. 오오니시 토시태루(大西俊輝)가 언급하는, 동해안을 거점으로 하는 해상유통업을 상정하는 것 정도가 현재의 상황이다. 사찰의 경제활동의 일환으로 유통업에 참여한 승려와 그 유통업이 필요로 하는 상품제조에 종사하는 박어둔을 상정하는 것은 무리한 일이 아니다.

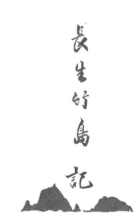

三、隠岐の洲より竹島への渡海、その伝聞の事
오키노시마에서 타케시마에 도해하는 일을 전해 들은 일

從隱岐渕竹島渡海傳聞之時

嵓子のせて恥うしむゝ事耶うら雲召大社の濱

邊假宮ふ却タ乙搖義た衛門と云ふ漢支ゐり隱

岐渕々風渡を不構我朝ゐて比頼なき漢場ゐへ

歳ゝ盛の十八の頃鬼ゐ隨ふ心地して元文年中

嶋後福浦港をさして五人水主ゝて出漢る行き

從隱岐洲竹島渡海伝聞之事

爰にのせて恥かしむる事なから雲洲大社の浜辺仮宮におゐて椿義左衛門と云ふ漁夫あり隱岐洲は風波を不構我朝にて比類なき漁場ゆへ歳も盛の十八の頃鬼も随ふ心地して元文年中嶋後福浦港をさして五人水主にて出漁に行き

【三、隱岐の洲より竹島への渡海、その伝聞の事】

このような所に書き載せては恥を曝すような事ではあるが、雲洲大社の浜辺にある仮宮(註1)に於いて[の話である。その浜氏子の一人に]椿儀左衛門と云う[賤しい]漁夫がいた。[浜氏子すなわち浜の漁民の間では]隱岐の洲は[その渡海に関わる]風波など問題にならぬ程、我朝(日本国)に於いて比類のない漁場として知られていた。[彼等の中で勇気ある者たちは、この荒波を越え、隱岐へ漁に出向くことがあった。椿儀左衛門は当時]歳も盛りの十八の頃(註2)であったから、鬼さえ随わす程の[強い]自信の中、元文(一七三六～四一)年中[この浜から]隱岐へと向かった。その[北にある]隱岐の島後へと向かった。その[北にある]福浦港を目指し、五人[一組の]水主(水夫、船子)[の一人として、その漁場へ]出漁していった。

【3, 오키노시마에서 타케시마에 도해하는 일을 전해 들은 일】

이러한 곳에 기록으로 남기는 것은 치부를 드러내는 것과 같은 일이지만, 운슈우타이샤의 해변에 있는 가궁에 관한 [이야기이다. 그 하마 씨의 후손 중에] 쓰바키 기자에몬이라는[미천한]어부가 있었다. [하마 씨, 즉 해변의 어민들 사이에서는]오키노시마는 [그 도해에 관한]풍파 등도 문제가 되지 않을 정도로 우리 일본에서는 비교할 곳이 없을 정도로 좋은 어장으로 알려져 있었다. [그들 중에 용기 있는 자들은, 이 험한 파도를 넘어 오키에 어렵을 하러 가는 경우가 있었다. 쓰바키 기자에몬은 당시] 나이도 한창인 18세 였기 때문에 귀신도 물리칠 수 있을 정도의 [강한]자신감을 가지고 겐분(1736~41)연간에 [그 해변에서] 오키로 향했다. 그 [북쪽에 있는] 오키의 도우고로 향했다. 그 [북쪽]에 있는]후쿠우라항을 목표로 5인[1조의]수부 중[한사람으로 그 어장에] 출어했다.

抑元録年中の初伯耆禾子村川何某となん玄町
人裳二公命の誅隱岐洲より役の仕出しを以船
子を集ひ朝鮮國近き竹島に渡海す則其刻竹島
渡海の舩水主板屋何兵衞と云ふりの、になし
島福浦て出會竹島渡海の一途祥、開亦十五
年も過後渡りの刻再應悟しならよしなり何兵

扨元禄年中の初伯州米子村川何某となん云町人蒙　公命の許隠岐洲より彼の仕出しを以船子を集め朝鮮国近き竹島ᴶᴱ渡海す則其刻竹島渡海の船水主板屋何兵衛と云ふものニおなし島福浦にて出會竹島渡海の一途祥々聞亦十五年も過後渡りの刻再應悟したるよしなり何兵

　さて元禄(一六八八〜一七〇四)年中の初め、伯州(伯耆国)米子に、村川何某などと言う町人がいた。御公儀の御許可を蒙り、隠岐の洲から彼の[米子商人の手配の]遣り方で船子を集め、朝鮮国に近い竹島へ渡海し[そこで漁労を営んで]いた。其の[元禄の]頃、この竹島へ渡海する船の水主(水夫、船子)の一人に、板屋何兵衛⁽註³⁾と言うものがいた。[その者と椿儀左衛門とが]同島(島後)の福浦にて[この元文の頃]出会う事があった。[その折この板屋何兵衛から、彼が経験した、かつての]竹島渡海の一途を[当時、若者であった椿儀左衛門は]詳しく聞く[ことがあった。]またそれから、さらに十五年も過ぎた後[この椿儀左衛門が]再び[漁のため隠岐に]渡海した。[その折にも、その板屋何兵衛と]応対することがあり[かつての竹島渡海についても、また話が及んだ。そしてその話の内容についても、よく]了悟したという由である。板屋何兵

　그런데 겐로쿠(1688〜1704) 연간 초에 하쿠슈우 요나고에 무라카와 아무개라고 하는 상인이 있었다. 장군의 허가를 받아 오키노시마에서 [요나고 상인이 구하는] 방식으로 어부를 모아, 조선국에 가까운 타케시마에 도해하여 [거기서 어업을 영위하고] 있었다. 그 [원록] 때 이 타케시마에 도해하는 배의 어부 중에 이타야 나니베에라는 자가 있었다. 오키노시마 도우고의 후쿠우라에서 [겐분 연간(1736〜1740)에] 만난 일이 있었다. [그 때 이 이타야 나니베에로한테 그가 경험한 과거의] 타케시마 도해의 전말을 [당시, 젊었던 쓰바키 기자에몬은] 자세히 들을 [기회가 있었다.] 그리고 15년이 더 지 난 후에 [이 쓰바키 기자에몬이] 또 다시 [어렵을 위해 오키에] 도해했다. [그 때도 그 이타야 나니베에와] 응대할 일이 있어 [과거에 타케시마에 도해했던 일에 대해서도 다시 이야기를 나누었다. 그래서 그 이야기의 내용에 대해서도 잘] 이해하게 되었다는 것이다. 이타야 나니베

衛其節ゝ歳齢八十有余ゝして彼ゝ玄女ゝとせ
ずとも浅く渡らん千寿の海も只さの一撃と鳴
呼千代の寿招き居ろらん然而此傳聞を本とし
て彼是を讃定しいて子さゝゝ深ろ子時さとし
京和九年竹島渡海の年暦を考見ろ所百十有余
幸みおふふ耶り

衛其節は歳齢八十有余にして彼の云丈ケとわずとも浅く渡らん千尋の海も只この一聲と嗚呼千代の寿
招き居るらん然而此伝聞を本として彼是を讃定し以て予ここに綴る于時ことし享和元年竹島渡海の年暦
を考見る所百十余年におよふ那り

衛の年齢は、其の折、八十有余歳にもなっていたという。その彼の懐旧談[すなわち、その思いの]
丈は[私に向かって語る儀左衛門の、その自らの懐旧談にも重なっていく。]問うまでもなく[次々と語
り出すその話は、厳しい]千尋の海も[若さゆえ]浅く[容易に]渡って来たというものであった。只この
[勢いある]一声[の気合いによって、その困難の海を渡って来たというものであった。]嗚呼[あれから
幾十年もの歳月が過ぎ去り、若者であったこの身は、すでに老いてしまった。だがなお竹島の緑は]
千代の寿[として、今も元気なまま我等を]招いて居るに違いない。[そのように儀左衛門は私に語って
くれた。]それゆえ、この伝聞を元に、彼是と[文章を]勘案し、以て私はここに[本書つまり長生竹島
記を]綴ることにした。まさに今年は享和元年(一八〇一)であり、竹島渡海の年暦を考えて見れば、も
う百十余年にも及ぶ年月(註4)が過ぎたことになる。

에의 나이는, 그때 80여 세였다 한다. 그(쓰바키)의 회고담에는 [나에게 이야기하는 기자에몬
자신의 회고담과도 겹쳐진다.] 내가 묻지 않아도 계속해서 이야기했다. 그는 험하고 깊은 바다
도 [젊기 때문에] 얕다고 생각하며 건너 다녔다 한다. 그저 [기백] 하나로 [바다를 건너 다녔
다는 것이다.] 아아 [그로부터 몇 십 년의 세월이 지나 젊었던 몸이 이제는 늙어버렸다. 그러나
아직도 죽도의 녹음은] 천 대의 수명[으로 우리를] 부르고 있는 것이 틀림없다. [쓰바키 기자
에몬은 그렇게 이야기했다.] 그래서 그렇게 들은 이야기를 근거로 해서, 이것 저것을 [문장으
로] 작성해서, 나는 이렇게 [장생죽도기를] 엮게 되었다. 마침 금년은 쿄우와 원년(1801)으로
죽도도해의 연력을 생각해보면 이미 110여 년에 이른다.

주1 해변의 가궁

이즈모의 이나사노하마에 있는 가궁으로, 이즈모타이샤에 부속된 섭사(카리미야)를 말한다. 이 상궁이 있는 일대를 지금은 「카리미야」라는 지명으로 부른다. 그리고 상궁의 카리미야 아라진쟈가 지금도 있다. 카리미야가 있는 이나사노하마는 이즈모에 오는 신들을 맞이하는 입구이면서 이즈모노쿠니에서 내보내는 출구이다. 신들이 이곳을 출입할 때 일시적으로 진좌한다는 성지다.

浜辺にある仮宮

出雲の稲佐浜にある仮宮のことで、出雲大社の摂社である上宮(仮宮)のことである。この上宮の一帯は、今、仮宮という地名である。そして上宮の仮宮荒神社が、今も残っている。仮宮の在る稲佐浜とは、出雲国へ神々を迎える入口であり、また出雲国から送り出す出口でもある。神々がこの浜を出入りする折、一時的に鎮座まします聖地なのである。

주2 한창 나이 18세

쓰바키 기자에몬은 겐분 연간에 18세였다. 그러면 『장생죽도기』를 쓰바키 기자에몬한테 야다 타카마사가 듣고 기록한 1801년(쿄우와 원)의 쓰바키는 78~82세의 노옹이었다는 것이 된다.

歳も盛りの十八の頃

椿儀左衛門は元文年間、十八歳であった。すると長生竹島記を椿儀左衛門から矢田高當が聞き書きした享和元年には、この椿儀左衛門は七十八～八十二歳の老翁であったということになる

주3 이타야 나니베에

이타야라는 옥호는 기억에 있으나 그 인물의 이름이 무엇이었던가, 그것은 망각된 사람이었다. 그래서 아무개(나니베에)라는 이름으로 이야기 했다. 이타야라고 하는 옥호는 오키에는 많이 있는 성이다. 섬의 나무를 베어서 판자로 가공하여, 그것으로 배를 만드는 일이 성했기 때문이다. 후쿠우라를 포함한 오치군 고가무라의 옥호에 대해서는 『고카무라지』(헤이세이 원년 발행)에 기록이 있다. 그곳에는 옥호 이타야에 대해서, 몇 개의 집이 기록되어 있다. 예를 들자면 후쿠우리의 후쿠우라토모코케, 키타카타의 나미쓰네조우케, 쿠미의 야하타타케시케 등으로 모두가 이타야다.

板屋何兵衛

板屋という屋号だけは記憶にあるが、その人物の名がどのようなものであったか、それは忘却の彼方である。それゆえ何兵衛という名で語った。板屋という屋号は、隠岐では珍しくない。島の木を伐り出し、板に加工、それで船を造ることが盛んだったからである。福浦を含む穏地郡五箇村の屋号については『五箇村誌』(平成元年発行)に記載がある。そこには屋号の板屋について、幾つかの家が記されている。例えば、福浦の福浦友子家、郡の小西茂博家、北方の永海恒三家、久見の八幡猛家などで、この全てが板屋である。

주4 110여년에 이른다

1801년(쿄우와 원)보다 110여년이란 1687년(죠우쿄우 4)에서 1690년(겐로쿠 3) 정도일 것이다. 두 사람의 조선인이 일본에 연행되어 죽도일건이 시작된 것이 1693년(겐로쿠 6)의 일로, 그것이 도해 7회째라고 하는 것은, 매년의 도해를 생각하면, 그 첫 번째는 그야말로 1687년이 된다. 그보다 훨씬 이전부터 요나고 상인의 죽도도해가 이루어지고 있었으므로, 이 첫 번째 도해란 이타야의 도해를 말한다. 이타야는 오키에서 모은 어부의 하나로, 이후로 매년 이 모집에 응했을 것이다. 겐분 연간(1736~41)부터 15년이 경과했을 때는 80여세의 노옹이었던 이타야는 쓰바키가 처음으로 오키에 도해한 겐분 연간에, 60대 후반이라는 나이였다. 그런 그의 제1회의 죽도도해, 그 1687년의 시점이란, 그때보다 50년이나 지난 옛날이었다. 즉 이타야는 처음으로 죽도도해를 했을 때 18세의 젊은이였다. 처음으로 오키에 건넌 18세의 쓰바키에게, 그가 친절하게 이야기해준 것은, 처음으로 죽도에 건넌 18세의 자신을 연상했기 때문이었을 것이다. 이타야는 죽도일건에 직접 관여한 자였다. 안용복과 박어둔을 연행한 타케시마마루에 탄 승조원이었다. 그 당사자가 직접 설명한 이야기인 것이다.

百十余年にも及ぶ

享和元年(一八〇一)から百十余年前とは貞享四年(一六八七)から元禄三年(一六九〇)あたりであろう。二人の朝鮮人が日本へ連行され竹島一件が始まったのが元禄六年(一六九三)のことで、それが渡海七度目というからには、毎年の渡海を考えれば、その一度目は、まさに貞享四年ということになる。それより遥か以前から米子商人の竹島渡海は行われていたから、この渡海一度目とは板屋何兵衛の渡海経験を指す。板屋何兵衛は隠岐で集められた水主の一人で、以来、毎年、この募集に応じていたのだろう。元文年間(一七三六～四一)から十五年を経過した時、八十有余歳の老翁であった板屋何兵衛は、椿儀右衛門が初めて隠岐に渡海した

　元文年間、六十歳代後半という年齢である。その彼の第一回目の竹島渡海、その貞享四年の時点とは、それから五十年の昔のことである。すなわち板屋何兵衛は、初めて竹島渡海を果たした時、十八歳の若者であった。初めて隠岐に渡った十八歳の椿儀右衛門に、彼が親しく話し掛けたのは、初めて竹島に渡った十八歳の自分を、そこに重ね置いていたからであろう。この板屋何兵衛は、それゆえ竹島一件の直接の関与者である。安龍福と朴於屯を連行した竹島丸の、当時の乗組員ということになる。その当事者が語った物語なのである。

해설1 무라카와의 도해

무라카와 아무개(村川何某)란 요나고(米子)의 상인 무라카와 이치베에(村川市兵衛)로 오오야 진키치(大谷甚吉)와 같이 죽도에 도해하여 부와 명성을 구축한 자이다. 두 집안이 죽도에 건너 다니게 된 시초는 오오야케(大谷家)의 기록『타케시마토카이유라이키밧쇼코우(竹島渡海由來記拔書控)』를 통해 확인할 수 있다. 처음에는 오오야케 단독으로 도해허가를 받으려 했으나, 요나고성의 감독관으로 파견된 장군의 가신 아베(阿倍)가 무라카와케(村川家)와 같이 신청하라고 명하여, 어쩔 수 없이 연명으로 신청했다. 아베가 그렇게 권한 데는 그럴만한 이유가 있었다.

요나고에서 낭인생활을 하는 무라카와 마사스미(村川正純)는 아베의 전우였다. 「오오사카의 역(大阪の役)」이라는 전투에 같이 참가한 사이였다. 후에 천하가 안정 되자 아베는 장군의 측근(旗本)으로 활동하다 요나고성을 임시로 관리하게 되었다. 그때 오오야케가 죽도도해를 신청하자, 그때까지 낭인생활을 하는 전우 무라카와도 참여시킨 것이다. 말하자면 오오야케가 신청한 죽도도해를 허가하는 조건으로 무라카와케를 참여시킨 셈이다.

그러나 그것은 조선의 섬인 울릉도(죽도)에 건너 다니는 것을 일본이 허가한 것으로, 조선의 동의를 받은 일이 아니다. 조선 몰래 사적으로 이루어진 정경유착이었다.

해설2 도해면허

『죽도도해유래기발서공』에 의하면 1617년에 죽도에 표착했다 돌아온 오오야 진키치(大谷甚吉)가 죽도를 발견했다며 무라카와 이치베에(村川市兵衛)와 연명으로 하타모토(旗本:江戸 幕府의 直臣) 아베 시로우고로우(阿部四郎五郎)를 통해 도해면허를 신청하여 1618년 5월 16일에 톳토리한슈(鳥取藩主) 마쓰타이라 신타로우(松平新太郎)를 통해 받은 것으로 되어 있다. 그러나 서명자 중에는 자격 미달인 자가 있어 성립되지 않는 주장이다. 여러 자료를 검토하면 1624, 5년에 불법적인 도해가 시작된 것으로 볼 수 있다.

伯耆國 米子에서 竹嶋로 선년에 배가 도해했다 합니다. 그래서 이번에도 그처럼 도해하고 싶다는 것을 米子의 町人 村川市兵衛와 大屋甚吉가 말하여 위에 보고했던 바, 이의가 없다는 뜻을 말씀하셨으니, 그 뜻을 아시고, 도해의 건을 명하여 주십시오. 삼가 아룁니다.

5월16일

나가이시나노노카미 나오마사 판

이노우에카즈에노카미 마사나리 판

도이오오이노카미 토시카즈 판

사카이우타노카미 타다요 판

마쓰다이라 신타로우 토노

從伯耆國米子竹島江 先年船商渡之由候然者如其今度致渡海度之段米子町人村川市兵衛
大屋甚吉申上付而達上聞候之處不可有異儀之旨被仰出候間被得其意 渡海之儀可被仰付候
恐恐謹言

五月十六日,

永井信濃守尙政,

井上主計守正就,

土井大炊頭利勝,

酒井雅樂頭忠世,

松平新太郎殿

해설3 막부의 공인

　　막부가 발행한 죽도도해면허는 당시에 무역을 인정하는 주인장(朱印狀)과는 다른 것
이었다. 주인장은 도항지나 기간 그리고 수령자를 명기하지 않고 도항이 끝나면 반납
해야 했다. 그것에 비해 죽도도해면허는 호우키노쿠니(伯耆國)의 요나고 어민의 도해
에는 절차가 필요하다는 사실을 전제로「그 같은 연유로 이번에 도해합니다」라고 오오
야(大谷)·무라카와케(村川家)의 신청을 받고, 막부가「今後」가 아니라「今度」로 한정하
여 용인한 것이었다. 그 이후에 발행된 것이 없고 현존하는 것은 최초 면허의 사본뿐이
라는 것은 처음의 사본을 가지고 계속해서 도해하고 있었다는 것을 의미한다.

　　면허는 노중이 연서해서 봉서한 형식으로 톳토리한슈(鳥取藩主)에게 발급하여 한슈
가 오오야·무라카와케에 허가하는 형식이었다. 그것은 도항시의 한슈가 바뀌면 갱신
된 면허의 대상도 바뀐다는 것을 의미한다. 그런데 오오야·무라카와케에는 처음에 발
부한 것의 사본뿐이다. 도해를 금하는 1696년에도 1625년의 면허로 도해하고 있는 사
실을 지적하며 향후의 도해를 금했다.

　　이처럼 한 번 받은 면허의 사본을 가지고 70여 년에 걸쳐 도해했다는 것은, 그 도해가

막부의 공인 하에 이루어지는 것이었다기 보다는 양가가 막각의 묵인 하에 도해하고 있었다는 것을 의미한다. 그 같은 묵인은 양가가 관계요로에 상납하고, 경우에 따라서는 중신들이 먼저 상납을 요구하는 관계를 통해 가능한 일이었다. 양가가 톳토리한이 아닌 아베케(阿倍家)를 매개로 해서 면허를 받은 것부터가, 아베케와 무라카와케의 사적 관계에 근거하는 일로, 그런 관계는 많은 물품을 헌상하는 방법으로 유지되었다.

해설 4 이나사노하마(稲佐浜)

시마네켄(島根県) 북동부 이즈모(出雲) 평야의 서북부에 있는 모래밭(砂浜) 해안. 고칭은 소노(園)의 나가하마(長浜)라 한다. 나라 양도 신화(国譲神話)로 알려진 곳으로, 가까이는 나라 양도 바위(国譲岩), 벤텐이와(弁天岩) 등이 있다. 칸나즈키(神無月: 음력 10월)에 이즈모다이샤(出雲大社)로 모이는 전국의 신들은 이 해변으로 상륙한다고 한다. 모래언덕지(砂丘地)는 방사(防砂), 방풍의 식림으로 농경지로 변하여, 뽕나무 밭으로 사용되었으나, 근년에는 포도밭으로 변했다. 씨 없는 「시마네 포도」의 특산지이다. 해변의 동에는 이즈모다이샤(出雲大社), 서북에는 히노미사키(日御碕) 등대와 히노미사키 신사가 있다.

長生竹島記

四、同(隠岐)洲へ出雲国より海上の道法、そして渡海の津口の事

동(오키) 주에 이즈모노쿠니에서 해상의 도법,
그리고 도해하는 포구의 일

隱岐島ハ從出雲國渡海津口之事

されハ隱岐三ツ子洲ハ或ハ日山嶋とも鳴れな

リ島後島前二嶋四郡と分リ投出雲國島根郡三

保冥より隱岐測ハ礒石の針先寅の方ニ當る三

十六丁一里とーて海上道法弍十里全郡多古が

鼻より十八里神門郡杵等大社より子の方ニ当

隠岐島江従出雲国渡海津口之事

されハ隠岐三ツ子洲ハ或ハ日山嶋とも唱ふなり島後島前二嶋四郡と分り扨出雲国島根郡三保関より隠岐洲^江磁石の針先亥の方ニ當る三十六丁一里として海上道法弐十里同郡多古が鼻より十八里神門郡杵築大社より子の方ニ当

【 四、同(隠岐)洲へ出雲国より海上の道法、そして渡海の津口の事 】

　そもそも隠岐の三つ子の洲は、或いは日山嶋とも称する(註1)。島後と島前の二島(註2)があり［島後が周吉郡と穏地郡、島前が知夫郡と海士郡という］四郡に分れている。さて出雲国の島根郡三保関)から隠岐の洲へは、磁石の針先を亥(北北西)の方角に当て、三十六丁を一里として、その海上の道のりは二十里［の距離にある。すなわち］同郡の多古が鼻からは十八里［の距離に在る。］神門郡の杵築大社からは子(北)の方角に当り

【 4, 동(오키) 주에 이즈모노쿠니에서 해상의 도법, 그리고 도해하는 포구의 일 】

　원래 오키노미쓰코노시마는 히야마시마라고도 한다. 도우고와 도우젠 2도로 구성되는데 ［도우고는 스키군과 오치군이고, 도우젠은 치부리군과 아마군 이렇게］ 4군으로 나누어져 있다. 그런데 이즈모노쿠니의 시마네군 미호노사키에서 오키노시마로 갈 때는, 자석의 바늘을 해(북북서)의 방각에 맞추고 36정을 1리로 해서, 해상의 거리는 20리다. 동군의 타고가하나에서는 18리이고 칸도군 키즈키타이샤에서는 자(북) 방각에 해당하며

ろ道法三十七里全郡日御埼并ニ尾龍浦よりも
方角ハ同断ニして海上道法三十五里此尾竜浦
と三保関ハ御朱印御用船渡海の津口なり叔隠
岐洲知夫里郡を西ノ島と玄海士郡を中ノ嶋と
云なり此両郡の内海四維八荒諸木立籠リなら
高山ふして入口の海なり裏表灘手ニして都而

る道法三十七里同郡日御埼^{并二}宇龍浦よりも方角ハ同断ニして海上道法三十五里此宇龍浦と三保関ハ御朱印御用船渡海の津口なり扨隠岐洲知夫里郡を西ノ島と云海士郡を中ノ嶋と云なり此の両郡の内海四難八荒諸木立籠りたる高山にして入口の海なり裏表灘手ニして都而

[その海上の]道のりは三十七里である。同郡の日御埼(ひのみさき)ならびに 宇龍浦(うりゅうのうら) からも方角は同じで、その海上の道のりは三十五里[である。]この宇龍浦と三保関とは、御朱印御用船(公儀の御用船)が回航する折、入津の港である。さて隠岐の洲の知夫郡を西ノ島と言い、海士郡を中ノ島と言う。この両郡[に囲まれた]内海は、四方が難地で八方が荒地の、諸雑木の立ち籠めた高山で[取り囲まれている。]その入口として外海に続く所は、その[津口の]裏表ともに[波の荒い]灘の手合である。だが、この全てに

[해상의] 거리는 37리다. 동군의 히노오사키 및 우료우노우라에서도 방각은 같고 해상의 거리는 35리다. 우류우노우라와 미호노사키는 주인어용선(장군의 배)이 회항할 때 들리는 항이다. 그런데 오키노시마의 치부리군을 니시노시마라 하고, 아마군을 나카노시마라고 한다. 이 2군[에 둘러싸인] 내해는 사방이 난지이고 팔방이 거친 땅으로, 많은 잡목이 우거진 고산으로 [둘러싸여 있다.] 그 입구에서 외해로 이어지는 곳은, 그 [포구]의 안팎 모두 [거친 파도가] 여울진다. 그러나 이 모든 곳에

人家伍り釣漁など致す時ハ島端にてい呼聲通

ふ万事自在の漁場なり赤圓舩何國にてい路風

と被吹出てい爱を力と馳せ来なり海上海面東

西南北大概三里と云ふ海の深サ島際にてい四

十尋中程iて五十尋此内海江圓舩出入の口三

所伍り東の口十丁セ西口とり赤灘ノ口共之昙

人家あり釣漁など致す時は島端ニてハ呼聲通ふ万事自在の漁場なり亦回船何国ニても路風ニ被吹出
てハ爰を力と馳せ来なり海上海面東西南北大概三里と云ふ海の深サ島際ニては四十尋中程にて五十
尋此内海[江]回船出入の口三所あり東の口十丁也西口とも赤灘ノ口共云是

人家がある。[この津口で]釣漁などをする時、その島端での呼び声は[灘の裏表にも届き]通うほど
で、万事に自在の漁場である。また何れの国の回船でも[一旦]航路の風に吹き出され[翻弄された
場合、避難港として]力の限り[この内海を目指して]馳せ来るのである。[この内海の]海上海面は、
東西南北で大よそ三里と言う広さである。その海の深さは、島際で四十尋、少し離れた中程で五十尋
である。この内海へ、回船が出入りする口は三ヵ所ある。東の口は[その幅]十丁である。西の口は
[またの名を]赤灘[あかなだ]ノ口とも言うが、これも

인가가 있다. [이곳에서] 낚시 등을 할 때, 그 섬의 끝에서 부르는 소리는 [해변 안밖에 울려]
퍼질 정도로 만사가 자유로운 어장이다. 또 어느 나라의 회선이라 해도 항로의 바람을 만나
[표류하게 되면] 있는 힘을 다해 [이 내해로] 달려온다. [내해의] 해상 해면은 동서남북이 대
개 3리의 넓이다. 해심은 섬 가장자리가 40심, 좀 떨어진 곳은 50심이다. 이곳에 회선의 출입구
는 3개소다. 동쪽 입구는 10정[의 넓이]다. 서쪽 입구의 [다른 이름은] 아카나다라고도 하는
데, 이것도

も十丁也周中井口十五丁なり御陣家ハ知夫里

ハ別府目貫と云所ニ有也燒火山大權現ハ波止

の山ふ鎮座有り〱取り文學上人行力の島ハ全

所美田ノ郷大山脱より南ヘ去る事十六丁ヽし

て峨々なり大巖其高き事五尋余り上ヽ二ッの

宿なり此所惣名鉢ヶ浦と云ふ惣而の洌の古實

多しといへとも文墨す取り

も十丁也岡中井口十五丁なり御陣家ハ知夫里ノ別府目貫ト云所ニ有也焼火山大権現ハ波止の山ニ鎮座ましましなり文覚上人行力の島ハ同所美田ノ郷大山脇より南ニ去る事十六丁ニして峨々たる大巌其高き事五尋余り上ニ二ツの窟あり此所惣名鉢ヶ浦と云ふ惣而の洲の古実多しといへとも文略すなり

[その幅]十丁である。[南の口は]岡中井口(註3)で[その幅]十五丁である。御陣家は知夫里の別府[と言う所と、周吉郡の西郷]目貫と言う所に有る。焼火山大権現は波止の[集落から登る]御山に鎮座する。文覚上人が修行の末、仏力を得たという島[の聖地は]同所美田の郷、大山脇から南に十六丁の所である。峨々たる大巌で、その高さは五尋余り、上部に二つの岩窟がある。この辺り一帯を、全て鉢ガ浦と言う。総じて言えば、この隠岐洲には、古くから伝えられてきた記実が多い。だが、そのような記述文は、ここでは省略しておく。

[그 폭이] 10정이다. [남쪽 입구는] 오카나카이구치로 [그 폭이] 15정이다. 관청은 치부리의 벳푸와 [스키군 사이고우]의 메누키라는 곳에 있다. 타쿠히산의 다이곤겐은 하시[에서 올라가는] 산에 진좌하고 있다. 몬가쿠죠우닌이 수행 끝에 불력을 얻었다는 섬[의 성지는] 같은 곳 미타노사토, 오오야마와키에서 남쪽으로 16정인 곳에 있다. 높이 솟은 대암으로 그 높이는 5심 여로 상부에 두 개의 암굴이 있다. 이 주변 일대를 하치가우라라 한다. 종합하여 말하자면 이 오키에는 옛날부터 전해오는 기록이 많다. 그러나 그러한 기록을 여기서는 생략한다.

주1 **히야마지마(日山嶋)**

오키를 히야마지마라고 칭한 기록은 없다. 히야마지마란 날씨를 살피기 위해 올라간다는 히요리야마(日和山)의 섬, 항해하기에 좋은 날씨를 기다리는 산이라는 히마치야마의 섬을 말할 것이다. 어쩌면 『은주시청합기』권2의 간야무라 조항에 있는 것처럼 매곡(해가지는 계곡)의 땅, 즉 일몰의 산도를 가르키는 것인지도 모른다. 또는 원자료의 「어쩌면 히야마지마라고도」하는 부분을 「또 말하기를 山嶋라고」도 읽고 「말하자면 山嶋다」라고 해석한다. 오키는 이 山嶋(산과 같은 섬)라는 것으로, 옛날부터 1국이었다.

或いは日山嶋とも称する

隠岐を日山嶋と称した記録はない。日山嶋とは、日和山たる嶋、日待山たる嶋ということであろうか。あるいは『隠州視聴合紀』巻二の元屋村の条にある如く、昧谷(ガんや)(日輪の没する谷)の地、すなわち日没の山嶋を指すのかもしれない。あるいは原資料の「或ハ日山嶋とも」の部分を「或ハ日(いわく)山嶋とも」と読み、いわば山嶋であると解釈する。隠岐は、この山嶋(山の如き嶋)を以て、古来、一国であった

주2 **도우고와 도우젠**

오키는 약 80여개의 섬들로 이루어진 오키 제도를 말한다. 그 중에서 사람이 사는 섬은 4도이다. 주도인 도우고가 있고, 나카노시마, 니시노시마, 치부리시마의 3도가 있는데, 이 3도를 합하여 도우젠이라고 한다. 도우고가 스키군과 오치군으로 갈라지고 도우젠이 아마군(나카노시마)와 치부리군(니시노시마와 치부리노시마)으로 갈라진다.

島後と島前の二島

隠岐とは約百八十の島々からなる隠岐諸島のことである。そのうち人の住む島は四島ある。主島たる島後があり、そして中ノ島、西ノ島、知夫里島の三島があり、この三島を合わせて島前と称する。島後が周吉郡と穏地郡に分かれ、島前が海士郡(中ノ島)と知夫郡(西ノ島と知夫里島)に分かれる。

주3 **오카나카이구치**

오카나카이구치라는 이름은 없다. 내해 3개소의 출입구는 동의 나카이구치, 서의 아카나다의 세토(아카나다구치), 남의 오오이구치라는 명칭이다. 야다 타가마사가 기재한 남의 출입구 오카나카이구치란 이타야 나니베에의 말이 쓰바키 기자에몬을 통해 야다 타가마사에게 전달되는 사이에 잘못 전해진 명칭이다. 즉 오오이구치와 나카이구치를 혼

동했거나 합병한 명칭「오오나카이구치」가 전화된 것이다.

岡中井口

　岡中井口という名称はない。内海の三ヵ所の出入口は、東は中井口、西は赤灘の瀬戸(赤灘口)、南は大井口という名称である。矢田高當が記載した南の出入口の岡中井口とは、板屋何兵衛から椿儀左衛門を経て矢田高當に到るまでの伝聞の間、誤って伝えられた名称である。すなわち大井口と中井口の混同および合併による名称「大中井口」からの転化である。

해설1 타코바나(多古鼻)

    시마네켄(島根県) 북동부, 시마네반도의 북단에 있는 곳. 마쓰에시(松江市) 시마네쵸
우(島根町) 타코에 속한다. 부두(岬角)는 집괴암(集塊巖)이나 응회암으로 높이 50미터
의 단애를 이루고 바다를 바라본다. 단애 하부에 대소 11개의 해식동굴이 있어 나나쓰
아나(七ツ穴)라고 불리고 국가 천연기념물로 지정되어있다. 다이센오키(大山隠岐) 국
립공원의 일부.

해설2 카이센(廻船)

    항구에서 항구로 여객이나 화물을 운반하며 도는 배. 중세 이후에 발달하여 에도시
대에는 히가키 카이센(菱垣廻船) 타루 카이센(樽廻船) 외에, 서쪽으로 도는 항로 키타
마에부네(北前船) 동쪽으로 도는 항로, 특히 키타쿠니 카이센(北國廻船)이 성립되어 배
에 의한 유송망이 발달했다.

五、隠岐洲より松島へ竹島丸の津懸りの事

오키노시마에서 마쓰시마로 가는 타케시마마루가 거쳐가는 포구의 일

從隱岐洲松島江竹島を津懸之事

松島ふよせてなん高當蜂腰乃

ほたなきことを讀り気

空此色もひとりみとりの松島哉

雲も似らしろすらふ木す忘ふ

【五、隠岐洲より松島へ竹島丸の津懸りの事 】

松島にこと寄せ、この矢田高當が、拙い蜂腰(歌の平仄)の中で詠んだ歌である。

　　空の色も一つ緑の松島かな　雲も嵐も払う木末は

〈歌意〉　空の色も海の色も一つの緑になった海上に、島も緑の松島がある。その松の木末(小梢)が、

　　　　雲も嵐も払ってくれたのであろう。今、目の前は、緑一色の光景である。

【 5, 오키노시마에서 마쓰시마로 가는 타케시마마루가 거쳐가는 포구의 일 】

마쓰시마를 야다 타카마사가 서툰 봉요(한시의 평측) 중에 읊었다.

　　하늘 색도 온통 녹색인 마쓰시마. 구름도 바람도 털어내는 나뭇가지의 끝

〈가의〉　하늘의 색도 바다의 색도 온통 녹색인 해상에, 녹색의 섬 마쓰시마가 있다. 소나무 가

　　　　지 끝이 구름과 바람을 털어내는 것 같다. 지금 눈 앞은 온통 녹음이다.

されハ隱岐島後より松島ハ方角申酉の沖に當ろ卯方より吹出す風二日二夜颱り通法三十六丁一里として海上行程百七十里程の考なり山飛り崎岨形リと云ふ土地の里敷五里三里リみならんと云ふ古語のこと〳〵十八公の稱ハ万里小影を移し風景他みならに去去如何なら故欲炎

されハ隠岐島後より松島ハ方角申酉の沖ニ當る卯方より吹出す風二日二夜艘り道法三十六丁一里として海上行程百七十里程の考なり山形り嶮岨形りと云土地の里数五里三里りにあらんと云ふ古語のことく十八公の粧ひ万里に影を移し風景他にあらす乍去如何なる故歟炎

　さて、それでは隠岐の島後から松島へ行くに、その方角はと言えば、申酉(西方)の沖に当る。卯方(東方)から吹き出す風を受け、二日二夜を帆走する。その道のりは三十六丁を一里として、海上の行程は百七十里程のものだという。その島山の形状は嶮岨で、その土地の里数は[たてよこ]五里三里ほどだという(註1)。[その島山の情景は]古語にある如く十八公の粧いで(註2)、万里にまでも島影を現わし、その遠景は美しく比類のないものであるという。しかし、どのようなわけか、炎

　그런데 오키의 도우고에서 마쓰시마에 가는 그 방각으로 말하자면 신유(서방)의 먼 바다에 해당된다. 묘방(동방)에서 불어오는 바람을 받으며 2일 2야를 범주한다. 그 도정은 36정을 1리로 해서 해상의 행정은 170리 정도라고 한다. 섬의 형태는 험하고 토지의 넓이는 [종횡] 5리 3리 정도라 한다. 옛날 사람들이 십팔공이라고 말한 소나무로 단장한 섬의 그림자가 만리 해상을 비추어 아름답기 그지없는 풍경이다. 그러나 어찌된 일인지 염

天の剣用水不自由ならとかや竹島渡海之砌竹
島九往き通ひ～いかなくす此島江津掛りをなす
したろと去當時も千石餘の迴船夷で松前行く
不ミ量大風小役吹出し時いされぞ聞傳ふ松島哉
と遠見す本朝西海のすて也

天の刻用水不自由なるとかや竹島渡海之砌竹島丸往き通ひニハかならす此島^江津掛りをなしたると云當時も千石餘の廻船夷ぞ松前行ニ不量大風ニ被吹出之時ハこれぞ聞傳ふ松島哉と遠見す本朝西海のはて也

天の頃［この島では］用水が不自由になるという^(註3)。竹島へ渡海する折［その海の道を］竹島丸が往き通いする折、必ずこの松島へ津懸り(停泊)したという。当時も千石余の廻船が、夷島の松前に行く折、図らずも大風に吹き出され［島の近辺にまでも押し出されることがあった^(註4)。］その時、これこそ伝え聞いた松島であるかと［船乗りたちは］遠見した。［この松島は］本朝の西海の果てに在る島である^(註5)。

천일 때는 용수가 자유롭지 못하다 한다. 타케시마에 도해할 때, 타케시마마루가 왕래할 때는 반드시 이 마쓰시마에 들린다 한다. 당시도 천여 석의 회선이 오랑케의 땅 마쓰마에로 가는 도중에 생각지 못한 대풍을 만나면 ［근처까지 밀려 가는 일도 있었다. 그때 선원들은］ 저것이 전해 들은 마쓰시마인가 라고 ［말하며］ 멀리서 바라보았다. 본조(일본) 서해의 끝에 있는 섬이다.

주1 토지의 넓이

마쓰시마의 크기는 5리 3리라 한다. 이것은 상당히 큰 섬이라는 인상이다. 타케시마의 토지가 다음에 표시된 것처럼 5리 10리이므로, 타케시마와 비교하면 절반 크기다. 그러나 실제의 마쓰시마는 초목도 자라지 않는 조그만 암초의 섬으로 5리 3리가 될 수 없다.

土地の里数は[たてよこ]五里三里

松島の土地の大きさは五里三里ほどだという。これは相当に大きな島というイメージである。竹島の土地が次項で示されるように五里十里であるから、この竹島と比較すれば松島は、たてよこ、ほぼ半分の大きさの島である。だが実際の松島は、草木も生えぬ小さな岩礁の島で、五里三里もあるわけはない。

주2 십팔공의 치장

18공이란 문자 松을 十八公으로 분해한 것으로 소나무를 말한다. 18의 젊고 젊은 푸른 소나무를 나타낸다. 그것은 천추의 푸르름도 의미하는 소나무로, 만리에 그림자를 드리우는 소나무다. 그 소나무는 모든 나무 중에서도 가장 뛰어난 나무로 비교할 수 없는 치장이 된다고 소나무를 칭송하는 표현이다.

十八公の粧い

十八公とは松の文字を分解したもので、松のことである。十八のうら若い緑の松を示し、それは、また千秋の緑にも至る松で、万里に影を落とす松であるという。そのような松とは、万木に勝れた第一の木で、比類ない粧いをなすと、松を褒め称える意味である。

주3 마쓰시마의 용수

염천의 계절의 마쓰시마는 용수가 부족하다. 이곳에는 수원이 없다. 염천만이 아니라 항상 자유롭지 못하다.

炎天の頃[この島では]用水が不自由になるという。この島に水源はない。炎天の頃でなくても、用水は常に不自由なままであった。

주5 일본 서해의 끝

현대의 한일 영토 분쟁에서 마쓰시마(죽도=독도)의 일본령 설을 증거하는 유명한 일절이다. 키타마에부네가 북해도(蝦夷) 마쓰마에(夷松前)로 향할 때 송도와 죽도 사이를 통과하고 있었다. 그렇게 통과할 때, 이 마쓰시마는 본조(일본) 서해의 끝이라는 선원들의 자각을 야타 타카마사가 이곳에 기록했다.

이것은 1801년(교우와 원)의 일이다. 한편 나카가와 아키스케의 『이와미외기』에는 「대어국환해사도」가 실려있다. 환해란 대륙과 열도에 둘러싸인 바다(동해/일본해)를 말한다. 이 1820년(분세이 3)에 편찬한 환해지도의 중앙에 타케시마　마쓰시마　오키가 나란이 있다. 에조시마의 옆에는 「타카다야 카베에의 상선은 조선해로 나가서 에조지로 가려고 하면, 그것은 시모노세키를 출범하여 서북으로 8리 흘러간다. 그러면서 송죽 2도 사이를 지나서 전전하며 북동을 목표로 해서 가지 않는가」라는 기록이 있다. 타카다야 카베에의 배도 역시 시모노세키에서 에조 마쓰마에로 갈 때는 마쓰시마와 타케시마 사이를 통과하고 있었다. 그러나 나카가와 아키스케의 기술은 그렇게 통과하는 바다를 조선의 바다로 기록했다. 송죽의 해역은 일본의 서해이기도 하고 조선의 동해이기도 했다.

本朝の西海の果て

現代の日韓領土紛争において、松島(竹島＝独島)日本領説を裏付ける有名な一節である。北前船が蝦夷松前に向かう時、やはり松島と竹島の間を通過していた。その通過の折、この松島こそ本朝(日本)の西海の果てであると、船乗りたちの自覚を矢田高當はここに記した。

これは享和元年(一八〇一)のことである。一方、中川顕允(あきすけ)の『石見外記』には「大御國環海私圖」が載る。環海とは大陸と列島に囲まれた日本海(東海)のことである。この文政三年(一八二〇)編纂の環海地図には、その中央に竹島、松島、隠岐が並ぶ。蝦夷島の横には書き込みがあり「高田屋嘉兵衛カ商船ハ朝鮮海ニ出テ蝦夷地ヘ乗ルトソレハ下ノ関ヲ出帆シテ戌亥ハリナガシニ松竹二島ノ間ニ出テ転〆丑寅ヲ目アテニ乗リシニハアラサルカ」とある。高田屋嘉兵衛の船も、やはり下関から蝦夷松前に行く折、松島と竹島の間を通っていた。だが中川顕允の記述は、この通過する海のことを、朝鮮の海とも記すのである。松竹の海域は、日本の海(西海)でもあり、また朝鮮の海(東海)でもあった。

해설1 松島의 녹음

　　마쓰시마에 수목이 무성하여 녹음이 우거진 것처럼 기록했다. 소나무도 「十八公」이라는 破字로 표현하여 소나무가 우거진 마쓰시마로 일반화하려 했다. 그런데 마쓰시마가 수목이 자리지 못하는 암도라는 것은 한 번 보면 알 수 있는 일이다. 그래서 17세기에 타케시마 도해에 관계하는 자들은 그 사실을 잘 알고 있었다. 1669년에 카메야마(龜山)라는 자가 村川家에 보낸 서찰에 있는 「타케시마 가까운 곳에 있는 마쓰시마에는 초목도 없는 곳이다」라는 내용을 보면 알 수 있는 일이다. 그뿐만이 아니다. 1681년에 大谷家가 巡檢使에게 제출한 서류에도 「타케시마로 가는 길목 20정 정도에 소도가 있습니다. 초목이 없는 암도입니다」라고 마쓰시마가 암도라는 사실을 밝혔다.

　　20세기의 나카이 요우자부로(中井養三郎)라는 자는 「정상에 약간의 토양이 있어 잡초가 자랄 뿐, 전도에 하나의 수목도 없다」라고 마쓰시마에는 수목이 자라지 않는다는 사실을 밝혔고, 마쓰시마를 타케시마로 개명하고 1906년에 시찰하는 시마네켄(島根縣) 시찰단에 참가했던 오쿠하라 헤키운(奧原碧雲)도 「암골이 노출된 상부에 약간의 경토가 있어 잡초가 자랄 뿐 한 그루의 수목이 없다」라고 확인했다.

해설2 에비스시마·에비스지마(夷島)

　　이것은 섬의 이름으로 惠比壽島, 惠比壽島, 戎島 등으로도 표기한다. 혼동하기 쉬운 도명이다.

1. 아키다켄(秋田縣) 오가시(男鹿市) 토가시오하마(戶賀鹽兵) 먼 바다에 떠있는 섬.
2. 시마네켄(島根縣) 마쓰에시(松江市) 야스기시(安來市)와 톳토리켄(鳥取縣) 사카이미나토시(境港市)·요나고시(米子市)에 걸쳐있는 호수를 말하는 츄우카이(中海)의 섬.
3. 야마구치켄(山口縣) 나가토시(長門市) 유야이가미(油谷伊上)의 먼바다에 있는 유야완(油谷灣)의 섬. 나가토시에는 에비스지마(戎島)라는 다른 섬도 있다.
4. 에조가시마(夷島) 카마쿠라(鎌倉)시대의 혹카이도우(北海道)

해설3 마쓰시마 도해

　　요나고 어민들은 타케시마에 건너다니며 마쓰시마에 들려 어렵을 하기도 하고 휴식을 취하기도 했다. 그러나 그것은 어디까지나 타케시마 도해에 부속된 활동이었다. 1696년에 막부가 일본인의 타케시마 도해를 금한 이후로는 타케시마는 물론 마쓰시마에도 건너다니지 않았다.

六、隠岐洲より竹島への渡海、ならびに海上の道法の事

オキノ시마에서 타케시마 도해
및 해상의 도법

従隱岐洲竹島渡海至海上道法之事

竹島みよせなん取なへそ讀侍る

よしやせの繁れる竹み千代さめて

猶色ふりさ奥ぞるかしき

從隠岐洲竹島渡海并海上道法之事

　　竹島によせなん取あへす讀侍る

よしや世の繁れる竹に千代こめて　猶色ふかき奥ぞゆかしき

【 六、隠岐洲より竹島への渡海、ならびに海上の道法の事 】

　　竹島にこと寄せ、取り敢えず[この矢田高當がここで]詠んだ歌である。

よしや世の　繁れる竹に　千代こめて　猶色深き　奥ぞゆかしき

〈歌意〉　たとえ[厳しい日々であろうと、いずれ]世の中は良くなるであろうと[そのように祈ります。]豊
かに繁る竹が[すくすくと伸びて行くように、皆、健やかで長命で]千代に渡り平安が続くよ
う、心を込めて祈ります。[そのような長生の吉祥名を持つ竹島に祈りつつ渡ります。それゆ
え無事平安な航海をかなえて下さい。]その島の緑[すなわち生命の象徴の緑は、島に近づ
けば近づくだけ]なお色深く[目に映じます。そして島の奥深くを訪ねれば、また心の奥深く
に]緑の奥深さを、いっそう感じ、そのゆかしさをさらに感じます。[そのような目出度い竹島
です。]

【 6, 오키노시마에서 타케시마 도해 및 해상의 도법 】

　　타케시마를 생각하며 [야다 타카마사가] 읊은 노래.

설사 힘들다 해도, 우거진 대나무에 영원을 기대한다. 녹음이 더욱 짙고 그윽하다.

〈가의〉　설령 [어렵다 해도 언젠가] 세상이 좋아질 것이다. 풍성하게 우거진 대가 [잘 자라나
듯이, 모두 건강하고 장수하여] 영원히 살아가는 편안함이 계속되기를 정성으로 빕니
다. [그처럼 장수하는 길상의 이름을 가진 타케시마에 빌면서 건너갑니다. 그러니 무
사하고 평안한 항해가 이루어지게 해주세요] 섬의 녹음[이 섬에 다가갈 수록] 더 짙
게 [비칩니다. 섬 안으로 들어갈 수록 마음 깊은 곳에] 녹음이 더 짙어지는 것 같고 그
윽함도 새삼스럽습니다.[그렇게 축복받은 타케시마입니다.]

抜松嶋より竹島ハおなし方角にして卯の針ふ
て卯の風を一日一夜颯り海上通法九十里程の
考なり隠岐嶋より竹島まで海上里数の都合九
二百六十里全島の流れ出雲石見長門領の沖ま
も當る哉遥の道法磁石の針一間違いして譬ハ
扇子の地紙要より見ろがさとく陸の方角過分
違ひなるなり是船案言葉とて大ひに相違ける
竹の取り旦ツ肥前國ハ此島へ海上縣り行くと
いてとも所おより差向ひと聞へ々り抜竹島の

扱松島より竹島ハおなし方角ニして卯の針にて卯の風を一日一夜飆り海上道法九十里程の考なり隠岐
嶋より竹島まで海上里数の都合凡二百六十里同島の流れ出雲石見長門領の沖にも當る哉遙の道法磁
石の針一間違ひにて譬ハ扇子の地紙要より見るがごとし陸の方角過分違ひあるなり是船乗言葉とて大
ひニ相違あるものなり且ツ肥前国ハ此島へ海上隔りありといへとも所により差向ひと聞へけり扱竹島の

　さて、松島から竹島へは、同じ方角で進む。卯(東方)の針(註1)にて卯(東方)から吹く風を受け、一日
一夜を帆走する。海上の道のりは九十里程のものである。隠岐島から竹島まで、海上の里数は都合
おおよそ二百六十里ということになる(註2)。同島の[方位そして潮の]流れからいえば、出雲や石見や
長門の藩領の沖合にも当ることであろう。遙か遠い道のりのことであり、磁石の針の僅かな間違いよっ
て、たとえば扇子の地紙を 要 の地点から見るように[僅かな違いによって先に行けば行くほど]大きな
違いとなってしまう。陸での方角[と海での方角と]では[そこに]過分の違いがある。[海に乗り出して
からは、海での考え方がある。それゆえその都度、海における修正が必要]というもので、これは船乗
りたちが[しばしば口にする]言葉である。[陸で想定していた事と、実際に海に乗り出してからの事で
は、そこに]大きな違いがある。[たとえば]肥前国は[陸から見れば]この島(竹島)とは海上において
[大いに]隔たりがあると言うが[船乗りたちが移動する海の]在所では、その島(竹島)は[極めて近く、
まるで]差し向いにあると言う。そのような事が聞こえてくる。

　さて、竹島の

　그런데 마쓰시마에서 타케시마는 같은 방각으로 나아간다. 묘(동방)의 바늘로 묘(동방)에서 불
어오는 바람을 받아, 하루 낮 하루 밤을 범주한다. 해상의 도정이 90리 정도다. 오키노시마에서 타
케시마까지의 해상 리 수는 도합 260리다. 동도의 [방위나 조류의] 흐름으로 보자면 이즈모나 나
가토 번령의 먼바다에 해당할 것이다. 아주 먼 거리라 자석 바늘의 작은 차이에 따라, 예를 들자면
부채를 중심점에서 보듯이 [약간의 차이에 따라] 큰 차이가 난다. 육지의 방각[과 해상에서의 방
각]은 큰 차이가 난다. [그래서 바다에서 상황에 따른 수정이 필요]하다는 것은 선원들이 [가끔
하는] 말이다. [육지에서 생각하는 것과 바다에서 생각하는 것에는] 큰 차이가 있기 때문이다.
[예를 들자면] 히젠노쿠니는 [육지에서 보면] 타케시마와 해상으로는 [많은] 차이가 있다하나
[배에 탄 수부들이 이동하는 바다]에서보는 타케시마는 [가까워 마치] 마주보는 곳에 있는 것
같다 한다. 그 같은 말이 들린다.

　그런데 타케시마의

土地五里又ハ十里とも云ふ是等之事ハ漁師の
量りにならぬ次嶋裏表ともみ能さ嶋此方より着
岸之所破濱なり遥ゝ朝鮮と見へて或時ハ雲霧
變裡亦ハ晴天ゝ山乃谷ふうきゝり近見へる
大敵道法三十里計りの大見也

土地五里又ハ十里とも云ふ是等之事ハ漁師の量りニあらず島裏表ともに能き島此方より着岸之所砂濱なり遙ニ朝鮮と見へて或時ハ雲霧靉靆亦ハ晴天ニハ山乃谷ふかき分り迄見へる大数道法三十里計りの大見也

土地は[たてよこ]五里又は十里の大きさであるともいう。これらの事は漁師の推量によるものではない。[島に到達し廻ってみれば]その裏側そして表側、共に良い島である事が分かる。こちらから[島に渡海し、その]着岸する[表側の]所は砂浜である。[島の裏側からは]遙か彼方に朝鮮が見えるようで、或る時は[朝鮮の山々に]雲や霧の靉靆するさま(たなびいているさま)がよく見え、また晴天の時は、その山々の深い谷間の有様までも分るほどだという。[竹島から朝鮮まで]大よその道のりは三十里計りの見当であるという。

토지 면적은 [종횡] 5리 또는 10리라고도 한다. 이러한 일은 어부의 추량에 의한 것이 아니다. [섬에 도달해 둘러보면] 뒤쪽이나 앞쪽 모두가 좋은 섬이라는 것을 알 수 있다. 이쪽에서 [도해하여] 착안하는 [앞쪽]은 모래 해변이다. [섬의 뒤쪽에서는] 저쪽 멀리 조선이 보이는 것 같은데, 어떤 때는 [조선의 산에] 구름과 안개가 피어 오르는 것이 보이고, 또 청천일 때는 그 산들의 깊은 계곡까지 보일 정도라 한다. [타케시마에서 조선까지] 대개의 거리는 30리 밖에 안 될 것이라 한다.

주1 묘(동방)의 바늘

바늘 끝의 계도에 따라 방향이 묘(동방)를 가르킨다는 것으로. 이것은 항해용을 역전한 자석(선자석)에 의한 판단이다. 현재 사용되고 있는 자석으로 말하자면 서를 가르킨다는 것이 된다.

卯(東方)の針

針先の誘導によって方向が卯(東方)を指すというもので、これは航海用の逆転した磁石(船磁石)からの判断である。現在使用されている磁石で言えば、西を指すということである。

주2 대개 260리

오키에서 마쓰시마까지는 170리, 마쓰시마에서 타케시마까지 90리, 도합 260리라는 것이다.

おおよそ二百六十里ということになる

隠岐から松島まで百七十里、その松島から竹島まで九十里、都合、二百六十里ということである。

해설1 조선 기록이 전하는 울릉도와 독도

『고려사 지리지』권 58

　　의종 11년에 왕이 울릉은 땅이 넓고 토지가 비옥하여 옛적에 주현을 두었으며 사람이 살 수 있다는 말을 듣고 명주도감 김유립을 보내어 살펴보게 했다. 유립이 돌아와 아뢰기를 섬 가운 데 큰 산이 있는데 산정에서 동쪽으로 향해 가면 바다까지 1만여 보가 되고, 서쪽으로 향해 가 면 1만 3천여 보가 되고, 남쪽으로 향해 가면 1만 5천여 보가 되고, 북쪽으로 향해 가면 8천여 보가 된다. 촌락의 기지 7곳이 있고 석불·철종·석탑이 있으며 시호·호본·석남초 등이 많으나 암석이 많아 사람이 살 수 없다고 하자 결국 그 의논은 중지되었다. 혹은 말하기를 우산 무릉은 본래 두 섬으로 서로의 거리가 멀지 않아서 바람 부는 맑은 날에는 바라볼 수 있다 한다.

『高麗史　地理志』卷五十八

　　毅宗十一年, 王聞鬱陵, 地広土肥, 旧有州縣, 可以居民, 遣溟州道監 倉金柔 立, 往視, 柔立回奏云, 島中有大山, 従山頂向東行, 至海, 一万余步, 向西行, 一万三千余步, 向南行, 一万五千余步, 向北行, 八千余步, 有村落基址七所, 有石仏·鐵鐘·石塔·多生紫胡·藁本·石南草, 然多岩石, 民不可居, 遂寝其議, 一云于山·武陵本二島, 相距不遠, 風日清明, 則可望見,

[세종실록지리지]　강원도 울진현

　　우산과 무릉 두 섬이 현의 정동 해중에 있다. 두 섬이 서로 떨어짐이 멀지 않아 바람이 부는 맑은 날에는 바라볼 수 있다.(중략) 고려 태조 13년에 섬 사람들이 백길 토두를 시켜 방물을 바쳤다. 의종 13년에 심찰사 김유립 등이 돌아와서 고하기를 「섬 가운데 큰 산이 있는데 산 꼭대기에서 동으로 향해서 가면 바다까지 1만여 보가 되고, 서로 향해서 가면 1만 3천여 보가 되 고, 남으로 향해서 가면 1만 5천여 보가 되고, 북으로 향해서 가면 8천여 보가 된다.

『世宗實錄地理志』江原道 蔚珍縣

　　于山·武陵二島, 在県正東海中二島相去不遠, 風日清明,　則可望見(중략)高麗太祖十三年, 其島 人使白吉土豆, 献方物, 毅宗十三年, 審察使金柔立等, 回來告, 島中有泰山, 従山頂向, 東行至海, 一 万余步, 向西行, 一万三千余步, 向南行, 一万五千余步, 向北行, 八千余步,

『신증동국여지승람』권 45

　　우산도 울릉도. 무릉이라고도 하고 우릉이라고도 한다. 두 섬이 고을 바로 동쪽 바다

가운데 있다. 세 봉우리가 곧게 솟아 하늘에 닿았는데 남쪽 봉우리가 약간 낮다. 바람이
부는 청명한 날 에는 봉우리 꼭대기의 수목과 산 밑의 모래톱을 역력히 볼 수 있으며 순
풍이면 이틀에 갈 수 있다. 일설에는 우산 울릉이 원래 한 섬으로 지방이 백리라 한다.
『新增東國輿地勝覽』卷之四十五

　　于山島 鬱陵島, 一云武陵, 一云羽陵, 二島在縣正東海中, 三峯岌嶪, 撑空, 南峯稍卑, 風日
淸明, 則峯頭樹 木及山根沙 渚, 歷歷可見, 風便則二日可到, 一說于山·鬱陵本一島, 地方百
里,

七、隠岐洲の渡し大明神、
その御神徳を以て竹島へ渡海の事

오키노시마의 도대명신의
신덕으로 타케시마에 도해하는 일

隱岐洲渡ㇽと大明神以二御神徳一竹島渡海之事

昔日渡ㇽ大明神ハ欲シ令撰葺原中ツ國之邪鬼一故
ㇷ子ノ國色底隱岐洲島後福浦港小鎮座海ヨり
て神霊露顯かㇶて諸人崇敬奉はㇷり叔伯兄承
子ㇳ杓ケて宮川大谷ㇷ村川とて家旧き町人三軒
有中ㇽㇳ宮川ハ故有て住古葵の御紋御幕近り
頂戴いたㇽ今以所持之町人那り其上傳古兼宮

隠岐洲渡シ大明神以御神徳竹島渡海之事

昔日渡ル大明神ハ欲ス令撥葦原中ツ国之邪鬼ヲ故ニ子ノ国の底隠岐洲島後福浦港に鎮座ましまして神靈露顕にして諸人崇敬奉るなり扨伯州米子ニおゐて宮川大谷。村川とて家旧き町人三軒有中にも宮川ハ故有て往古葵の御紋御幕迄も頂戴いたし今以所持之町人那り其上従古来宮

【 七、隠岐洲の渡し大明神、その御神徳を以て竹島へ渡海の事 】

　その昔、渡ル大明神(註1)は葦原の中つ国の邪鬼を除くよう命ぜられ、子の国(註2)の底[に邪鬼を抑え込むため、この子の方の果て]隠岐洲の島後、福浦の港に鎮座なさった。その神威霊威は顕らかとなり、諸人の崇敬するところとなった。さて伯州の米子において、宮川、大谷、村川という家筋の旧い町人の家が三軒あった。中でも宮川という家は、それなりの理由があり、往古、葵の御紋や御幔幕までも頂戴し(註3)それを今も所持するというほどの名のある町人である。その上、古くから、宮

【 7, 오키노시마의 도대명신의 신덕으로 타케시마에 도해하는 일 】

　그 옛날에, 도대명신은 아시하라노나카쓰쿠니의 잡귀를 제거하라는 명을 받고 이즈모노쿠니 북방 가장자리[에 사귀를 잡아서 가두어두기 위해, 그 북쪽의 끝인] 오키노시마 도우고의 후쿠우라항에 진좌하셨다. 그 신위 영위는 분명하여 모든 사람이 숭경하게 되었다. 그런데 하쿠슈우의 요나고에 미야카와·오오야·무라카와 라는 집안, 오래된 상인의 세 집안이 있었다. 그 중에서도 미야카와라는 집안은 그 나름의 이유가 있어, 왕고에 접시꽃의 문양이나 휘장까지 받아 그것을 지금도 소유한다고 할 정도로 이름이 있는 상인이다. 그 위에 옛날부터 미야

川大谷の二軒ハ奥塩の役鈔と号して過分なら

運上銀を町務す近隣稀なら町人なり村川も秀

てたり撰の中九リとい〱とも去りとい天数尽

てり當時家名衰へけり後代を至てハ領司の誉

も有べルん頃え録申中の初ヶ役ヶ仕出しにて隠

岐洲福浦港より竹島江七ヶ年續で渡海漁とな

川大谷の二軒ハ魚塩の役務と号して過分なる運上銀を所務す近隣稀なる町人なり村川も秀てたる撰の中たりといへとも去りとハ天数尽てか當時家名衰へけり後代に至てハ領司の誉も有べけん頃元禄年中の初彼の仕出し以て隠岐洲福浦港より竹島江七ヶ年続で渡海漁をな

川、大谷、村川という家筋の旧い町人の家が三軒あった。中でも宮川という家は、それなりの理由があり、往古、葵の御紋や御幔幕までも頂戴し(註3)それを今も所持するというほどの名のある町人である。その上、古くから、宮川、大谷の二軒は、魚塩の役務を取り仕切り(註4)過分な運上銀を事務処理するという近隣には稀な有力町人であった。村川も秀でた撰の中に入る有力商人の家ではあるが、そうは言っても天運が尽きてきたのか、当時[椿儀左衛門が聞いた限りでは]その家名は衰えていた。[前代の隆盛に比べ]後代に至っては、かつての領司の誉など、もはや有る筈もない程の家となってしまった。だが[板屋何兵衛が若者として活躍していた]その頃は、元禄年中の始めのことで、かの[村川の家は、当時、その家業を盛んに営んでいた。その]仕出しを以って、隠岐洲の福浦の港から竹島へ七ヶ年の連続で渡海をし、漁を行なって

카와, 오오야, 무라카와라는 오래된 가계의 상인집이 3집 있었다. 그 중에서도 미야카와라는 집안은 나름의 이유가 있어, 옛부터 접시꽃 문양이나 횡단막까지도 하사 받아, 그것을 지금도 소지하고 있을 정도로 이름있는 상인이다. 거기에다가 예부터 미야카와·오오야 두 집안은 생선과 소금을 취급하는 일을 독점하고, 과분한 세금을 사무처리 한다는 근린에서는 드물게 유력한 상인이었다. 무라카와도 뛰어난 인재에 속하는 유력한 상인 집안이었으나, 그렇다 해도, 천운이 다한 것인지, 당시 [쓰바키 기자에몬이 들은 바에 의하면] 그 집은 쇠퇴하고 있었다. [전대의 융성에 비해] 후대에 이르러서는 과거의 자랑스러웠던 명예를 이미 찾아볼 수 없는 집이 되고 말았다. 그러나 [이타야 나니베에가 젊은이로 활약하던] 그 무렵은 겐로쿠 연중 초기로 [무라카와 집안은 가업이 융성했었다. 그] 여세로 오키노시마 후쿠우라항에서 타케시마로 7년 연속해서 도해하여 어렵하고

寸大船子ては取迴し自在ならに馳せ前能き二
百石積を造りたて名を竹島と号す人数二十人
衆醫者次々大工木挽鍛治等を交へ海上自然の
事近も心を配り春二三月の頃草木を惠み争て
ホらぬ鴬の聲聞も遲しと船印さなて則此神
社託宣の日和を市ひ汀に浮む出船の櫓聲然し

す大船にてハ取廻し自在なら須馳せ前能き二百石積を造りたて名を竹島と号す人数二十人乗醫者次
ニ大工木挽鍛冶等を交へ海上自然の事迄も心を配り春二三月の頃草木も恵ミ争てなまらぬ鶯の聲聞も
遅しと船印をたて則此神社託宣の日和を希ひ汀ニ浮む出船の櫓聲然ル

行なっていた^(註5)。大船では航海の取り廻しなどが自在でなく、船足の速い二百石積を造り立て、こ
の船の名を竹島丸と号し、島へ送り出していた。人数は二十人乗りで、ここに医者や大工や木挽や鍛
冶などを交え乗せ、海上の自然(気候、天候)の事までも心を配り、出掛けるのであった。
　春の二、三月の頃、草木もその恵みを争い[勢い芽吹く]頃、鶯が、まだ声も鈍らさず[その艶やか
な美しい]鳴き声を聞かせ始める頃、船印を立てて、この神社の託宣[を請い、良き]日和を願って出
掛けるのである。汀に浮かぶ出船の櫓声が[響き渡る]

있었다. 대선으로는 항해 조절이 자유스럽지 못하여 속도가 빠른 2백석적을 만들고, 배의 이름
을 타케시마라고 지어서 섬으로 보내고 있었다. 20인승의 배로 의사·목수·톱질꾼, 대장장이 등
을 태우고, 해상의 자연(기후나 날씨)까지 살피며 보내고 있었다.
　봄 2, 3월경에 초목이 앞을 다투어 [싹이 틀] 무렵, 꾀꼬리의 목소리가 아주 맑을 무렵에 배
에 깃발을 달고, 신사에 탁선을 빌어 좋은 날씨에 출선한다. 배가 노를 젓는 소리가 [울려 퍼질]

時出帆飯帆ともふ帝み見剔れざる鴨一羽虚空
より末り竹島丸取揖の面先み居り又飯帆まは
をも揖ヽ居ら霊験寄特之裡露顕し扨渡海の上
土地を試んと島を迴りて見れ心石種重たり石
碑なり苔馞びて文字明りならす是を磨きて見
きバ概咒大阪徳兵衛と銘なり是い不思儀なら

時出帆帰帆ともに常に見馴れざる鴨一羽虚空より来り竹島丸取楫の面先に居る又帰帆にはとも楫に居
る霊顕奇特之程露顕し扨渡海の上土地を試んと島を廻りて見れバ石檀重たる石碑あり苔結びて文字明
かならす是を磨きて見れバ摂州大坂徳兵衛と銘あり是ハ不思議なる

　時、出帆や帰帆の折、共々常には見馴れない鴨が一羽、虚空から［船に向かい飛び］来たるという。
［出帆の折には、この］竹島丸の取り楫の面先に［その鳥が］居る。また帰帆には、とも楫に［その鳥
が］居る。［まさに渡ル大明神の］霊顕の験で(註6)、その奇特の程を露わに顕し下さるのであった。
　さて［竹島へ］渡海の上、その土地［の探索］を試みようとして、島を廻って見れば［とある所に］石壇
の積み重なった［形の］石碑があった。苔が付着していて、その文字は明らかではない。磨き出して
［そこに現れた文字を］見ると、摂州大坂徳兵衛と銘があった。是は不思議な

　때, 출범하거나 귀범할 때, 보통 때는 보지 못하던 오리 한 마리가 허공에서 날아 온다고 한다.
［출범할 때는］타케시마마루 사공의 면전에 ［그 새가］있다. 또 귀범할 때는 좌현에 앉아있다.
［도대명신의］영험을 보이는 것으로 그 기특한 정도를 보여주는 일이었다.
　그런데 ［타케시마에］도해한 후에, 그 토지를 조사해 보려고 섬을 돌아보았더니 석단을 쌓아
올린 석비가 있었다. 이끼가 끼어 문자는 확실하지 않았다. 닦아내고 보았더니 셋슈우 오오사
카 토쿠베에 라고 새겨져 있었다. 이것은 이상한

享左去大阪徳兵衛と有りれハ我朝の人ふ汐女
し如何なる由縁了て此島の主となりぬといと
懇ふ水を手向けりける時伯死ゝ切々て此よし
を語りける共も一向訳け不ゝ知後幸不子表ゝ東
武より御問見来臨の時件の沙汰ける阿慶長幸
中大閤秀吉公朝鮮征伐之時肥前國呼子ゝ而兵

事乍去大坂徳兵衛と有ければバ我朝の人に紛なし如何なる由縁にて此島の土となりぬといと懇に水を手向けりある時伯州におゐて此よしを語りけれとも一向訳け不レ知後年米子表へ東武より御回見来臨の時件の沙汰ある所慶長年中太閤秀吉公朝鮮征伐之時肥前国呼子ニ而兵

事であると思った。しかしながら大坂徳兵衛と有るからには、我が国の人である事に間違いはない。どのような由縁で、この島の土となったのであろうか。ともかくも、ことに懇ろに水を手向け[供養をしておい]た。[後日]ある時、伯州に於いて、このような出来事があったと、事の有様を語ったが[皆々この大坂徳兵衛について]一向に事情を知るものはいなかった。後年、米子表へ東武から御回見[の御使者が]来臨なされ[註7]、件の沙汰をなさった折[この事について御報告を申し上げた。するとこれについてのお話しがあった。]それは慶長年中、太閤秀吉公が朝鮮征伐の時、肥前国の呼子にて兵

일이라고 생각했다. 그러나 오오사카 토쿠베에 라고 있으므로 우리나라 사람이라는 것은 틀림없다. 어떤 이유로 이 섬의 흙이 되었을까? 어쨌든 정갈한 냉수를 바치며 [공양을 해두었]다. [후일] 어느 땐가 하쿠슈우에서 그와 같은 일이 있다고 이야기 했으나 그 일을 조금이라도 아는 자가 없었다. 후년에 요나고에 동무에서 시찰[하는 분이] 내임해서 죽도일건을 물을 때, [이 일을 말씀드렸더니] 그것은 케이쵸우 연중에 태합 히데요시 공이 조선을 정벌할 때 히젠노쿠니의 요비코에서

舩檣揃へゆなし諸ひ役ノ者其時諸万艘の船長
をして竹島を津裁りとして渡り飯朝の砲無甲
斐病死して不飯其日跡ならんと語り侍りーと
かや抜又竹島の土地ヽ比類なき大ひなり桐木
なり是を取飯り守護社渡し明神の太鼓不仕立
混死の百風磐戸の躁ひなら面白の奏神樂神慮

船旗揃へをなし給ひ彼ノ者其時諸万艘の船長をして竹島を津懸りとして渡り帰朝の砌無甲斐病死して
不帰其旧跡ならんと語り侍りしとかや扨又竹島の土地ニ比類なき大ひなる桐木あり是を取帰り守護社渡
シ明神の大鼓に仕立混沌の古風磐戸の賑ひあり面白の奏神楽神慮

船の旗揃えをなさった折のことであった。彼の［大坂徳兵衛と申す］者は、その時、諸万船の内の一
艘の船長として、竹島を津懸りにして［朝鮮へ］渡った人物で、帰朝の折［その島で］甲斐なく病死し
［故郷の大坂に］帰る事の出来なかった人物である。［石碑は彼の者］の旧跡であろうと、そのような事
を語っておられたという。
　さて、また竹島の土地には比類のない巨大な桐の木があった。これを伐り取って持ち帰り［島後福
浦の］守護社たる渡ル大明神の大鼓に仕立てることがあった。その［打ち鳴らす太鼓の］混沌の古風
は、まさに磐戸の賑いがあった。それゆえ面白い神楽を奏で、神慮を

병선의 깃발을 갖추었을 때의 일이었다. 그［오오사카 토쿠베에라는］자는 그때에 많은 배 중
1척의 선장으로, 타케시마를 거쳐［조선으로］건너간 자로, 귀국할 때［그 섬에서］덧없이 병
사하여 불귀의 객이 된 자다.［석비는 그］흔적일 것이라 말씀하셨다 한다.
　그런데 타케시마의 땅에는 비교할 수 없이 큰 오동나무가 있었다. 이것을 베어서 돌아와［도
우고 후쿠우라］수호사의 도대명신의 북을 만들었다. 그［북을 쳐서 울리는］혼돈의 고풍은
그야말로 바위가 울릴 정도였다. 그래서 신명이 나는 카구라 연주로 신의 마음을

をいさめ奉んと今以広前ニ寄附いたしはら又
栴檀の木を積来り其頃社を造営す最早百年ニ
およひ神体雨露ぬ打たれ給いんと下地の渡り
木類ひはら福い是切用ひて近年造立すなり将
又同好漢師の家ハ其時取敗り無下なる哉大籤
竹自由在鍵こして炉ぬ釣り浦のはゝじと昔を語

をいさめ奉んと今以広前ニ寄附いたしある又栴檀の木を積来り其頃社を造営す最早百年におよび神体
雨露に打れ給ハんと下地の渡り木類ひあらねハ是を用ひて近年造立すなり将又同所漁師の家ニ其
時取帰り無下なる哉大蘆竹自在鍵にして炉に釣り浦のあるじと昔を語

お慰めしようとした。今も［この太鼓は御神殿の］広前に寄せ附けてある。また［巨大な］栴檀の木を
［船に］積み込み［この福浦に］戻って来るという事もあった。その頃［渡ル大明神の］社を造営する必要
があったからである。最早や百年にも及ぶという古い社殿は［すでに屋根も朽ち果て、柱も傾き］御神
体も雨露に打たれるという状況であった。［この社殿を支える］下地の渡り［その支えの御柱］は［太い］
木の類いでなければと、この［竹島産の木材を］用いて、この近年に造立したという。あるいは又、同
所(福浦)の漁師の家には、その時に持ち帰った、とてつもなく大きな芦竹がある。これが自在鍵となっ
て炉に釣ってある。そのような浦のあるじ(老翁)と［その炉端で］昔の事を語

위로하려고 했다. 지금도 ［이 북은 신전의］ 앞 마당에 있다. 또 ［거대한］ 박달나무를 ［배에］
싣고 돌아온 일도 있다. 그 무렵 ［도대명신의］ 신사를 조영할 필요가 있었기 때문이다. 이미 백
년이나 된다는 낡은 신전은 ［지붕이 낡고 기둥도 기울어］ 신체도 비 이슬을 맞는 상황이었다.
［사전을 지탱하는］ 바탕을 다지고 ［바치는 기둥］은 ［굵은］ 목재류가 아니면 안 된다며 ［죽도
목재를］ 사용하여 근년에 조립했다 한다. 또 같은 후쿠우라의 어부의 집에는 그때 가져온 아주
큰 갈대가 있다. 이것은 방 가운데에 만든 취사용 화로 위의 천정에 거는 갈고랑이로 사용되고
있다. ［그 화롯가에서］ 후쿠우라 포구의 노옹과 옛날 이야기를 나누었다.

り訐々太久の罪を遁れて朝煙朝喰夕喰の焼火

不尽きれい渡海專らの目當てい車軂生海歲海

軂の油を取り樽詰ふ一て畋ろ小利のすのい積

込かたく見ろ目もならず見放をなり海軂い砕

濱々屍を堀置其応々這入ろ夫を鐵砲うて打取

なり最初の程い軂生海歲ても小石山へ行石城

り評々太久の罪を遁れて朝煙朝喰夕喰の焼火不尽されハ渡海専らの目當てハ串鮑生海鼠海驢の油を取り樽詰にして帰る小利のものハ積込かたく見る目もあらず見放すなり海驢ハ砂浜ニ穴を掘置其穴ニ這入る夫を鉄砲にて打取なり最初の程ハ鮑生海鼠なとハ石山へ行石を

り合った。[島の生き物を殺した、その]許々太久の罪(註8)を[今は]遁れて[炉の]朝煙[の中で祈るという。だがその]朝喰夕喰(朝餉夕餉)の焼火の中では[なお罪業の消滅]が尽されるということはないという。

　当時、渡海の専らの目当ては、串鮑、生海鼠、海驢の油を取り、樽詰にして帰るというものであった。[船腹に限りがあり]小利のものは積み込み難く、検討するまでもなく見放すことにしていた。海驢は砂浜に穴を掘り置き、その穴に這入る[習性がある]。それを鉄砲で打ち取るのである。最初の頃は、鮑、生海鼠など、石山へ行って石を

[섬의 생물들을 죽인 그] 많은 죄를 피하여 [지금은 화로의] 아침 연기 [속에서 기도한다고 한다. 그러나] 아침 저녁의 공양을 만들기 위해 활활 태우는 불로는 [죄업의 소멸]이 이루어지는 것은 아니라 한다.

　당시 도해의 유일한 목적은 곶전복, 해삼, 강치의 기름을 짜서 통에 담아서 돌아오는 일이었다. [적재량의 한계가 있어] 이익이 적은 것은 검토할 필요도 없이 버렸다. 강치는 모래밭에 구멍을 파고, 그 구멍으로 들어가는 [습성이 있다.] 그것을 철포로 쏘아 잡는다. 초창기에는 전복 해삼 등을 돌산에서 돌을

拾ひ処々がざとく沢山なり乍敏渡り鮑ひとい初
め程いいけらず只一ヶ年ニ一度宛渡海漢とい
た一直ニ肥前長崎江馳行綾錦裏州ハ尓。ちりめん
虎の皮其外砂糖甘草匂ひ高さい加羅麝香折れ
寸曲らす長崎の針其品多唐物ニ替へ國々所々
を廻りて見れバ針のみづから人なと見るいやし

拾ひ込がごとく沢山なり年数渡り鮑などハ初め程にハあらず只一ヶ年ニ一度宛渡海漁をいたし直ニ肥前長崎^江馳行綾錦莫臥尓。ちりめん虎の皮其外砂糖甘草匂ひ高きハ加羅麝香。折れす曲らす長崎の針其品多唐物ニ替へ国々所々を廻りて見れバ針のみづから人を見るいやし

拾い込むような様子で、沢山収穫できた。だが年数も経て行くうち、鮑など、初めの頃程には収穫できなくなってきた。只一ヶ年に一度宛て、渡海し漁を致し、直ちに肥前長崎へ馳せ行き^(註9)[竹島で得た物産を、ここで売却した。]綾や錦、莫臥尓^(註10)、ちりめん、虎の皮、そのほか砂糖、甘草、匂いの高い加羅や麝香、折れず曲らずという長崎の針、その[地で流通する]品々の数多くを[この竹島物産で購い]また唐物の類に替え[伯州米子を指して帰帆した。その帰国の折]国々所々を廻って見れば[その航海の]針は、おのずから人を見て[停船する。すなわち長崎で仕入れた物品は、それを望む人々のいる港に船の碇を降ろし、売却する。そのような港には]賤しい

주워담는 것처럼 많이 채취할 수 있었다. 그러나 해가 지나면서 전복 등은 처음 만큼 수확할 수 없게 되었다. 그저 1년에 한 번씩 도해 어렵 하여 바로 히젠노쿠니 나가사키로 달려가 [타케시마 에서 얻은 산물을 여기서 매각했다.] 화려한 비단, 금은의 실을 섞어서 짠 직물, 오글쪼글한 직물, 호랑이 가죽, 그 외에 설탕, 감초, 향기가 짙은 침향이나 사향, 부러지지도 않고 굽어지지도 않는다는 나가사키 바늘 등 그[땅에서 유통되는] 여러 종류의 물건들을 [이 타케시마의 산물로 매입] 또 외국물건과 바꾸어 [귀범하면서] 여러 나라를 돌다 보면 [항해의] 바늘이 저절로 사람을 보고 [멈춘다. 즉 나가사키에서 구입한 물품은 그것을 원하는 사람들이 있는 항구에 닻을 내리고 그곳에서 매각한다. 그런 항구에는] 가난한 사람

きみか貴きや錦を飾ろ粧ひも何り徳いいづさ山寛永通宝三國の万里自在い舩の足曼み越たろ交易けらし

き中に貴きハ錦を飾る粧ひもあり徳ハいづこも寛永通宝三国の万里自在ハ船の足是に越たる交易あらし

中にも、なお富貴に憧れ、錦で飾り粧 いたがる人たちが[大勢]いる。[その粧いたがる]欲徳は、いずこも同じで[その基軸となるのが流通貨幣の]寛永通宝[の働き]である。[日本国、唐国、天竺国と、その]三国の万里[を結び、その物品を運び、貨幣に替えて利を貯め込むには]自在な[海運の働きが必要で、それがまさに]船の足というものである。これを凌駕するような[優れた]交易の手段は、他に無い。

중에도 부귀를 동경하여 비단으로 장식하고 싶어하는 사람이 [많이] 있다. [그렇게 치장하기 좋아하는] 욕심은 어느 곳이나 마찬가지라 [그 기축이 되는 유통의 화폐는] 칸에이통보다. [일본국, 중국, 인도와, 그] 삼국의 만리[를 연결하여, 물품을 운반하고 화폐를 바꾸어 이익을 얻는 데는] 자유로운 [해운의 역할이 필요한데, 그것이 바로] 배의 다리라는 것이다. 그것을 능가할 수 있는 교역의 수단은 달리 없다.

주1 도대명신

도대명신이라고도 한다. 이것은 와타루 대명신, 혹은 와타시 대명신을 말한다. 그 신덕은 이름 그대로 무사한 도해이다. 원래 출생을 말한다면 이것은 수로의 신이다. 이즈모에서 오키로 건널 때, 오키 제도를 하나 하나 건널 때, 그리고 오키에서 마쓰시마나 타케시마로 건너갈 때, 또 그 반대의 길을 돌아올 때, 그 동안에 안전하게 항해할 수 있도록 기원하고 출선하는 항구에서 제사를 지내는 신앙이다. 이 신이 사귀를 억제한다는 것은 사악한 풍파를 억제하다는 의미이다.

渡ル大明神

渡大明神とも書く。その読みはワタル大明神、あるいはワタシ大明神、あるいはワタリ大明神である。その御神徳は、その名の通り無事の渡海である。もともとの出自を言えば、これは水路の神である。出雲から隠岐へ渡る時、隠岐の諸島をそれぞれに渡る時、そして隠岐から松島や竹島に渡る時、またその逆のコースを辿る時、その間の安全な航海を祈念し、発船の津において祈ったことから来た信仰である。この神が邪鬼を押し込めるというのは、邪悪な風波を押し込めるという意味である。

주2 네노쿠니

오키는 신들이 모이는 이즈모에서 자(북) 방향에 있기 때문에 네노쿠니라고 했으나, 그곳에 나쁜 기운(사기)를 묻는다는 것은, 바다의 저쪽, 이도 오키를 『코지키』가 말하는 네노쿠니(네노카타스구니), 소코쓰네노쿠니라고 하는 발상이 있기 때문이다. 즉 천신에게 복종하지 않는 사기 사악을 흘려보내는 섬, 유배의 섬이라는 옛날부터의 인식을 표현한 것이다.

子の国

隠岐は神々の集う出雲国から子(北)の方向にあるため、子の国としたが、そこに邪気を押し込めるというのは、海の彼方、離島の隠岐を、古事記でいう根の国(根之堅州国)、底つ根の国とする発想があるからである。つまり天神にまつろわぬ邪気邪悪を流す島、流人の島という古くからのイメージがあるからである。

주3 접시꽃 문양과 장막

이것들을 받아 지금도 소지하고 있다는 것은 미야카와가 아니라 오오야 집안이다.

葵の御紋や御幔幕までも頂戴し

これらを頂戴し、今も所持するというのは、宮川ではなく大谷の家である。

[주4] 어염의 역무

어염의 역무를 독점한 것은 미야카와가 아니라 오오야와 무리카와였다. 오오야가 생선 도매상을, 무라카와가 소금도매상을 했다. 이 역무를 번에서 명받았다.

魚塩の役務を取り仕切り

魚塩の役務を取り仕切るのは、宮川と大谷ではなく、大谷と村川である。大谷が魚鳥問屋に、そして村川が塩問屋にと、その役務を藩から命じられていた

[주5] 7년 연속해서 도해하며 어렵을 했다.

무라카와케가 매년 연속해서 도해사업을 행했던 것은 아니다. 무라카와케와 오오야케가 1년씩 교대로 섬에 건너가는 방법으로 도해사업을 하고 있었다. 그러나 타케시마마루라는 배 자체는 매년 연속해서 도해하고 있었으므로, 이 배에 타는 이타야 나니베에는 7년 연속해서 도해하며 어렵을 하고 있었던 것이다.

竹島へ七ヶ年の連続で渡海をし、漁を営んでいた。

村川の家が、毎年、連続して渡海事業を行なっていたわけではない。村川家と大谷家とが、一年交代で島に渡り、交互に渡海事業を行なっていた。しかし竹島丸の船自体は、毎年連続して渡海していたから、この船に乗る板屋何兵衛は七ヶ年連続で渡海し、漁を行なっていたのである。

[주6] 영험의 표시

성스러운 새의 안내란 마쓰시마와 타케시마에 서식하는 해조의 비래로, 그 해조의 존재로 항로를 엇갈리지 않고 나갈 수 있었다는 것을 의미한다. 또 귀국에 임해서는 오키에 서식하는 해조의 비래로, 마찬가지로 항로를 확인했다고 하는 그러한 일을 말한다. 배의 우현(右舷)이나 좌현에 앉는 새의 안내, 그리고 선미에도 앉는 새의 안내가 있었다 한다. 보물섬에서 자원을 가지고 돌아오는 배란『코지키』에서 말하는 아마노토리후네를 상상시키는 면이 있다.

渡大明神の霊験

聖なる鳥の導きとは、松島、竹島に棲息する海鳥の飛来で、その海鳥の存在で航路を違うことなく進んだことを意味する。また帰国に当たっては、隠岐に棲息する海鳥の飛来で、同じく

航路の確認をしたと、そのようなことである。おもかじ、とりかじに鳥の導き、そして艫かじにも、また鳥の導きがあったという。宝の島から資源を持ち帰る船とは、古事記に言う天鳥船をイメージするところがあったかもしれない。

[주7] 후년에 요나고에 동무의 회견사가 내임하시다.

　　막부의 순견사(정사 1명, 부사 2명)가 산인도우를 돌아 요나고에 왔을 때의 일을 말한다. 겐로쿠 보다 후년의 일로, 그것은 아마도 『죽도도해유래기발서공』제3대 카쓰노부 조에 있는 1681년(엔호우 9)의 일을 말할 것이다. 역시 죽도도해를 취급하는 오오야케에 숙박하여 타케시마에 관한 이야기를 상세히 응답했다.

後年、米子表へ東武から御回見[の御使者が]来臨なされ

　　幕府巡見使(正使一名、副使二名)が山陰道を巡り、米子に回って来た時の事を指す。元禄から後年の事、それは、おそらく『竹島渡海由来記抜書控』第三代勝信の条にある延宝九年(一六八一)の事であろう。やはり竹島渡海を扱う大谷家に宿泊し、竹島について、ここで詳しい応答があった。

[주8] 코코타쿠노 쓰미

　　오오하라이의 노리토에 있는 말로 아마쓰카미, 쿠니쓰카미에 이은 코코타쿠노쓰미를 말한다. 즉 여러가지 죄를 말한다. 이렇게 많은 죄, 이렇게도 엄청난 죄, 이렇게도 많이 쌓아올린 죄라는 것이다. 여기서는 타케시마에서 많은 해수를 도살한 죄를 말한다.

許々太久の罪

　　大祓の祝詞にある言葉で、天つ罪、国つ罪と並ぶ、許々太久の罪である。すなわち諸々の罪を言う。こんなにも多い罪、こうも甚だしい罪、こんなにも積もり重なった罪ということである。ここでは竹島における数多くの海獣屠殺、その殺生の罪をいう。

[주9] 히젠 나가사키에 가다

　　타케시마에서 수확한 물산을 나가사키로 운반하여, 즉시 나가사키 타와라모노로 해서 수출품목으로 했다. 그 매각 대금으로, 이곳에 들어온 당물(수입품)을 구입하여, 하큐슈우 요나고로 돌아올 때 곳곳에서, 그 당물을 매각하여, 또 이윤을 얻고 있었다. 『요나고 무라카와 오오야 양가 죽도도해서상서』에는 칸에이 14년에, 무라카와선도 오오야선도 시마하라의 난에 의해 큐우슈우에 가고, 그리고 오오사카노쓰에 물자를 운반했다는 기재가 있다. 그 전시 수송선으로서의 경제활동은, 이후의 평상시에도 실행하고 있었음에 틀림 없다. 당연히 각지를 왕복하는 항로의 도상에서 여러 물산을 구입하여, 그것을 매각하여 많은 이윤을 얻고 있었다. 무라카와케의 나가사키 교역에 의한 이익이란, 이와 같은 경제활동 중에서 생겨난 것이었다. 또 한편 호우키 상인 오오야케 쪽도 마찬가지로『죽도도해유래기발서공』제4대 카쓰후사조에 있는 것처럼, 다시 나가사키 타와라모노 도매상의 지정을 목적으로 해서 우에노미야를 통해 획책하고 있었다. 타케시마 물산을 유통경제 중에 포함시켜 그것으로 이윤을 얻는다고 하는 시스템은 후의 텐포우 타케시마잇켄, 즉 이마쓰야 하치에몬이 행한 도해교역으로 이어진다. 이곳의 이야기는 그것의 원형이라 할 수 있다.

肥前長崎へ馳せ行き

　竹島で収穫した物産を直ちに長崎に運び、すなわち長崎俵物として輸出品目に加えたのである。その売却代金で、ここに掲げた唐物(輸入品)を購入し、伯州米子に戻る津々浦々で、この唐物を売却し、さらに利潤を挙げたのである。『米子村川大谷両家竹嶋渡海書上書』には寛永十四年、村川船も大谷船も島原の乱により九州へ、そして大坂之津へ、物資を運んだという記載がある。その戦時輸送船としての経済活動は、以後の平時にあっても生かされたに違いない。当然、各地を往復する航路途上で、様々な物産を仕入れ、それを売却し、多くの利潤を得ていた。村川家による長崎交易による利益とは、このような経済活動の中から生まれ出たものであった。もう一方の伯耆商人である大谷家の方も同様で、その『竹島渡海由来記抜書控』第四代勝房の条にある如く、さらに長崎俵物問屋の指定を目指し、上野宮を通じて種々の画策を行なっていた。竹島物産を流通経済の中に引き入れ、そこから利潤を得るというシステムは、後の天保竹島一件、すなわち今津屋八右衛門の行なった渡海交易にも繋がってくる。ここでの話は、その原型とも言えよう。

주10 모우루

　모우루(莫臥児) 라고도 쓴다. 모우루 짜기, 모우루 실을 말하는 것으로, 16세기경에 박제된 금실 은실로 짠 염직물, 또는 그 재료가 되는 금사 은사가 섞인 실을 말한다. 이 모우루의 어원은 인도에 있다. 무가루 제국에서 전와된 것이다. 니시카와 죠겐의『화이통상고』(겐로쿠 8년, 1695년 간)의 증보판『증보화이통상고』(호에이5년, 1708년간)은 부도로「지구만국일람지도」를 실었다. 그곳에 인도 아대륙에, 동에서 모우루, 벤카라, 인데아의 3지명을 기록했다. 그리고 본문(권3)에는「莫臥爾·阿蘭陀의 2국은 당인의 왕래가 없다, 그곳의 배가 나가사키에 입항한다」라고 있다. 모우루 지방에서 실려온 물품이라는 것으로, 요나고 상인들은 그러한 나가사키 유래의 최고품(귀중한 직물)을 취급하고 있었다고 이곳에 기록한 것이다.

莫臥尓

　莫臥児(モウル)とも書く。モウル織、モウル糸のことで、十六世紀の頃に舶載された金糸銀糸が織り込まれた染織物、あるはその材料となる金糸銀糸が捻込まれた糸を指す。このモウルの語源はインドにあり、そのムガール帝国からの転訛である。西川如見による『華夷通商考(元禄八年(一六九五)刊)』の増補版『増補華夷通商考(宝永五年(一七〇八)刊)』は附図として「地球万国一覧之図」を掲げる。そこにはインド亜大陸に、東からモウル、ベンカラ、インデヤの三地名を記す。そして本文(巻之三)には「莫臥爾・阿蘭陀の二国は唐人往来なし。其地の舟、長崎に入津す」とある。モウル地方からの舶載品ということで、米子商人たちは、そのような長崎由来の高級品(貴重な織物)を取り扱っていたと、ここに記すのである。

해설 1 막부의 순시

『죽도도해유래기발서공』에 순견사에 대한 자세한 기록이 있다. 1681년(엔호우 9) 5
월에 막부의 순견사가 요나고 방문하여 묻자 다음과 같이 답했다.

1, 약 50년전인 토쿠가와 이에미쓰 시대부터 아베 시로우고로우의 주선으로 죽도를 배
　령하고, 그때부터 장군의 알현도 명 받는 일이 있어 감사하게 생각합니다.

1, 매년 배를 보내 강치, 생선기름 및 곶전복 등을 채취하고 있습니다.

1, 죽도는 오키노쿠니 도우고 후쿠우라에서 건너가는데, 100여리나 됩니다. 해상의 일
　이므로 정확한 것은 알지 못합니다.

1, 죽도의 주위는 10리정도라 합니다.

1, 죽도에 가는 도중에 20정 정도의 소도가 있는데 초목이 없는 암도입니다. 그 섬을 25
　년 전에 아베 시로우고로우님의 주선으로 배령했습니다. 그래서 이 섬에서도 강치
　생선기름 등 약간 채취하는 일에 종사하고 있습니다. 오키노쿠니 도우고의 후쿠우라
　에서 60여리입니다.

一、大猷院樣御代五拾年以前 阿倍四郎五郎樣御取持ヲ以 竹島拝領仕 其上親共ヨリ御目見
　迄 被為仰付難有奉存候事

一、彼島江年々船渡海 海鹿 魚之油 並ニ串鮑 所務仕事

一、竹島江隠岐国島後福浦ヨリ 百里余可有御座由 海上之儀ニ御座候得者 慥ニハ知不申事

一、竹島之廻　拾里余御座候御事。

一、厳有院樣御代 竹島之道筋廿町斗廻申候小島御座候 草木無岩島ニ而御座候 廿四五年
　以前阿倍四郎五郎樣御取持ヲ以拝領 則船渡仕候 此小島ニ而モ 海鹿 魚油 少宛 所務
　仕候 右之小島江隠岐国島後福浦ヨリ 海上六拾里余も御モ候事

해설 2 순견사

　순견사란 장군이 바뀔 때마다 막부가 제국에 파견하여 토지의 성상이나 민정을 시찰
하는 관리를 말한다. 장군의 권위를 나타내기 위한 제도로 와카토시요리(若年奇)가 통
괄했다. 배하의 하타모토(旗本) 중에서 쓰카이반(使番) 1인을 정사에 임명하고 코쇼우
반(小姓番)과 쇼인반(書院番) 중에서 각 1인을 부사로 뽑아 계 3인에게 순견하게 했다.
혼자서 순찰하면 각 번의 뇌물 등에 의해 왜곡된 보고를 하기 때문이다. 그들은 종자를
거느리고 제국을 순찰하며 막부 법령의 실시 상황, 영내의 물가나 시세, 선박이나 해방
의 상황, 기타 등을 조사했다. 그 결과를 미정(美政)·중미정(中美政)·중악정(中惡政)·악

정(惡政) 등으로 격을 붙여 장군에게 보고했다. 1681년(延寶9. 天和 원)의 순견은 이에 쓰나(家綱)가 쓰나요시(綱吉)에게 장군을 물려준 뒤에 이루어진 것이다. 전국을 8구획으로 분할하여, 각 구에 순견사가 파견되었다. 산인(山陰)·산요우(山陽) 방면의 순견사로 정월 28일에 3인에게 하명했다. 정사가 타카기 츄우에몬(高木忠右衛門), 부사가 핫토리 사다하루(腹部貞治)와 사하시 요시나리(佐橋佳成)였다. 그들은 3월 1일부터 이나바(因藩)·호우키(伯耆)·이즈모(出雲)·오키(隱岐)·이와미(石見)·나가토(長門)·스오우(周防)·아기(安藝)·미마사카(美作)·빈고(備後)·빗츄우(備中)·비젠(備前)을 순견했다. 에도(江戶)에 돌아가 장군을 알현하여 보고한 것은 10월 11일이었다. 이 사이의 5월에 하쿠슈우 요나고에 들렸을 때 오오야케에 숙박했다.

해설 3 유통업

안용복이 일본에 납치되던 해(1693년)의 울릉도에는 3척의 배에 42인이 어렵 활동을 하고 있었다. 안용복 일행 9인과 전라도 순천의 17인승 1척, 경상도의 16인승 1척이었다. 1년 전인 1692년에는 5척의 53인이 울릉도에 있었는데, 그들이 말에 의하면 3년에 한번씩 군주에게 바칠 전복을 잡으러 울릉도에 도해하고 있었다.

여기서 3년에 한 번이라는 것은 군주에게 바칠 전복을 잡기 위해 도해하는 주기를 말한 것이지, 조선인의 도해가 3년에 1회라는 것은 아니다. 쓰시마한(對馬藩)의 비리를 소송하기 위해 톳토리한(鳥取藩)을 방문하는 안용복이 오키에서 이런 말을 했다. 현재 13척의 배가 울릉도에서 어렵을 하고 있는데, 임무를 마치면 같이 돌아가 정해진 세금을 바칠 것이라는 내용의 말이었다. 그것은 울릉도에서 어렵하는 13척의 배와 톳토리한을 방문하는 안용복 일행과 무관한 관계가 아니라는 것, 안용복이 귀국할 때 동행하여 같이 세금을 바치는 관계라는 것으로, 그들의 해상활동이 동래부사나 부산첨사와 같은 관리들의 허가나 묵인 하에 이루어 지고 있다는 것을 의미한다.

해설 4 이와미은(石見銀)

이와미 은산(銀山)에서 막대한 양의 은이 나왔다. 생사나 목면, 직물이나 도자기 등과 교환되어 조선을 비롯한 대륙으로 옮겨졌다. 또 다양한 물건과 교환되어 멀리 유럽까지 전해졌다. 이와미 소마야마(杣山) 광산의 은, 또 이와미 사마촌(佐摩村)의 은을 유럽에서는 소마은이라 했다. 1568년(永祿 11)에 발행된 포르투칼의 도라도의 지도에 이와미는 「은광산 왕국(R. AS MINAS DA PRATA)」, 호우키(伯耆)는 「은금광산왕국(R. AS

MINAS DA PRATA EOVRO)」으로 기록되어 있다. 산인(山陰) 일대는 은왕국으로 당시 유럽까지 그 명성이 알려진 나라였다.

이국선은 이 은을 얻기 위해 산인 일대로 모여들었다. 그리고 와카사(若狭)와 호쿠리쿠(北陸)까지 선로를 늘려갔다. 이국의 무역상들이 자주 방문하여 산인만에 대한 지식을 이미 충분히 알고 있었다. 그 교역을 통한 바다의 지식은 널리 펴져갔다.

명나라 장황(章潢)의『도서편』일본도는 산인 호우키의 서쪽에 죽도라는 섬이 있다는 것을 전한다. 또 모원의(茅元儀)의『무비지(武備志)』도「일본도고(日本島考)」의 부에 사쓰마(薩摩)의 타네가시마(種子島), 히젠(備前)의 히라도시마(平戸島), 아키(安芸)의 미야지마(宮島) 등을 나열하고 호우키의 죽도를 소개했다. 왜상의 폭위에 시달리고 있던 명은 그 교역의 본원인 일본의 은산지 주변, 그리고 바다의 회랑(回廊)을 충분히 파악하고 있었다.

죽도는 명의 지식인들 사이에서는 이미 이름 높은 섬이었다. 왕명학(王鳴鶴)이 쓴『등단필구(登壇必究)』일본도(日本圖)에도 죽도가 실려 있다. 타지마슈우(但馬州) 호우키슈우(伯岐州) 이와미슈우(岩見州)의 난 바다에 이 섬을 그리고 있다. (大西俊輝『독도』137頁)

해설5 카구라(神楽)

일본 신도의 신사(神事)에서 신에게 봉납하는 가무. 신사의 제례 등에서 볼 수있는데 사원에서 행하기도 한다. 헤이안(平安)시대 중기에 양식이 완성되어 약 90수의 노래가 전한다. 카구라는 신사에「카구라 전당」이 있는 경우에는 그곳에서 행하는 일이 많다.

일반적으로 카구라의 어원은 신이 진좌하는 자리(神座: 카무쿠라: 카미쿠라)에 근원한다. 신좌란 신이 머무는 곳, 초혼이나 진혼을 하는 장소를 의미한다. 신좌에 신이 내리게 하고 무당이나 무녀가 사람들의 부정을 털거나 신을 받아 사람들과 교류하는 등 신과 사람이 일체가 된다. 그 가무를 카구라라고 부르게 되었다.

長生竹島記

八、隠岐洲より竹島へ、その渡海六度目にして、朝鮮人に出会い、互いに驚きたる事

오키노시마에서 타케시마에 6회째로 도해하여,
조선인을 만나서 서로 놀란 일

竹島渡海六度目朝鮮人ニ出會ふと驚きら

事

去程ふ竹島へ辛ひ重渡海是で六度目也抜頼ひ

ゝ叶ふ順風ふて轉渡海いたして爐網を取り利

徳ハ我ハゝか學ふ切り内べしと朌策用をして

島へ揚りて見れバ小屋掛けてありと是ハ不審成

事如何せんと取りゝの智惠を計り遠々渡海い

たーなんぞ小屋ふ可こ君哉假令なんぞ住居れバ

竹島渡海六度目朝鮮人ニ出会互ニ驚たる事

去程に竹島へ年を重渡海是ぞ六度目也扨願ひニ叶ふ順風にて輙渡海いたして艜綱を取り利徳ハ我れ我れが掌にありぬべしと胸算用をして島へ揚りて見れバ小屋掛けてある是ハ不審成事如何せんと取り取りの智恵を計り遙々渡海いたしなんぞ小屋に可居哉仮令なんぞ住居れバ

【 八、隠岐洲より竹島へ、その渡海六度目にして、朝鮮人に出会い、互いに驚きたる事 】

　そのような中で、竹島へ年を重ねて渡海し、いよいよ六度目のことである。さて[この度も]願いに叶う順風があり、たやすく島への渡海を果たした。艜綱を取り[岸辺に結び]、もはや利徳は我々の掌の中にあると、そのような胸算用をして島へ上って見れば、なんと[見知らぬ]小屋掛けがある。これは不審な事である。果たして如何したらよかろうかと、取り取りの智恵を計ることとなった。[無人の島と思い]遙々と渡海を果たしたのに、どうして、ここに小屋などが有るのだろうか。たとえ、どのような者が住んで居るに

【 8, 오키노시마에서 타케시마에 6회째로 도해하여, 조선인을 만나서 서로 놀란 일 】

　그러한 가운데 타케시마에 해를 거듭하며 도해하여, 드디어 여섯 번째의 일이었다. 그런데 [이번에도] 원하는 대로 순풍을 만나 쉽게 섬에 도해할 수 있었다. 닻줄을 [해변에 매고], 이미 이익이 손안에 들어왔다는 생각을 하며 섬에 올라가 보았다니 어찌 된 일인가? [보지 못한] 소옥이 세워져 있었다. 이것은 이상한 일이다. 도대체 이 일을 어떻게 하면 좋을 것인가? 온갖 지혜를 짜며 생각했다. [무인도라고 생각하며] 멀리 도해했는데, 어떻게 해서, 이곳에 소옥이 있는 것일까? 설령 어떤 자가 살고 있다고

とて二十人の粟組さのミ恐しきるも何らす棒
よ鉢巻よ鳶口など手毎に構へ億せざら体もも
見廻す町々唐人一人出て同衆相求ると互に伝
され扨も舩子の浅間一さ出挭の構へと大ひに
違ひびつくりー然りといへと日本人ハ多勢唐
人ハ只一人之事何も投打て恐しさ顔色まて聲

とて二十人の乗組さのみ恐しきにもあらす棒よ鉢巻よ鳶口など手毎ニ構へ憶せざる体にて見廻す所に唐人一人出て同気相求ると互ニあきれ扨も船子の浅間しさ出掛の構へと大ひニ違ひびっくりし然りといへと日本人ハ多勢唐人ハ只一人之事何も投打て恐しき顔色にて聲

しても、二十人の乗組[員がいることであり]さして恐ろしいとは思わないが[などと強がって言いつつ、その実]棒に鉢巻に鳶口などを、それぞれが手に構えることとなった。[板屋何兵衛も]気後れしないような態度で[同行し、周囲を]見廻した所、そこに唐人(韓人)が[気配を感じ、様子を窺うため]一人出てきた。同じような気持ちの者は自然と引き合い、寄り来るものであるというが[日本人も朝鮮人も]互いに[その様子窺いをする偶然に]あきれ顔となった。だが船子の浅ましさゆえ[腰の定まらぬところがある。]出掛けの構えと大いに違い、びっくりし[もう逃げ腰になっていた。]そうではあるが、日本人は多勢であり、唐人(韓人)は只一人という事で[あちらの方こそ]何もかも投げ打ち、恐ろしい顔色となって声

해도 20인의 선원이 있기 때문에 무섭지 않다며 손에는 몽둥이나 쇠갈고리를 들고 머리에는 수건을 동여맸다. 그리고 두렵지 않다는 몸짓을 하며 [주위를] 살펴보았다. 그때 조선인 하나가 [수상하다는 표정을 하며] 나타났다. [옛말에] 같은 생각을 하면 서로 끌어 당긴다더니, 서로 마주치자 서로 놀랐다. 또 선원들이 겁이 많은 점도 있었다. [선원들은] 처음에 말한 것과 달리 크게 놀라서 [도망치려 했다.] 그러나 일본인의 수가 많고 조선인은 한 사람이기 때문에 [조선인이 더 놀라서] 이것저것 내던지면서 겁먹은 표정으로 소리

を振ひ一円〜弄みける乙道理なり扱仕形を
第一〜して汝朝鮮哉と方角〜かびを差れバ
唐人日巳が方角〜指を差言葉ハ更ふ弓ある拵
ど朝鮮なりと察し外に同類あら哉と又かびを
大合見せりれバ答〜両手のかびけて二十に余
ら教を知らせ同類有と仕形をなす日本人曰我

を振ひ一円ニ拝みけるこそ道理なり扨仕形を第一ニして汝朝鮮哉と方角へゆびを差けれバ唐人曰己が
方角へ指を差言葉ハ更にわからねど朝鮮なりと察し外ニ同類ある哉と又ゆびを大分見せけれバ答ニ両
手のゆびにて二十ニ余る数を知らせ同類有と仕形をなす日本人曰我

を打ち振わせ、一円に拝み出すこととなった。それもその筈で[恐怖心からの当然の]道理である。
　さて[こちらは]仕形(身振り)を第一にして、汝は朝鮮[の人]かなどと[朝鮮国の]方角を指で差し示
した。すると、唐人が答えるには、己の[渡海して来た]方角を指で差し示した。言葉は一向に分から
ないが、おそらく朝鮮の人であろうと推察し、他に同じような仲間はいるかと、又、指で[その数を示す
ことを]見せてやった。すると、その返答として、両手の指で二十に余る数を[こちらに]知らせ[大勢
の]仲間がいる事を、その仕形(身振り)で示してきた。そこで日本人が言ったことは、我ら

를 지르며 아예 빌기 시작했다. 그것은 당연한 일이다.
　그러자 [우리가] 몸짓으로 가장 먼저, 너는 조선인인가? 라고 물으며 조선국 방향을 손가락
으로 가리켰다. 그러자 조선인이 자기가 [건너온] 방향을 손가락으로 가리켰다. 말은 전혀 알
아들을 수 없었으나 조선으로 추찰하고, 다른 동료가 있는가 라고 손가락으로 숫자를 나타내
보였다. 그러자 답하길, 양손 손가락으로 20이 넘는 수를 헤아리며 동료가 있다는 것을 몸짓으
로 알려주었다. 그러자 일본인이 말한 것은, 우리들

等日本より漁ふ渡りゝり入合之漁いたすやと
問ひゝれバ唐人答ゝ入合之漁かせざいたすと
手を組てうなつきゝり日本人間て日何きと住
ゝ居る哉と庵のかたをして見せゝれバ答ゝ此
島の後ふ居ると夫より其所へ案内いたさせ也
見侍らふ広き岩穴ふ住鉄砲石火矢の類ひ餝り

等日本より漁ニ渡りけり入合之漁いたすやと問ひけれバ唐人答ニ入合之漁かせぎいたすと手を組うな
つきけり日本人間て日何連に住ミ居る哉と庵のかたをして見せけれバ答に此島の後に居ると云夫より其
所へ案内いたさせ見侍るに広き岩穴に住鉄砲石火矢の類ひ飾り

は日本から漁を行なうため[この島に]渡ってきた。[そちらも漁のため島に渡っているというのであれ
ば、互いに]入り合う漁を^(註1)[ここで]致そうではないか、そのように問い掛けた。[それに対する]唐
人の答は[その通りに]入り合いの漁で[互いに生活の]かせぎを致そうと[まさに同意の仕草で]手を組
み、うなずくものであった。さらに日本人は問い掛けをし、どのような所に住んで居るのかと[身振り手
振りで具体的な]庵の形を[唐人に]示し見せた。すると、その答として、この島の後方に居住している
と言う。その返答から、その所へ案内を致させ[その暮らしぶりを]見てみると、広い岩穴に住み、鉄
砲、石火矢の類いが[その内部に]飾って

은 일본에서 어렵을 하기 위해 건너왔다. [그쪽도 어렵하려고 건너왔다면 바다에] 같이 들어
가 어렵 하지 않겠는가 라고 물었다. [그러자] 조선인이 답하기를 같이 들어가 어렵 하여 벌이
를 하자며 팔을 끼고 고개를 끄덕였다. 또 일본인이 어떤 곳에 살고 있는가라고 물으며, 거처의
형태를 [손발 짓으로 설명하며] 물었다. 그러자 이 섬의 후방에 거주하고 있다고 답했다. 그
래서 안내를 받아 그곳에 가보았더니. 그들이 사는 넓은 암혈은 철포나 화포 같은 무구로 장
식되어

有同類ハ島へ漁か行なと教へ侍りけん日本人

集り唐人の去ことゝ入合様可致と間ゝ玄水主

もあり多分之玄所ハいやしき身なうらも親族

の為みケ様城所へ参りたりけん件の飛道具の

頼ひ飾り有を見て一命社物種なれ同類の唐人

飯り集らざら内一時も早く神風を頼ひ飯國せ

有同類ハ島へ漁に行たと教へ侍りけん日本人集り唐人の云ことく入合稼可致と間ニ云水主もあり多分之
云所ハいやしき身なからも親族の為にケ様成所へ参りたりけん件の飛道具の類ひ飾り有を見て一命社
物種なれ同類の唐人帰り集らさる内一時も早く神風を願ひ帰国せ

有った。同じ仲間は［皆］この島で漁に行ったと［こちらに］教えてくれた。［このような有様を知ったとこ
ろで、改めて］日本人［同士］が集り［今後の相談をすることになった。］

　唐人の言うように［互いに］入り合った上で、稼ぎを致そうと、間に言う水主もあった。だが多くの乗
組員の言う所は、賤しい身ではあるが、親族の［暮らしの］ため、この［遠い竹島の］様な所まで辿り来て
働いている。［先ほど見たように］飛び道具の類いが飾って有るのを見れば［あるいはこちらを襲って来
るかも知れない。］命あっての物種(何事も命あってこそできる。死んでは何にもならない)と言う事で、
同じ仲間の唐人が帰って来て［ここに］集合する前に、一時も早く神風を願い帰国を致そうと、

있었다. 동료들은 섬에 어렵 하러 갔다고 알려주었다. 일본인들은 다시 모여 [상의했다.] 조선
인이 말한대로 같이 [바다에] 들어가서 벌이를 하자는 어부도 있었다. 그러나 많은 선원이 말
하는 것은, 천한 신분이기는 하지만 친족을 위해 이런 곳까지 와서 일하고 있다. 그러나 비도구
로 장식한 것을 보면 [우리를 습격할지도 모른다.] 목숨이 있고 물품도 있는 것이다. 조선인 동
료들이 돌아와서 모이기 전에 한 시라도 빨리 신풍을 빌어 귀국하자고

んと云りの多く無是非多分の云ふ町々まうと
守護の社渡し明神へ遠路なずら従是誓ひ奉る
と祈りしれハ忽感應まし／＼て時を不移籲國の
順風吹来り竹島の濱臍細やも解放し化道洽
二百六十里の海上邪子失けとハ云なう乙何の
無詮跡や先誠し馬子のなび成るき舩棄りまい

んと云もの多く無是非多分の云ふ所ニまかせ守護の社渡〵明神へ遠路ながら從レ是誓ひ奉ると祈りけれ
ハ忽感応ましまして時を不移帰国の順風吹来り竹島の濱艪綱やすやす解放し凡道法二百六十里の海
上船子丈けとハ云なから何の無詮跡や先誠ニ馬子のただあるき船乗りには

と、そのように言うものが多かった。[確かに、そのような危険があり、今回、帰国も]やむを得ないこと
であった。その大勢の言う所に従い、守護の社である渡明神へ、遠路の事ではあるが、この島から
[遙々奉納を]誓い[安全な航海を]祈ることになった。すると忽ち神の感応があり、時を移さず帰国の
順風が吹いて来た。

　竹島の浜で艪綱をやすやすと解放し、おおよその道のり二百六十里の海上を[一目散に帰ることに
なった。荷積みするものは何もなく]ただ船子だけという帰帆である。[命あっての物種]とは言いなが
ら、甲斐のない働きの痕跡ばかりが先に出る。まことに馬子の只歩きのようで[そのような仕事ぶりで
は]船乗りとは

말하는 자가 많았다. [분명 그런 위험도 있어] 어쩔 수 없었다. 그렇게 많은 사람들이 말하는
것에 따라 [귀범하기로 결정하고] 수호하는 [오키노시마에 있는] 신사의 도명신에게, 원로이
기는 하지만, 이 섬에서 [오키에 진좌하는 도대명신에게 돌아가면 봉납할 것을] 서약하며 [안
전한 귀범을] 빌었다. 그러자 바로 신이 감응하여 귀국할 수 있는 순풍이 불었다.

　타케시마 해변에서 닻을 간단히 풀고 대개 260리의 해상을 [서둘러 돌아왔다. 아무런 짐도
싣지 않고] 그저 어부들만의 귀범이었다. [목숨이 있고 물품이 있는 것이]라며 아무런 보람도
없이 본분도 잊은 체, 그야말로 헛걸음치는 마부처럼 [빈 배로 돌아온 어부들을] 훌륭한 뱃사
람이라고는

なら て馬士の業名を取らんより利を取れと地
れ／＼利をつけて聲を揃へ帆を揚て路山をさ
して馳戻る木末遙く隱岐の山見れば知夫里の
燒火山昔兼久三年仲秋ノ末　後鳥羽院法王島
前へた遷し給ふ時波止の舩場１切ゎて假の王
若も／＼ならされば月影もれる御社ふ御車なり狹

あらで馬士の業名を取らんより利を取れとそれそれに利をつけて聲を揃へ帆を揚て路山をさして馳戻る
木末遙ニ隠岐の山見れバ知夫里の焼火山昔承久三年仲秋ノ末　後鳥羽院法王島前へ左遷し給ふ時
波止の船場において仮の王居もあらされバ月影もれる御社に御幸あり妙

言えないであろう[などと愚痴の言葉が口に出る。まことに荷積みしない]馬子のような[愚かな]仕事ぶ
りである。だが[そのようなぶざまな]汚名を取るよりも[船乗りとしての本来の]利を取れと[船子たちを
励まし]それぞれに利を付け[出帆を急がせた。]声を揃えて帆を揚げ[順風に乗り]海路の島山[の竹
島から松島、そして松島から隠岐へと]目標を定め、馳せ戻ってきた。[やがて]遙か彼方に木末[の
緑]すなわち隠岐の島山が見える所まで来た。あれは知夫里の焼火山^(註2)であろうと[皆が喜んだ。]
その昔、承久三年(一二二一)仲秋の末、後鳥羽院法王^(註3)が島前へ左遷(流罪)なされたその時[荒
い波風の中で目標になさった、その御山である。その折、ようやく着いた]波止の船場^(註4)で、仮住
まいとなる御在所も無かったので、月影の洩れる荒れた古社に立ち寄られ、そこで[不自由なままの]
奇妙

말할 수 없을 것이다[라는 등 푸념이 입에서 나온다. 그야말로 짐을 실지 못한] 마부와 같은
[어리석은] 일처리였다. 그러나 [그처럼 돈벌이에 연연하는 마부처럼 추한] 오명을 얻기 보다
는 [뱃사람 본래의] 자존심을 지키자 라고 [수부들을 격려하며] 각각 구실을 붙여 [출범을 서
둘렀다.] 소리를 맞추어 돛을 올리고 [순풍을 타고] 귀로에 올랐다. [타케시마에서 마쓰시마
와 오키노시마를] 목표로 해서 서둘러 돌아왔다. [드디어] 먼 저쪽에 나무 끝[의 녹색] 즉 오
키 섬이 보이는 곳까지 왔다. 저것은 치부리의 타쿠히야마일 것이라며 [모두가 기뻐했다.] 옛
날 죠우큐우 3년(1221) 중추의 끝에 고토바인호우오우가 도우젠에 좌천(유배)하신 그때 [거친
풍파 속에서 목표로 삼았다는 그 산이다. 그때 겨우 도착한] 하시의 선착장에는 임시주택으로
사용할 곳도 없었으므로 달빛이 새는 거친 고사에서 [불편한 대로] 기묘

なりし一夜の安座まりして
　御震詠
命はれて置り軒端北月もみ川
ち〳〵ぬ山人の行すへの空

なりし一夜の安座ましまして
　　　御宸詠
　　命あれは萱の軒端の月もみつ　しらぬハ人の行すえの空

な一夜を過ごされた。その折の御宸詠である。
　　　命あれば萱の軒端の月もみつ　知らぬは人の行く末の空

〈歌意〉　この命が尽きなかったからこそ、こうして萱葺きの軒端の下で、洩れる月影を見る事ができ
　　　　た。その満つる月の輝きは、今後どうなるか分からぬこの私という人物の運命を、行く末の分
　　　　からぬままに照らし出す。だがその月光の先は、なお人知の知れぬ、暗闇の続く夜空なの
　　　　である。

한 하루 밤을 보내셨다. 그때 부르신 노래이다.
　　　　목숨이 있으니 갈대 처마 끝의 달도 본다. 알지 못하는 것이 사람이 사는 말로의 하
　　　　늘이다.

〈가의〉　이 목숨이 끝나지 않았기 때문에 이렇게 갈대로 이은 처마 밑으로 새어 드는 달빛을 볼
　　　　수 있다. 그 가득 한 달빛은 금후 어찌 될지 모르는 나의 운명을 그대로 비춘다. 그 달
　　　　빛의 끝은 사람이 알지 못하는 어둠이 계속되는 밤하늘이다.

と御製けらなゝらヽていつゝ誉も何る風へル
んと愚ならゝ感を発し恐らヽ郷見の海上よて斯
御臨幸之事うか見授ろ事備く我等が仕合とよ
わこび雲み島後福浦ヽ帰りけり去ル人の考ヽ
いやしき船子の及ぶ呀りはらざれと御旧跡霊
社を信仰せし奇特ならんと玄々扨早連伯及禾
子ゝ走り行竹島ゟ次第麗口の難を遁れなろこ
と村川宅ヽゟろて弁舌をたヽゝヽ案ニ相違疑心

と御製あるながらへていつの誉もあるべけルんと愚なる感を発し恐らく郷見の海上にて斯御臨幸之事う
かみ授る事偏ニ我等が仕合とよろこび勇み島後福浦へ帰りけり去ル人の考ニいやしき船子の及ぶ所ニ
あらざれと御旧跡靈社を信仰せし奇特ならんと云々扨早速伯州米子へ走り行竹島の次第虎口の難を遁
れたること村川宅ニおゐて弁舌をたたく案ニ相違疑心

このような[御鳥羽院法王の]御製である。[法王の運命を思い、ふと我が身を顧みれば、行く末の分
からぬ運命の中で、ともかくも]生き長らえ、いつか[今回の失敗を拭い去り、再び]誉を得ることなども
あろうかと、そのような愚かな考えが心に想起した。およそ故郷を遠見する海上において、このような
[後鳥羽院法王の隠岐への]御臨幸の事が、心に浮かんだのは、またそのような[生き延びる勇気]を
授かったのは、偏に[神の御加護であり]我等の仕合せである。[そのような思いに至り]喜び勇み
[船足を速め]島後の福浦へと帰って来た。或る人の言うことには、賤しい船子たちの[思いの]及ぶ所
ではないが[おそらく、普段から]御旧跡の靈社を信仰していたがため[神が恩寵を下され、その]奇
特によって[この度、無事の帰還が得られた]ものであろうと、そのように[この人は]語っていた。
　さて早速、伯州(伯耆国)米子へ走り行き、竹島の次第、虎口の難を遁れたことを、村川宅において
[報告し、周囲の人たちにも]弁舌を叩いて[広く]知らせることにした。[だがそのような報告は]案に
相違し、疑いの心を

이 같은 [고토바인노호우오우]가 지으신 노래이다. [그 법왕을 생각하며 우리도] 오래 살다
보면 언젠가는 명예를 회복하는 일 등도 있을 것이라는 어리석은 생각이 생겼다. 아마도 고향
을 바라보는 해상에서, 그 [고토바인노호우오우가 오키에 유배 당해] 오셨던 일이 마음에 떠
올라 그 같은 [용기]를 얻은 것은 그야말로 [신의 가호이고] 우리들의 행복이다. [그 같은 생
각을 하며] 기쁘고 힘차게 도우고의 후쿠우라로 돌아왔다. 어떤 자가 말하길, 천한 뱃사람들이
생각했던 것은 아니지만 구적의 영사를 신앙했기 때문에 기특한 효험을 입어 [무사히 귀환한]
것이라고 말했다.
　그리고 서둘러 하쿠슈우 요나고로 달려가서 타케시마의 일, 호구의 난을 피해서 도망쳐 온
일을 무라카와 댁에서 [보고하여 주위 사람들에게도] 변설하여 [널리] 알리려고 했다. [그러
나 그와 같은 보고는] 생각과 달리 [선주 측은] 의심하는 마음

も深く不有二衆引其故ハ今去ふさと〳〵竹島ゟか
ゟて唐人入合之漢するせき致をとん云ハ
れバ比方ゟりも柔和ゟあゝハ何をハ響けなす
できみ何らをすり〳〵の慶思ひ立宝の山み登り
空く金玉ハ得さらゝさとゝせ去なうら暫時の
所作もなり切し〳〵ゟゟてハ何ぞ證拠の手草

も深く不有承引其故ハ今云ふことく竹島におゐて唐人入合之漁かせき致すべきとなん云けれバ此方よりも柔和にあらハ何を以讐をなすべきにあらすはるはるの處思ひ立宝の山に登り空く金宝を得さるかことく也去なから暫時の所作もなりかたくニおゐてハ何ぞ證拠の手草

を以て聴取された。[すなわち、今回の行動は、納得もされず]承引もされなかった。その理由というのは、今言った如き竹島の話では[粗忽者の行動であろうという。そもそも今回の事は、慌てふためき戻ってくる必要など全く無かったのではないか、というものであった。]唐人が[せっかく]入り合いの漁をして[共に、この島で]かせぎを致そうと言ったからには[それにそのまま応じるべきであった。]こちらからも[相手に対し]柔和に接していれば、どうしてあちらが[こちらに対し]讐を加えるようなことがあるであろうか。[いや、そのような事の有る筈は無い。]遙々の[艱難の]海路を越えようと思い立ち[ようやく、その島に到り着いたのである。例えて言えば、まさに]宝の山に登ったばかりの時である。[そのような時に、なんと、そのまま]空しく金宝を得ることもなく[早々に]帰ったと言うようなものである。[いったい、おまえたちは、何と言う決断を下したのであろうか。]しかしながら、とっさに判断しなければならなかった事であるから、正しい判断も[おそらく]下し難かったことであろう。だが、そのような折においても、何か証拠となるような証拠品

으로 청취했다. [즉 이번의 행동은 납득도 받지 못하고] 승인받지도 못했다. 그 이유는, 지금 말한 것과 같은 타케시마의 이야기로는 [경솔한 자의 행동이었기 때문이라 한다. 애당초 이번 일은 허둥지둥 돌아올 필요가 전혀 없었던 일 아닌가 라는 것이다.] 조선인이 [모처럼] 서로 같이 바다에 들어가 어렵하여 [같이 이 섬에서] 벌이를 하자고 말한 이상 [그것에 응해야 했다.] 이쪽에서도 [상대에게] 부드럽게 대응했다면 어찌 저쪽에서 해를 끼치는 일이 있겠는가? 그런 일은 있을 리 없다. 멀고먼 해로를 [보물을 얻는다는] 마음으로 건넜으면서도, 보물의 산에 올라서는 허무하게 금보를 취하는 일 없이 돌아온 것과 같은 일이다. 그러나 빨리 판단해야 했기 때문에 바른 판단이 어려웠을 것이다. 그렇다 해도 무엇인가 증거가 될만한 증거품

を取り給ろハ常れり誠ゝ童の蛇み行逢たらが
ざとく恐ーきと計りの言分真の道ゐあらす
去冬より過分なゝ仕出しの金銀を以て其身計
りにあくに大勢の一族追安穏く戦幸近ゝし
なら事何の為や今更件の申分け軈䒭兼而覺
悟の水の上一時の勇ハさゝそかしますさのふゐ

を取り帰るハ常なり誠に童の蛇に行逢たるがごとく恐しきと計りの言分け真の道にあらす去冬より過分な
る仕出しの金銀を以て其身計りニあらす大勢の一族迄安穏ニ越年迄いたしたる事何の為そ今更件の申
分け船乗ハ兼而覚悟の水の上一時の勇ハここそかしもののふも

を、ここで持ち帰ってくるのは当然のことである。実際には、子どもが蛇に行き逢ったように[ただ怯
え、慌てふためき、逃げ帰っただけのことである。]ただ[やみくもに]恐ろしかったと、そのような言い
分けばかりの事では、真の[船乗りの]道ではない。去年の冬の時分から、その身に過ぎた手当ての
金銀を[おまえたちには]下げ遣わしている。その身一つばかりではなく、大勢の一族までも、安穏に
年を越すことができたのは、いったい何の為であるか[ここを、よく考えて見るべきである。]今更、この
件の言い分け[を聞いても、どうしようもないが]船乗りは兼ねてから覚悟があり、水の上[で死ぬことな
ど厭わぬ筈である。なお、奮い立たせるべき]一時の勇とは、このような折に示すものである。武士も
[戦いに際しては]

을 가져오는 것이 당연한 일이다. 실제로는 어린 아이가 뱀을 보고 놀란 것처럼 [허둥지둥 도망
쳐 왔을 뿐이다.] 그저 무서웠다고 말하는 것만으로는 진정한 [뱃사람의] 도리가 아니다. 지난
겨울부터 분에 넘치는 수당의 금은을 주고 있다. 그 몸 하나만이 아니라 많은 일족까지도 안온
하게 해를 넘길 수 있었던 것은 도대체 누구의 덕인가? 지금 새삼스럽게 이 사건의 변명[을 들
어도 어쩔 수 없다.] 뱃사람은 미리 각오하면 물 위에[서 죽는 일이 두렵지 않을 것이다. 또 발
휘해야 하는] 일시의 용기는 그럴 때 보여야 한다. 무사도 [전쟁에 임해서는]

おし涙を見せすとかやたとく武家のめしに喰

ずとも未練の仕方身構へ計りて済事哉さ〱

利を尽しとふふも踈義理の責中々も醫者いさ

その儒学の端も学んて竹島の濱みありて愚賓

の義理を論し一通り入合稼可致と色々かきく

どきれともに一方向の漢師連心不在焉し視而

うしろを見せすとかやたとへ武家のめしハ喰ずとも未練の仕方身構へ計りて済事哉さまさま利を尽し云
ふにも疎義理の責中にも醫者ハさすが儒学の端も学んて竹島の濱におゐて恩賞の義理を諭し一通り入
合稼可致と色々かきくどきれとも一方向の漁師連心不在焉ニ視トモ而

うしろを見せないと言うが、たとえ武家の飯は喰わずとも[逃げ帰るような事はせず、恐怖に耐え、異国
の人と共に入り合いし、かせぎをするような粘り腰の]未練の仕方を[今回は採るべきであった。そのよ
うな、居残っての働きを相手に示す事は、身振りや]身構えだけで済む事であった。様々に利を尽し
[故郷へ利を持ち帰る事は当然の事である。そのような事を、こうして、わざわざ口に出して]言うだけ
でも疎雑な事である。[おまえたちには、当然、働くべき]義理があり、その責任の中で[今回、行動
すべきものであった。]それにも関わらず[今のように手ぶらで帰国することになってしまったとは、果た
して、どういうことであるか。同行した]医者はさすがに儒学の端も学んでいて[今回]竹島の浜に於い
て[漁師たちに]恩賞の義理を諭し、一通り入り合いの稼ぎを致すべきだと、色々にかきくどいて[説得
を試みたようである。]だが[その考え方が]一方向にしか[目配りが]行き届かない漁師たちには[伝わ
らなかったようである。恐怖のあまり]心ここに在らずとして[ただ逃げ帰るだけの決心であったようであ
る。残念ながら、今年の竹島事業は]ついに終わってしまった。[この渡海事業の重要性については]
視れども

뒤를 보이지 않는다고 하는데, 비록 무가의 밥은 먹지 않으나 [도망치기 보다는] 미련을 보이
는 행동을 [취해야 했다. 그것은] 몸짓이나] 태도만으로도 할 수 있는 일이었다. 여러 가지 이
익을 얻어서 [돌아오는 것은 당연한 일이다. 그것을 이렇게] 말하는 것도 번잡한 일이다. 너희
들에게는 당연히 일을 해야 하는] 의리가 있고, 그런 책임감을 가지고 [행동해야 했다.] 그런
데도 [빈손으로 귀국하고 말았다. 동행한] 의사는 분명히 유학의 일부라도 배웠으므로, 타케
시마의 해변에서 은상의 의리를 깨우쳐, 일단 같이 어렵 하여 벌이를 해야 한다고 여러 가지로
설득한 것 같다. 그러나 일방적이었을 뿐 어부들에게는 전달되지 않았던 것 같다. 정신이 나가
[그저 도망쳐 돌아오겠다는 마음뿐이었던 것 같다. 유감스럽게도 금년의 타케시마 사업은] 결
국 끝나고 말았다. [이 도해사업의 중요성은] 보아도

不見聴ㇳ而不聞食ㇳ而不知其味一人怒て甲斐もな
くと云船子なうらも利しせまり義を見て義を
不知ハ勇なし最早今年ハ渡海の日和み遅れ何
分来春象徂て穀をもげミ利徳を興んと誤て惺
事なく打しは壷鈞をなしてそ立ㇳりけり

不見聽^{トモ}而不聞食^{トモ}而不知其味一人怒て甲斐もなくと云船子なからも利ニせまり義を見て義を不知ハ
勇なし最早今年ハ渡海の日和ニ遅れ何分来春乗組て稼をはげミ利得を與んと誤て憚事なく折しは垂釣
をなしてそ立わかれけり

見えず、聴けども聞こえず、食すともその味を知らずと［おまえたち漁師たちには、一向に理解されな
かったということであろう。そのことを、ここで］一人、こうして怒ることしかできないというのは、なんとも
甲斐のないことである。［今回のことは］船子でありながらも［なお］利［の追求］に迫り［島に留まって漁
労をすべきという義務があった。だが残念ながら、今回そうはならなかった。］義を見て義を知らないと
言うのは［真剣に取り組むだけの］勇気が［おまえたちには］無かったと言うことであろう。最早、今年は
渡海の日和に遅れ［島で漁労を行なう季節も、もう］過ぎてしまった。ともかくも来春は［再び船に］乗り
組み［島に渡り、今年のような事ではなく、しっかりと、また］稼ぎに励んで欲しい。［その稼ぎに応じ
て、次には］利得を与えるつもりである。［論語の学而に］過ちては則ち改むるに憚る事なかれ(過失を
犯したら速やかに改めるべきだ)とあるように［今回の過ちを教訓として、来春は心を入れ替え、ぜひ仕
事に励んで欲しい。竿を］折ったならば［そこで漁を中止するのではなく、なお残った］釣り糸を垂らし
［引き続き漁をするまでのことである。そのように船子たちに告げ］立ち別れていった^(註5)。

보이지 않고, 들어도 들리지 않고, 먹어도 그 맛을 모른다는 것을 ［너희 어부들은 전혀 이해하
지 못했다는 것이다. 그것을 여기서］ 혼자 이렇게 화를 내는 일밖에 할 수 없다는 것은 참으로
가치 없는 일이다. 뱃사람이면서도 이익을 쫓아 ［섬에 머물며 어로를 해야 하는 의무가 있었
다.］ 의를 보고 의를 알지 못하는 것은 용기가 없었기 때문이다. 이미 금년은 도해할 수 있는 시
기가 늦었다. 어쨌든 내년 봄에는 ［배를］ 타고 ［섬에 건너가］ 벌이에 열중해 주었으면 한다.
［그 이익에 따라］ 이득을 분배하겠다. ［논어의 학이에］ 잘못하면 바로 고치는 것을 주저하지
마라고 있듯이 ［이번의 잘못을 교훈 삼아야 한다. 장대가］ 부러졌다고 ［어렵을 중지할 것이 아
니라］ 낚싯줄을 내리고 ［낚으면 된다. 그처럼 어부들에게 말하고］ 자리를 떠났다.

주1 **공동어렵**

　여기서 같이 어렵하여 서로의 생활을 위한 벌이를 하자고, 그러한 합의가 이루어졌다. 그러나 상대가 공격할 것이 아닌가라는 공포심 때문에 합의를 이행하지 않았다.

入り合う漁を

　ここで互いに入り会いの漁をしようと、互いに生活のためのかせぎをしようと、そのような合意が成立するところであった。だが相手が攻撃を仕掛けてくるのではないかと、そのような恐怖心にかられ、この合意の道を捨て去った。

주2 **치부리의 타쿠히산**

　오키노쿠니 치부리군에 있는 산이나 치부리시마에 있는 것은 아니다. 치부리군의 니시노시마에는 타쿠히진쟈가 있는 타쿠히산 운죠우지가 있다. 신불 습합의 타쿠히 곤겐이다. 해상에 신의 횃불로 나타나 어두운 밤에도 항로를 알려준다는 신이다.

知夫里の焼火山

　隠岐国知夫郡にある山で、知夫里島にあるわけではない。同じ知夫郡の西ノ島にある霊山である。漁船のため暗夜に山上で灯火を掲げたところから、焼火山の名がある。この山上には焼火神社でもある焼火山雲上寺があり、すなわち神仏習合の焼火権現である。これは海上に神火を顕し、闇夜でも明るく航路を指し示すという神である。

주3 **고토바인노호우오우**

　죠우큐우의 변(1221)으로 오키로 유배된 고토바 상황(1180~12391)을 밀한다. 오키에 유배 되기 전에 출가하여 법왕이 되었다

後鳥羽院法王

　承久の変(一二二一)で隠岐に配流となった後鳥羽上皇(一一八〇~一二三九)のこと。隠岐配流に際し、出家して法王となった。

주4 **하시의 선창**

　하시는 내해에 임한 니시노시마에 있는 항구의 마을이다. 이곳에는 타쿠히 곤겐샤에 오르는 등산구가 있다.

波止の船場

　波止は内海に面した西ノ島の、その港の一集落である。ここには焼火権現社へ登る登山口

がある。

[주5] 떠나 갔다

　이렇게 말한 인물은『타케시마코우』에 있는 한 노옹을 말하는 것 같다.『타케시마코우』
에서는 공동어렵을 다음과 같이 전한다.

　　또 노옹이 전설을 말하였다. 이때 이쪽 뱃사람들이 일을 화합적으로 생각하여 같
　　이 일했으면 오랫동안 도해했을 것이다. 그런데 그들의 사고가 얕고 시세도 알지
　　못하여, 다시 오는 것을 응징하려고 이치에 맞지 않는 짓을 했기 때문에, 분원을
　　가지게 하여 후에는 이쪽의 배를 배격하게 되었다. 운운.

立ち別れていった

　又故老ノ傳説曰コノ時此方ノ船人トモ事ヲ和順ニ計リ倶ニ所務ヲ成シムルトキハ永ク通舶相成
ベキ事成ニ彼等ガ思慮浅シテ時勢ヲモ不辨後来ヲ懲シメントテ理不尽ヲ譴責セシ故彼ト憤怨ヲ
構エテ後ニハ此方ノ船隻ヲ拒撃セルニ至レリト云々（『朝鮮人初テ渡來竹島）。

[주6] 마부(馬子)

　「그저 허탕이다 가나오나 그야 말로 말꾼의 헛걸음이다」 아무런 가치도 없는 결과를
의미한다. 또 어떤 일의 순서가 바뀌어 혼란스러운 것을 의미한다. 본래 순서대로 행동해
야 하는데 앞두기 바뀌어 효과가 없게 되는 것을 말한다. 타케시마에 갔다면 그곳에서 채
취한 산물을 실어야 하는데 빈 배로 돌아온 것을 빈 마차를 끌고 온 마부에 비교한 표현
이다. 즉「마부의 빈 걸음」이다. 가도를 걷는 마부(馬人足)는 사람이나 짐을 나르고 돈을
받는데 빈 말이라면「헛걸음」이다. 그것은 배의 경우도 마찬가지다. 빈 배로 돌아온다는
것은 훌륭한 어부가 할 일이 아니다.

　続く「船乗りにはあらで」とは、そのような仕事ぶり（空の馬を歩かせる、空の船を進ませるとい
うような仕事ぶり）では、立派な船乗りとは言えないと、いう意味である。そして船乗りと馬子を対
句にして、次の語句すなわち「馬子の業名を取らんより利を取れと」に引き継ぐ。ここも対句で、
名よりも実（利）を取る働きぶりを示せということで、名と利とが対句である。馬子の業（賤しい業）
を取るよりも、立派な船乗りの業を、いや船乗りの利を取れと、そのように諭すのである。

　そして「聲を揃へ帆を揚て」と、ここも聲(人の揃え声)と帆(風に靡く帆)とが対句で、聲と風とが和し、共に力を出して帰路につくのである。「路山をさして」とは、帰路の島山のことで、竹島から松島そして隠岐島のことである。聲と風の力、そして神の霊験によって、馳せ戻って来たのだ。

`해설1` 1692(元祿5)년의 도해

조선은 태조 이래로 울릉도 도해를 금하고 있었다. 그렇다 해서 모든 사람의 도해가 단절되었던 것은 아니다. 국법을 어긴 도해, 생계를 위한 도해, 섬을 관리하기 위한 도해, 밀수를 위한 도해 등은 끊임 없이 이루어지고 있었다. 세종7년(1425)에 김인우를 파견하여 낭여 28인을 쇄환한 일을 비롯하여, 태종 이후에도 조선이 울릉도를 관리하고 있었다는 것을 확인할 수 있는 기록이 많다. 숙종대의 우의정 민암도 「해변에 사는 주민들이 어채를 업으로 삼고 있으니 엄금할 수 없습니다」라는 말을 했고, 숙종도 「바닷가 어민들은 날마다 이익을 따라 배를 타고 바다에 들어가야 하니 일체 금단하여 살아가는 길을 끊을 수는 없다」라며 동의했다. 조선이 해상활동을 금하면서도 생업을 위한 해상활동은 묵인내지 허가했다는 것을 알 수 있다.

1692년에 울릉도에서 조선인을 만난 타케시마마루(竹島丸)의 선장 둘은 조선인들한테 「왕명으로 3년에 한 번씩 전복을 잡으러 오기 때문에, 2월21일 어선 11척으로 출선했는데, 난풍을 만나 5척에 탄 53인이 이 섬에 3월 23일에 유착했다. 이 섬에 전복이 있기 때문에 두류하여 어렵을 하고 있다」는 말을 들었다. 여기서 말한 3년에 한 번이라는 것은, 왕명을 받고 오는 것이 3년에 한 번이라는 것이지, 조선인들의 해상활동이 3년에 한 번 이루어 진다는 것은 아니다. 따라서 조선인들이 울릉도(죽도)에 건너 다니는 일은 왕명과 같은 허가를 받고 이루어지고 있었다는 것이나, 왕명은 특별한 것이기 때문에, 부산첨사나 강원감사와 같은 관리의 허가를 받고 있었던 것으로 보아야 한다.

`해설2` 무구

조선 어민들이 넓은 암혈에 살며 철포, 화포 등으로 장식하고 있는 것으로 설명했다. 이것은 마치 조선 어민들이 무구로 일본 어민들은 위협한 것으로 오해하기 쉬운 표현이다. 일본의 여러 기록을 살펴볼 것 같으면 조선인은 무구를 소지하지 않은 반면에 일본 어민들은 공식적으로 총포류를 소지하고 있었다. 톳토리한의 기록『히카에쵸우(控帳)』에는

예년처럼 철포 7정을 빌리고 싶다고 말했다. 이것은 큐우에몬이 전년에 도해했을 때 철포 7정 중 1정을 바다에 떨어뜨렸기 때문에 6정으로는 일하기 어려워서 무라카와 이치베에가 소유하는 철포 중에서라도 1정을 빌려주실 것을 원했기 때문에 전과 같이 쿠마자와 시로자에몬을 보냈으므로, 철포를 가지고 가라고 아라오 슈우리에게 말했다.

如例年海渡、鉄砲七挺拝借仕度由願、是又九右衛門先年渡海之節、鉄砲七挺
之內老挺海ヘ取落シ申候付、六挺二ては獵難仕候付、村川市兵衛鉄砲之內成共
老挺御借シ被下樣二と願申二付、例之通熊沢四郎左衛門相❷候間、鉄砲持參仕
樣二荒尾修理ヘ申渡事。(『控帳』1693년1월9일조).

요나고 상인들이 죽도에 도해하는 어민들에게 총기류를 지참시켰다는 것을 알 수 있는 기록이다. 물론 강치 포획용이라 했으나, 분쟁이 발발하면 살상용으로 전용할 수도 있는 일이다.

해설3 공동어로

1692년에 울릉도에서 만난 조선 어민과 일본 어민 사이에는 같이 어렵하는 일에 합의하게 된 것으로 전하고 있다. 그러나 조선인들의 총포 등의 무구를 본 일본인들이 위험을 느끼고 신풍을 빌어 그대로 귀국하고 말았다. 수확 없이 빈 배로 돌아간 것이다. 그 결과 선주의 의심을 사고 질책을 받았다. 증거물도 없이 놀라서 도망쳐 온 것이라며 심한 질책을 받았는데, 그것은 다음해의 조선인 납치의 원인으로 작용한다.

처음에 양국어민들이 합의한 대로 공동으로 어로작업을 했으면 안용복과 박어둔을 납치하는 일도 없었을 것이며 양국의 영토분쟁도 없었을 것이다. 그런데 이 같은 공동어로는 후일에 막부의 노중들이 제의한 일도 있다. 울릉도 쟁계가 쉽게 해결이 나지 않자 막부는 쓰시마 번주를 막부로 불러 일본과 조선의 공동어렵을 해결책으로 제시했다. 그러자 쓰시마한의 가신이 「같이 도해하여 어렵 하는 일과 같은 판단은 하지 말아주세요.」라며 간곡히 반대했고(『竹嶋紀事』1698년 12월 11일조) 막부는 다음해 1696년 1월 28일에 일본인들이 타케시마 도해를 금하는 금지령을 내렸다.

九、隠岐の洲から竹島へ、その渡海七度目にして、唐人の酒宴に長じたる事

오키노시마에서 타케시마로, 도해 7회째로 건넜을 때,
조선인이 주연에 능한 일

從隱岐洲竹島へ渡海七度目唐人酒亭と長

こたる事

君子ハ危きに不近寄いやしき身の浅間しさ竹

島を二十人乘組幸月を裁へ義ハ一旦みして安

しと間に進なき水主も交リル礼ちも客の釣難に

黙止翌幸亦マ村川の仕入を以例のこと〳〵守護

従隠岐洲竹島へ渡海七度目唐人酒宴ニ長したる事

君子ハ危うきニ不近寄いやしき身の浅間しさ竹島丸二十人乗組年月を越へ義ハ一旦にして安しと間ニ進なき水主も交けれとも旁の約難黙止翌年亦々村川か仕入を以例のこと守護

【九、隠岐の洲から竹島へ、その渡海七度目にして、唐人の酒宴に長じたる事】

　君子は危うきに近寄らず(君子はいつも身を慎んでおり、危険なことはおかさない)と言うが、賤しい身の[漁民であり、その]浅ましさゆえ[危険をも顧みず、なお]竹島丸に二十人が乗り組み[竹島を目指し出掛けていく。この間、長い]年月を越え[危険な渡海事業が続けられて来た。ひたすら漁労に勤め、励むべきとする漁民の]道義は[この間、しっかりと守られて来た。だが朝鮮からも島に渡って来るようになった。入り交じっての争乱が、今後、起こらないとも限らない。それゆえ、そのような危険な渡海は]一旦[中止をしようと、そのような決断も]容易である。[仲間の]間では[島に朝鮮人が来るという出来事があった。だから再度の渡海については、もう気が進まない。[そのように言う]水主なども交っている。だが[それ以外]旁らの皆々の[考えは、常の通りに渡海をしようというもので、その渡海の]約束を[気の進まぬ水主たちも]無視することはできなかった。[それゆえ、結局ここに参加する。そして]翌年も再び村川による仕入れ(渡海の準備)^(註1)があり、これによって例の如く守護

【9, 오키노시마에서 타케시마로, 도해 7회째로 건넜을 때, 조선인이 주연에 능한 일】

　군자는 위험한 일은 가까이 하지않는다 하나 천한 신분의 [어민이고, 천하기] 때문에 [위험을 가리지 않고 여전히] 타케시마마루에 20인이 조를 지어 타고 [타케시마를 향하여 건너간다. 그 동안 오랜] 세월에 걸쳐 [위험한 도해사업을 계속했다. 한결같이 어로해야 한다는 어민의] 도의는 [그 동안 잘 지켜왔다. 그러나 조선에서도 섬으로 건너오게 되었다. 뒤섞여서 다투는 일이 이후에 벌어지지 않는다고 단정할 수도 없다. 그래서 그처럼 위험한 도해는] 일단 [중지하자고 하는 결단은] 용이하다. [동료들] 중에는 [섬에 조선인이 오는 일이 벌어졌다. 그래서 다시 도해하는 일에는 더 이상] 마음이 내키지 않는다[고 말하는] 수주들도 섞여있다. 그러나 [그 외의] 사람들 각자의 [생각은, 보통때처럼 도해하자는 것으로, 그 도해의] 약속을 [마음이 내키지 않는 수주들도] 무시할 수는 없었다. [그래서 결국은 참가한다. 그리고] 다음해도 다시 무라카와가 준비하고, 그것에 따라 이전처럼 수호하는

の神の託宣まうせ隱岐渕福浦港を出帆して
不替竹島の濱ふ着岸す昷きゝ七度目惜哉本朝よ
りの渡海昷より中饱となりふけりせて幸每ふ
日本より渡海の事合点し殊ゝ去年唐人之中一
人出合たり日本人面々手道具を持恐しき仕
掛け何時をせ来らんもゝりかたく油斷なら
ずと思ひ侍りふん今度着岸して試ゝたくまし

の神の託宣にまかせ隠岐洲福浦港を出帆して不ㇾ替竹島の濱に着岸す是そ七度目惜哉本朝よりの渡海是より中絶となりにけりさて年毎に日本より渡海の事合点し殊ニ去年唐人之中一人出合しかも日本人面々手道具を持恐しき仕掛け何時走せ来らんもはかりかたく油断ならずと思ひ侍りけん今度着岸して試ニたくまし

の神[すなわち渡ㇽ大明神]の託宣を信じ[良い天候の頃に、同じ仲間で]出掛ける運びとなった。[彼等は]隠岐洲の福浦港を出帆し[常の航海と]替らず[この度も無事]竹島の浜に着岸した。これが[竹島渡海]七度目のことである(註2)。だが惜しいことに、本朝からの渡海は、この[七度目で終了となり、以後]中絶となるのであった。

　さて毎年、日本から[竹島に]渡海する事は[以前から水主など皆が]合点することであった。[この間、異変など全く無かった。だが最近、不審な事が起こっていた。]殊に去年の事であるが、唐人の中の一人に[たまたま島で]出合うことがあった。しかも日本人の面々は手道具を持ち[用心しつつ応対したのであるが、彼等の住む岩穴には]恐ろしい仕掛け[すなわち鉄砲や石火矢の類いが飾ってあった。もしも日本人が此の島で漁労活動を行なえば]いつ何時[彼等が突然こちらに]走り寄り[その鉄砲や石火矢で攻撃を]仕掛けて来るか分らない。油断のならないことだと思い[早々に島を立ち去り、隠岐に、そして伯耆に戻っていった。]今度[七度目の渡海で、常の如く]着岸し、試みに[島の様子を伺ったところ]しっかりと

신 [즉 도대명신]의 탁선을 믿고 [날씨가 좋을 때 동료들이] 출선하게 되었다. [그들은] 오키노시마의 후쿠우라항을 출범하여 [예전의 항해와] 다르지 않게 [이번에도 무사히] 타케시마 해변에 착안했다. 이것이 [타케시마 도해의] 7회째였다. 그러나 아쉽게도 본조의 도해는 이 [7회로 종료되어, 이후로는] 중절되었다.

　그런데 매년 일본에서 [타케시마에] 도해하는 일은 [이전부터 수주 등 모두가] 아는 일이었다. [그 동안 이변 따위는 없었다. 그런데 최근에 이상한 일이 일어나고 있었다.] 특히 거년의 일인데, 조선인들 중 한 사람을 [섬에서] 만난 일이 있다. 그때 일본인들 모두가 손도구를 들고 [주의하며 대응했는데, 그들이 산다는 암혈에는] 무서운 장치 [즉 철포나 화포류로 장식되어 있었다. 만일 일본인이 이 섬에서 어로활동을 하면] 언제 [그들이 이쪽으로] 달려와 [그 철포나 화포로 공격할] 지 알 수 없다. 방심할 수 없다고 생각하고 [서둘러 섬을 떠나 오키를 거쳐 호우키로 돌아왔었다.] 이번이 [7회째의 도해로, 이전처럼] 착안하여 먼저 [섬의 상황을 살펴보았더니] 완전한

き小屋掛けて有去年岩穴に飾り置たる鉄砲石
火矢の類ひ飛道具水に構へすてと云ハ楯向ハん
と嚴重の備へ日本人是を見て偕思彼と廻本み
彼等ハ能き飛道具ら持殊に朝鮮三十里と不忘
見渡しなり相畠もいたさむ一時に襲来らん日
本勢ハ二十人乗の舩一艘海上み漂ひ迎も多勢

き小屋掛けて有去年岩穴に飾り置たる鉄砲石火矢の類ひ飛道具を構へすわと云ハ楯向ハんと厳重の備へ日本人是を見て偖思案を廻すに彼等ハ能き飛道具を持殊ニ朝鮮三十里ニ不足見渡之なり相図もいたさば一時ニ襲来らん日本勢ハ二十人乗の船一艘海上に漂ひ迚も多勢

した小屋が[この度は岸辺に]建て掛けて有る。[その小屋の中に]去年、岩穴に飾ってあった鉄砲や石火矢の類いがある。その飛び道具を構え、すわと言う時は[こちらに]楯突き刃向かうつもりであろう。そのような[予めの手配り]厳重な備えが見て取れた。[この度、島に渡った]日本人はこれを見て、さてと思案を廻らすことになった。彼等は[殺傷]能力の高い飛び道具を持っている。殊に朝鮮から三十里に足らぬ[近々の]距離にある島にいる。[何かあれば、直ぐ朝鮮から応援が駆けつけてくるであろう。そのように思い、つい、この海上を]見渡すことになった。[彼等が]相図をしたならば、一時にして[朝鮮から仲間が渡海し、我々に]襲い掛かって来る事もあるであろう。[日本からは遠い上に]日本勢は二十人乗の船が一艘、海上に漂うだけであり[もしも、そのような事態となれば]多勢

소옥이 [이번에는 해변가에] 세워져 있었다. [그 소옥 안에] 거년에 암혈에 장식해 두었던 철포 화포류가 있다. 그 비도구를 준비해 두었다가 무슨 일이라도 있으면 [이쪽에] 방패로 막고 칼을 들이댈 생각일 것이다. 그렇게 [미리 준비한] 엄중한 태세를 보고 알았다. [이번에 도해한] 일본인은 그것을 보고 아차 하는 생각을 하게 되었다. 그들은 [살상] 능력이 좋은 비도구를 가지고 있다. 특히 조선에서는 30리도 안 되는 [아주 가까운] 거리에 있는 섬이다. [무슨 일이 있으면 즉시 조선에서 응원하는 자들이 달려 올 것이다. 그렇게 생각하며 해상을] 건너다 보았다. [그들이] 신호하면 일시에 [조선의 동료들이 도해하여 우리를] 덮칠 것이다. [일본에서는 먼데다가] 일본 세력은 20인승의 배 1척이 해상에 떠있을 뿐이다. [혹시 그런 상태가 되면] 그 많은 세력을

ゝ無勢なりかゝ時い昔張良がもつりことゝい
はら禍とも心易手寄外はらじと皆詫びなら思
慮城量り扨竹島の濱へ先ッ二三人をとやりみ
上り頭唐人といゝ人二人のみ便り仕形問
荅いたゝ我等日本寿祝遥终比島へ諸澳いたさ
んとそゝりゝり入合澳稼さ致す哉と時に臨ん

に無勢なりかゝ時ハ昔張良がはかりことニハあらねとも心易手寄外あらじと皆詫びたる思慮を量り扨竹
島の濱へ先ツ二三人しとやかに上り頭唐人といわん二人のものに便り仕形問答いたし我等日本より
遙々此島へ諸漁いたさんとわたりけり入合漁稼き致す哉と時ニ臨ん

に無勢で[抵抗など]とてもできるものではない。このような時には[何か工夫が要る。]その昔、張良が
行なったような巧みな　謀 を[この際]廻らす必要がある。[当然、張良には]及ぶべくもないが[まず
は親しみを以て]心易く[彼等に接し、敵意の無い]手を差し寄せ[友好の形を取る]以外[方法は]な
い。[こちらの水主たちの]皆が、謙虚な慎みの態度で[この唐人に接すべきと]そのような考えで相談
がまとまった。

　さて竹島の浜へ、先ず二、三人が、しとやかに上り、唐人たちの頭であると言う二人の者に、伝え
の仕草で問答をした。我等は日本から遙々と此の島へ、諸種の漁労活動を行なうつもりで渡ってき
た。[そちらも漁労活動をしているようであり、互いに]入り合いの漁をして[島で共に]稼ぎを致そう
と、そのように、この会談の折に

작은 세력으로 [당할 수 없다.] 그 같은 때는 [어떻게 할 것인가를 생각할 필요가 있다.] 옛날
에 장량이 행한 것과 같은 절묘한 계책을 [이럴 때] 생각할 필요가 있다. [당연히 장량에게는]
미칠 수 없으나 [일단 친근감을 가지고] 마음 편하게 [그들과 접촉하여, 적의 없이] 손을 내밀
어 [우호의 태도를 취하는 것] 외에 [방법이] 없다. [이쪽 수부들] 모두가 겸허한 태도로 [조
선인에게 접근해야 한다라고] 그렇게 하는 것으로 상담을 정리했다.

　그리고 타케시마 해변에 일단 2, 3인이 조심스럽게 상륙하여, 조선인들의 우두머리라고 하는
두 사람과 손짓 발짓으로 문답했다. 우리들은 일본에서 멀리 이 섬에 여러 가지 어렵 활동을 할
생각으로 건너왔다. [그쪽도 어렵활동을 하고 있는 것 같으니 서로] 같이 들어가 어렵을 하여
[섬에서 같이] 벌이를 하자고, 그렇게 회담할 때

下甲撤け唐人の言葉み八更み己ら弥と返へ

あくく打うすつき誠み帯紐ときなら体をなせ日

本人日扠八得壺なりと竹島丸舩中そて水主と

山打寄積束りし酒をそん手ゝ茶碗を盃ゝして

栽れりくくとさーつ押へつ倭國の風儀役す頭唐

人二人ゝ呑せんと仕形をーて地見せ乃る小大

で申掛け唐人の言葉には更にわからねと返へす返へす打うなつき誠に帯紐ときたる体をなす日本人日扱ハ得壺なりと竹島丸船中にて水主とも打寄積来りし酒をてん手に茶碗を盃ニして我れも我れもとさしつ押へつ倭国の風儀彼の頭唐人二人ニ呑せんと仕形をしてそ見せけるに大

申し掛けた。[返答する]唐人の言葉は一向に理解できなかった。だが繰り返し[の問答に]応じて、そのうなずく態度は[まさに承諾を意味するものであった。それは]誠に帯紐を解くような[こちらに心を許すような]仕草であった。日本人どもが言うには[穏やかなこちらの態度が]さては[見事に]壺を得て[あちらに安心を与えた]のではないか。[彼等には確かにそのような安心の態度が見て取れた。そこで]竹島丸の船中に戻り、水主どもを寄せ集め[日本から]積み込んで来た酒を開け[友好和平の宴を開くことにした。水主どもは]てんで勝手に茶碗を盃にし、我も我もと差しつ差されつ、また[逆に、適度に控えつ]押さえつ[飲み始めた。これが]倭国の風儀である。彼の唐人の頭目二人にも呑ませてやろうと[身振り手振りの]仕草で[この宴席へ]誘って見た。すると彼等は大

말했다. [대답하는] 조선인의 말은 전혀 이해할 수 없었다. 그러나 반복하는 [문답에] 응하여 고개를 끄덕이는 태도 [그것은 승낙을 의미하는 것이었다. 그것은] 그야말로 혁대를 푸는 것처럼 [이쪽에 마음을 푸는 것과 같은] 처사였다. 일본인들이 말하길 [우리의 온건한 태도가] 결국 [보기 좋게] 성과를 거두어 [조선인들은 안심시킨] 것이 아닐까. [그들에게는 분명히 그렇게 안심하는 태도가 보였다. 그래서] 타케시마마루 안으로 돌아온 수부들이 모여서 [일본에서] 싣고 온 술을 꺼내 [우호 화평의 잔치를 열기로 했다. 수주들은] 멋대로 접시를 술잔으로 삼아 서로 따르고 부으며, 또 [반대로 적당히 사양하고 억지로 권하면서 [마시기 시작했다. 이것이] 왜국의 풍습이다. 그 조선의 우두머리 둘에게도 마시게 하자며 [손짓 발짓의] 행동으로 [연석에 참가할 것을] 권해 보았다. 그러자 그들은 크게

ひと笑をしてなん頻り、給人とうなづき日本
人舩より掐き溺て打棄時ゝ去年伯沼弟子ニて
利談みせばりし此証拠連れ敗ろ外他事をして
邪智を廻らし怒るみ此度も醫者ハ空敗ろ事の
一列背くといへど多势み事うゝゝ舩の上なり
残りの舩人ハ秀一ゝり簡と此二人ゝたいいな

ひに笑をしてなん頻リニ給んとうなづき日本人船より招き溺て打乗時ニ去年伯州米子にて利談にせまり
し此証拠連れ帰る外他事なしと邪智を廻らし然るに此度も醫者ハ空帰る事の一列背くといへど多勢にま
かるヽ船の上なり残りの船人は秀一の了簡と此二人ニたヽいな

いに[喜び]笑顔して、南無と[感謝の身振りで]と応じ、繰り返しうなずいた。そこで日本人は彼等を
船に招き入れ、絡め捕るような形で、ここに乗せた。

　去年のことではあるが、伯州(伯耆国)米子において、航海の利について語り合いがあった。そこで
の話で[やむをえず引き返す場合、証拠となる手草がなければと]迫られた。[ならば]此の度[二人の
唐人を]証拠[として]連れ帰る外に、他にする事はないと[皆で]そのような邪智を廻らした。しかし此
の度も医者が[そのような人質に取るようなことはせず]空船のままで帰る事の[道理の]一列を説い
た。[それは皆の意見に全く]背く意見であった。だが多勢[の意見]に任せるべき船の上のことで、残
りの船人は[この唐人を人質とすることを]秀逸の考えであるとした。[そこで、その方針に則り]此の二
人を[捉えることにした。まず安心を与え]たわいない

[기뻐하며] 웃는 얼굴로 나무아바타불이라며 [감사하는 몸짓으로] 응하여, 몇 번이고 끄덕였
다. 그래서 일본인은 그들을 배로 초대하여, 붙잡아서 묶는 형태로 배에 태웠다.

　작년의 일이지만 하쿠슈우 요나고에서 항해의 이익에 대해 이야기한 일이 있다. 그곳에서 있
었던 말에 [어쩔 수 없이 철수할 경우에는 증거가 될 물건이 없으면 안 된다고] 추궁당했다.
[그렇다면] 이번에 [두 조선인을] 증거로 끌고 돌아가는 것 외에 달리 할 방법이 없다고, [모
두가] 그런 나쁜 지혜를 썼다. 그러나 이번에도 의사가 [그렇게 인질을 잡는 것과 같은 짓을 하
지 말고] 빈 배로 돌아가야 한다는 [도리의] 일례로 설명했다. [그것은 다수의 의견과 크게]
어긋나는 의견이었다. 그러나 다수의 [의견에] 맡겨야 하는 것이 선상의 일이므로, [의사를 제
외한] 다른 사람들은 [조선인을 인질로 삼는 것을] 뛰어난 생각이라 했다. [그래서 그 방침에
따라] 두 사람을 [붙잡기로 했다. 일단 안심시키고] 시치미를 떼고

きやうゝ飲せ只物名を聞別けべんてよ虎へひ
と玄裁々二人をなけじしき酒を出合是を裁へ
なら薬付らず登りの唐人ゝも飲せ呉れよと玄
ふ是幸ひ心得たりと船より招皆うろたくて毋
の板を橋ゝーて乗り裁れを忘れてひをやく飲
二人の唐人ゝゝ飲次第島へ上れと額ゝて諭を

きやうニ飲せ只物名を聞馴あべんてふ虎へひと云我々二人はなばなしき酒に出合是に越へたる薬あら
ず残りの唐人にも飲せ呉れよと云ふ是幸ひ心得たりと船より招皆うろたへて歩の板を橋にして乗り我れ
を忘れてひしゃく飲二人の唐人より飲次第島へ上れと顔にて諭す

よう[話し掛け、酒を]飲ませ続けた。ただ[そのような交流の中で、次第に]物の名などを言う[言葉
も]聞き馴れてきた。[自分たちの名は]あべんてふ、虎へひ、だと言う。我々二人は[こうして]華々し
い酒に出合った。[酒は百薬の長というが、まさに]これを越えるほどの薬は無い。残りの唐人たちにも
[この旨い酒を一度]飲ませてやってくれと言う。これ幸いに[こちらも]心得たとばかりに[残りの唐人
を]船に招いた。皆[驚き]うろたえつつ[喜んで]歩みの板を橋にして[船に]乗り込んで来た。そして
我を忘れて、ひしゃく飲みをする。[そこで]二人の唐人は[残りの唐人に対し]飲み終わったならば[も
う]島へ上れと顔で諭

[말을 걸며 술을] 계속해서 마시게 했다. 그저 [그러한 교류 가운데, 점차] 물건의 이름 등을
말하는 [말도] 귀에 익숙해졌다. [자신들의 이름은] 아벤테후, 토라헤히라고 말했다. 우리 둘
은 [이렇게] 맛있는 술을 만났다. [술은 백약의 으뜸이라 하는데, 그야말로] 이보다 좋은 약은
없다. 나머지 조선인들에게도 [이 맛있는 술을 한 번] 마시게 해달라고 말했다. 이것은 잘 된
일로 [우리는] 잘 되었다 라며 [나머지 조선인을] 배로 초대했다. 모두가 [놀라서] 당황하면
서도 [기뻐하며] 판자를 다리로 해서 [배로] 건너왔다. 그리고 정신 없이 퍼 마셨다. [그러
자] 두 조선인이 [다른 조선인에게] 다 마셨으면 [이제] 섬으로 올라가라고 얼굴로 일렀다.

老なをよ上りよろり〜と枕らやう〜しこふたを
枕卧あべんてふ虎〜〜り謀を実ひ受二度とり
飲ぬ此酒と気り心もうばをれて船中み酔とれ
てたひなく卧す去とてひたを養ふ情もなら
寸修羅の夢路の道を引き酒らて彼等い敵なり
扨皈國の日和一身不乱眞帆の神風誓ひなび神

すなをに上りよろりよろりとそこやかしこにたをれ臥あべんてふ虎へひも謀を実に受二度とハ飲ぬ此酒と
気も心もうばわれて船中に酔とれてたわひなく臥す去とてハ老を養ふ情もあらす修羅の夢路の道を引き
酒こそ彼等ハ敵なり扨帰国の日和一身不乱真帆の神風誓ひなバ神

した。[彼等は]すなおに船から上り[酔いも回って]よろよろと[浜辺を歩き、やがて]そこやかしこに倒
れ臥した。あべんてふ、虎へひも、この[日本人の]謀^{はかりごと}を真^まに受け[安心しきった体で船に居続
け、この機会を逃せば、もう]二度とは飲めぬと、この酒に気も心も奪われていた。やがて船中で酔い
どれ、たわいもなく倒れ臥した。そうだからと言って[やがて]老いていく身を[ここで]いたわり、静養
に努めるなどといった気持ちは、さらさらなく、ただ[酔いに酔い]修羅の夢路の道を引きずって行くの
であった。[まことに]酒こそが彼等に[讐をなす^{あだ}]敵というものであった。
　さて帰国の日和[を望み]一身不乱に真帆の神風[を祈り]誓願していると、

[그들은] 순순히 배에서 상륙하여 [술에 취하여] 비틀거리며 [해변을 걷다 결국에는] 여기
저기에 넘어져 엎어졌다. 아벤테후와 토라헤히도 [일본인의] 계략을 진심으로 믿어 [안심하
고 배에 남아서, 이 기회를 놓치면] 두 번 다시 이렇게 마실 수 없다며 술에 정신과 마음을 빼앗
겼다. 그러다 끝내 배 안에서 취하여, 정신을 잃고 넘어져 엎어졌다. 아무리 술이 좋다지만 늙어
가는 몸을 아끼고 정양하려고 하는 마음이 조금도 없이, 그저 [취하고 취해] 수라의 꿈길을 질
질 끌려 가는 것이었다. [그야말로] 술이야 말로 그들의 적이었다.
　그리고 귀국하기 좋은 날씨를 [원하며] 몸을 단정히 하고 돛을 올릴 수 있는 신풍을 [빌면
서] 공물을 바칠 것을 서약하고 소원을 말하자,

ハ正直から風ふやとり頭のさとし／＼風吹替し思

ひの侭の証拠二人の漢支ちべくてふ虎ゝひれ

積受竹島の濱夜四ッ頃硯の細をむづと切り跡

とも見をして馳出たり扱くもなき月す光り

のさやげさり見れゝ海月唐を麦てそ飯りゝる

猶も吹出す竹島嵐し扱まし酔とれてさゝやか

ハ正直かふベニやとり願のことく風吹替し思ひの侭の証拠二人の漁夫あべんてふ虎へひを積受竹島の
濱夜四ツ頃碇の綱をむづと切り跡をも見すして馳出すなり扨くもなき月の光りのさやげさハ見れハ海月
唐を差てそ帰りける猶も吹出す竹島嵐し扨また酔とれてここやか

正直の 頭 (こうべ) に神宿るという言葉の通り、願った風に吹き変わってきた。思いの侭の証拠の徴として、二
人の漁夫あべんてふ、虎へひを[船に]積み受けたまま、竹島の浜を夜の四つ(午後十時)頃、碇の綱
をむずと切って、跡をも見ずに船出させた。さて雲もない[夜空に]月の光りが清く輝いていた。その
海上に浮かぶ月を見れば[月は徐々に西方へ進んで行く。あたかも]唐を差して帰っていくようであっ
た。猶、吹き出してきた竹島嵐(竹島の山間から吹き下ろす山風)を[そのまま帆に受け、船は松島そし
て隠岐を目指し、月とは逆の東へと進んで行った。]
　さて、また酔いどれ[しなだれ]ここ

정직한 자의 머리에 신이 깃든다는 말처럼, 원하는 대로 바뀌어 불었다. 생각한 대로 증거의 징
표로 두 어부 안벤테후와 토라헤히를 실은 체로 타케시마 해변을 밤 10시 경에, 닻의 밧줄을 끊
고 뒤도 돌아보지 않고 배를 내었다. 그런데 구름도 없는 하늘에 달빛이 맑게 빛나고 있다. 해상
에 뜨는 달을 보니 [서서히 서방으로 간다. 마치] 조선을 향하여 돌아가는 것 같다. 또 타케시
마 산에서 불어오는 산바람을 [받으며 배는 마쓰시마 그리고 오키를 향하여, 달과는 반대로
동으로 나아갔다.]
　그런데 아직 만취하여 여기 저기

しこの島端ふ岩を枕の危唐人酔覚て大なくび
海千城もっ一詠むれい汐い満汐夜半の月日本
の舩ハ見るふ影けなく思いと氣替ふなべんて
ふ鹿へひ飛り島の邉り小屋の内尋ぬれと影
も形り見へざれいロ惜やや日本の舩ふ残し置我
等ことくふ毒酒をたしへだまして積んて畝る

しこの島端に岩を枕の毛唐人酔覚て大あくび海手をすかし詠むれハ汐ハ満汐夜半の月日本の船ハ見るに影けなく是ハと気替ふあべんてふ虎へひなり島の邉り小屋の内迄尋ぬれと影も形も見へざれハ口惜や日本の船に残し置我等ことくに毒酒をあたへだまして積んて帰る

かしこの島端で、唐人たちは岩を枕に[眠り込んでいた。だが、ようやく]酔いも覚め、大あくび[をしつつ]海辺へ手をかざし[停留する筈の日本船を]透かし見た。この情景を[歌謡を]詠むようにして表現すれば[次のようにもなろうか。]

　　汐は満つ汐　夜半の月　日本の船は見るに影なく

〈歌意〉　潮汐を見るに今や満ち汐、そして夜半の月は今や煌々と照っている。まさに出船の時刻である。そして浜を見れば、日本の船は影も形も見えなくなってしまっている。もうすでに船は出て行った後なのであろう。

　これはいったいどうなっているのだろうと[唐人たちは]あべんてふ、虎へひの事を気遣った。島の周辺、そして小屋の内までも捜索した。だが[二人の姿は]影も形も見えなかった。もしや残念な事ながら[日本人は彼等二人を]日本の船に残し置き[連れ去ったのではあるまいか。]我等とるに足らない者へは毒酒[の如き深酔いの酒]を与え[皆が寝入っている間に二人を]だまし、積んで帰ったに

해변가의 바위를 베개 삼아 잠들어 있던 조선인들이 겨우 술에서 깨어, 크게 하품하며 이마에 손을 얹으며 [주위를 살펴보았다. 그 정경을] 가요로 읊는다면 [다음과 같다.]

　　여울은 만조다. 달이 뜬 한 밤, 일본 배의 그림자도 안 보인다.

〈가의〉　조수의 간만을 보니 지금은 밀물의 여울이다. 그리고 밤중의 달은 훤하게 비추고 있다. 그야말로 출선의 시각이다. 그런데 해변을 보니 일본의 배는 그림자도 보이지 않는구나. 이미 배는 떠나갔단 말인가?

　이것은 어찌 된 일일까 라고 아벤테우와 토라헤히를 걱정하며 섬의 주변과 소옥의 안까지도 찾아보았다. 그러나 그림자도 흔적도 보이지 않았다. 어쩌면 유감스럽게도 [둘을] 일본 배에 남겨 둔 체 [돌아간 것 아닐까?] 우리들처럼 가치가 없는 자들에게는 독주를 주어 [모두가 잠든 사이에 둘을] 속여서 [배에] 싣고 돌아간 것이 틀림없다.

なり是ぞ非道の人買船も悪やと憤り天地
を祈り手があそれど仕形仕やうハ更かなく命限
りと覺悟を極め急き漢船を仕立備の石火矢鉄
砲を仕込追うけルルハ日本船ハ嬉し㇔分ルお火
をたてゝゆる〳〵なて眠りうそそれ扱ハと勢
ふ異國船誠ふ主親の讐を報ぜんハ供ふ天を

なり是ぞ非道の人買船か扨も悪やと憤り天地を祈り手をすれど仕形仕やうハ更になく命限りと覚悟を極め急ぎ漁船を仕立備の石火矢鉄砲を仕込追かけけれハ日本船ハ嬉し紛れに火をたててゆるゆるうたて帰りこそすれ扨ハと勢ふ異国船誠に主親の讐を報ぜずんハ供ニ天を

違いない。是は[まことに]非道な仕打ちで、人買船のような所業である。何とも悪辣な遣り口ではないか。そのように憤り、天地に祈り、手を摺り[足を摺り、神仏に祈った。]だが何ともならず、ならば命の限り[追い掛けて連れ帰ろう]と、ここに覚悟を決めた。急ぎ、追っての漁船を仕立て、備え置いていた石火矢や鉄砲を[この船に]仕込み[早速、日本船を]追い掛けた。一方、その日本船はと言えば[証拠となる人質を捉えたと満足し]嬉し紛れに船に火を灯し、ゆるゆると、情けないばかりに[のんびりと]帰国の途に就いていた。

　さては[あの船影か]と[日本船を見つけ]異国船は[いよいよその船足の]勢いを増して行く。誠に主の仇、親の仇のような憎い相手である。[『礼記』曲礼にある如く]その君父の讐を報ぜずんば、供に天を

이것은 도리에 맞지 않는 일로 인신 매매선이나 하는 짓이다. 참으로 악랄한 짓이 아닌가? 그렇게 분개하며 천지신명에게 손이 닳도록 빌었다. 그렇지만 아무런 효과도 없자 목숨이 있는 한 [뒤쫓아가서 대려 오자]라고, 각오를 정하고 서둘러 뒤쫓는 어선을 준비하고, 비치해둔 화포와 철포를 싣고 뒤쫓았다. 한편 그 일본 배는 [뜻대로 되었다고] 기뻐하며 배에 불을 켜고 서서히, [본분을 잊은 줄도 모르고] 한심스럽게 귀국의 길에 올랐다.

　그런데 힘차게 추격하는 이국선은 그야말로 주인의 원수, 부모의 원수를 갚지 않으면 하늘을 같이

戴へゝらにと追捌け道ひつゝんと櫓一羽ふも
三人かゝり飛うことくゝ馳て来る程近くして
先ツ異國のこと初樊喰い勇もかくやと石火矢
一ト放し抱の音天みひどき海中を動すをびへ
てさゝ〳日本舩立やら君ろやら跡をもりして
詠ひれい渡舩と見へて裡なく来る日本人日に

載へからすと追掛け追ひつかんと櫓一羽にも三人かかり飛かことくに馳て来る程近くして先ツ異国のこと初樊噲ハ勇もかくやと石火矢一ト放しその音天にひびき海中を動すをびへてさわく日本船立やら居るやら跡をすかして詠むれハ漁船と見へて程なく来る日本人曰あ

　載<ruby>いただ</ruby>くべからずと[ばかり、この日本船に向け、敵意を剥き出しにする。]追い掛け、そして追い付こうと、櫓一羽に三人掛かりで漕ぎ急ぎ、飛ぶように馳せて来る。程々に近付いたところで、先ずは異国のこと[何のためらいも無く]初攻撃を[仕掛けて来た。]樊噲の勇<ruby>はんかい</ruby>(註3)もこうであろうかと[それほどの勇猛な]石火矢を[日本船に向け]一放<ruby>ひとはな</ruby>ちするのである。その[衝撃の]音は、天に響き、海中を揺るがす。日本船[の水主たち]は怯えて騒ぎ[もう浮き足だっていた。]立つやら座るやら[その落ち着かぬ有様の中、異国船の]足跡を推し量って見れば、[船足の速い]漁船と見えて、程なく[こちらの船に迫り]来る。[もう間もなく、互いの戦闘にも及ぶ勢いである。]日本人の言うことには、

할 수 없다[고 『예기』의 곡례가 말한 것처럼] 일본 배를 뒤쫓아 잡으려고 노 하나에 3인이 붙어서 힘차게 저으며 나는 것처럼 달려온다. 어느 정도 가까워지자, 일단 이국의 배라 [거리낌 없이] 첫 [공격을 했다.] 번쾌의 용기가 이러했을까라고 [생각할 정도로] 화포를 한 방 쏘자, 그 소리가 하늘을 울리고 바다를 뒤흔들었다. [일본 수부들]은 겁에 질려 소리쳤다. 일본 수부들은 서있어도 앉아있어도 [불안했다. 그런데 이국선의] 속도를 계산해보면 [속도가 빠른] 어선으로 보여 금방 [따라] 잡을 것 같았다. 일본인이 말하기를

ちらも舫子二十人さ／ちらも粟組二十人一身か

けて働いふ／もや勝頁か送れんものを我等持た

ろ早業に／みち取り鉄砲二三丁只恐しきい今夜

しなる石火矢なり痛哉舩に我等も一卜崩し便

も／なくぬ唐近く體をとらすロ惜さ法ふ泣れぬ

次第なり唐人曰ー審蜜夕ル黄鳥止ニトテリ干丘隔ニ飛道

ちらも船子二十人こちらも乗組二十人一身かけて働ハよもや勝負に送れんものを我等持たる早業ハみ
ち取り鉄砲二三丁只恐しきハ今放したる石火矢なり痛哉船も我等も一ト崩し便もあらぬ唐近く體をさらす
口惜さ泣に泣れぬ次第なり唐人曰緡蠻タル黄島止ト云リ于丘隅ニ飛道

ちらも船子は二十人、こちらも乗り組む水主は二十人である。命がけで立ち働けば、よもや勝負に遅
れを取るようなことはないであろう。我等の持つ[有利な]早業として、みち取り鉄砲の二、三丁があ
る。[これをあちらに向けて打ち放てば、それが勝利に繋がっていく。だがその際]脅威となるのは、
今[あちらが]放った石火矢である。それによって痛恨[の破壊]を受けることもあろう。[そうなれば]船
も我等も一崩（ひとくず）れに崩れてしまう。[ここは日本から]便りも無い遙か彼方の海であり、むしろ唐(韓)に近（から　から）
い。[このような海に、我が身の]屍体をさらすのは口惜しい。[敗れ去る不安と、死の恐怖に打ち震
え、水主一同は]ただ泣きに泣き、涙に濡れる次第であった。だが[朝鮮船は突如その船足を止め
た。]唐人の言うことには、緡蠻（めんばん）たる黄鳥（こうちょう）、丘隅（きゅうぐう）に止（とど）まる(註4)という言葉がある。[すなわち、やり過
ぎてはならない。]飛道

저쪽도 어부는 20인, 이쪽도 승무원은 20인이다. 목숨 걸고 배를 저으면 결코 승부에 뒤지는 일
은 없을 것이다. 우리들은 조업을 위한 강치잡이 철포가 2,3정이 있다. 그러나 두려운 것은 지
금 쏘는 화포다. [그것에 맞으면] 큰일이다. [그렇게 되면] 배도 우리들도 같이 무너지고 만다.
[이곳은 일본에서는] 아주 멀고 조선에서는 가깝다. [이러한 바다에 내 몸이] 시체가 되어 떠
돌게 되는 것이 분하다. [수부들은] 울고 불며 울어댈 뿐이다. 그때 [조선 배가 돌연 멈춰섰
다.] 조선인이 하는 말에는 부족한 황조도 자리를 골라서 앉는다는 말이 있다. [즉 너무 지나치
면 안 된다.] 비도구를

具を浸し日本舩を潰さんこといひ易けれと案祖
なれ伝ふべんてふ電へひ近供小命如果をなりと
無念のらぶしを握り唇ーて功なく楫み知らせ
て艪引迴し名残をらうよ皈りこと哉

具を放し日本船を潰さんことハ易けれと乗組たるあべんてふ虎へひ迄供に命を果すなりと無念のこぶし
を握り労して功なく楫に知らせて艫引廻し名残はいかに帰りこそすれ

具を放ち、日本船を潰そうとすることは、いとも容易な事ではあるが[それでは]そこに乗り合わせる二
人、あべんてふと虎へひ迄も、ともに命を落とさせることになる。[それゆえ船を攻撃することなど出来
ない。]このように言って、無念のこぶしを握り[堪えることになったという。]、労多くして功の無いことで
[もはや、追っても詮無い事と]楫役に知らせ、艫を引き廻し[連れ去られた二人に、なお]心を残しつ
つ[やむなく彼等は]引き返すことになった。

쏘아 일본 배를 부수려고 하는 일은 참으로 용이한 일이지만 [그러면] 그 배에 타고 있는 안벤
테후와 토라헤히도 같이 목숨을 잃게 된다. [그래서 배를 공격할 수 없다.] 이렇게 말하고, 어
쩔 수 없이 주먹을 쥐고 [참았다 한다.] 고생은 많고 공은 없다며 [더 이상 쫓아도 쓸모없는 짓
이다 라고] 노를 젓는 자에게 알려 노를 돌려 [끌려가는 둘에게] 미련을 남기면서 [어쩔 수 없
이 그들은] 돌아가기로 했다.

舟長の二人をうをばれてたのん
いと名残をおしみ讀りら
去とてハ細手かなしき物思ひ
小舟おかゝるおき川白波

舟長の二人をうばはれてなんいと名残をおしみ讀ける

去とてハ綱手かなしき物思ひ　小舟にかゝるおきつ白浪

船の長である二人を奪われ［残る朝鮮人の船子たちは］とても悲しく思った。その名残を惜しみ続けるさまを［この矢田高當が替わって］詠うことにする。

　　さりとては 綱手悲しき 物思い　小舟に掛かる 沖つ白浪

〈歌意〉　残された者どもは、悲しみの中、なお気丈夫に舟を操っている。だが、そうは言っても、その漕ぐ舟の艫綱を見るにつけ、その艫綱を握る漕ぎ手の心には［日本人に連れ去られた二人の境遇と、これからの運命に］思いを致せば、いよいよ悲しみが込み上げてくる。沖合から打ち寄せる白波が、この小舟に寄せ掛かってくるが、その沖(隠岐)からの白波を見るにつけ、あるいは、この白波に乗って二人が帰ってくるのではないかと、そのようにも、つい思ってしまうのである。

배의 우두머리 둘을 빼앗기고 ［남은 조선인 수부들은］ 매우 슬프게 생각했다. 그래서 슬퍼하는 모양을 ［야다 타카마사가 대신해서］ 노래하기로 한다.

　　그래서 그런지 밧줄을 보며 슬픈 생각을 한다. 배에 부딪치는 먼바다의 흰 파도

〈가의〉　남은 자들은 슬픔 속에서도 더 열심히 배를 젓고 있다. 그러나 그렇다고는 해도, 그 젖는 배의 밧줄을 볼 때마다, 그 밧줄을 잡는 사공의 마음에는 ［일본인에게 끌려간 둘의 경우와 이후의 운명을］ 생각하면 자꾸 슬픔이 끌어 오른다. 먼 바다에서 밀려오는 흰 파도가 작은 배로 밀려 오는데, 그 흰 파도를 볼 때마다, 어쩌면 흰 파도를 타고 두 사람이 돌아오는 것은 아닌가라고 생각하게 된다.

抑日本舩ハすてといふ時い案前よく造りたて
たる二百石積殊ミ神風の其勢ひみ水先きうは
を舞ひ飛鳥の飯ることゝなり将又艫の間か卧
たる二人の唐人酔醒て見れい何國ともなき海
上から見すゝし言葉もめらぬ日本舩なきれ果た

扨日本船ハすわといふ時ハ乗前よく造りたてたる二百石積殊に神風の其勢ひに水先きうつを舞ひ飛鳥の帰ることくなり将又艫の間に臥たる二人の唐人酔醒て見れハ何国ともなき海上を見はらし言葉わからぬ日本船あきれ果た

さて日本の船は、すわという時、その操作性に優れている。そのようにして造られた二百石積[の竹島丸]である。殊に[今回は追い風の竹島嵐に吹かれ、その]神風の如き勢いに船は激しく押され出ていった。その舳先は渦を舞き、飛鳥が翔るようにして進み[沖を目指し]帰って行った。そのような[帰帆の]頃[船の上では]艫の間で酔い臥していた二人の唐人が、やがて酔い醒め[起き出して来た。そして周囲を]見れば[もはや]何れの国の海とも分からぬ海上である。その果てしない海上を見はらして、言葉わからぬ日本船に[乗り合わせている自分たちの境遇を、ついに知った。]あきれ果てた

그런데 일본 배는 위급할 때 조작성이 좋다. 그렇게 만들어진 2백석 적재[의 타케시마마루]다. 특히 [이번은 뒤에서 타케시마의 산바람이 불어 그] 신풍과 같은 기세에 배가 힘차게 떠밀리며 나아갔다. 뱃머리는 물보라를 일으키며 새가 나는 것처럼 달려서 돌아왔다. 그럴 때 노 사이에 엎어져 있던 두 조선인이 술에서 깨어 주위를 둘러보니, 어느 나라의 바다인지도 알 수 없는 해상이었다. 그 끝없는 바다를 바라보고, 말을 알아들을 수 없는 일본 배라는 [것을 알고] 크게 놀란

る有様々て顔り〳〵とを見合て天を拜し座るひ
いり亦東組か向ひ涙を流し手を合ちんらんか
んと玄ひたて〳〵むなひみ将む日本人怒る言葉
い更みなく順風か搖も帆足をのぐなろ〳〵烈し
舩路於情もはらぬ

る有様にて顔と顔とを見合て天を拝し座にひいり亦乗組に向ひ涙を流し手を合ちんふんかんと云ひたて
ヽむたひに拝む日本人怒る言葉ハ更になく順風に猶も帆足をのべたてヽ急く船路ぞ情もあらぬ

有様で［二人は互いに］顔と顔とを見合わせている。やがて天を拝し、恐れ入った様子で座に退い
た。また［水主たちに向って］涙を流し、手を合わせ、ちんぷんかんな言葉を言い立て、やみくもに拝
み始めた。［そのような殊勝な態度に心を打たれ］日本人で怒声を発するような者は、もはや誰もいな
かった。穏やかな順風の中を、なお船はその帆足を伸ばし続ける。［この朝鮮人の悲哀の］感情にも
揺れ動かされることなく［水主たちは］ただひたすら［帰国の］船路を急いでいった。

모습으로 [둘은 서로] 얼굴을 바라보았다. 그리고 하늘에 빌며 겁에 질린 모습으로 자리에 물
러나 앉았다. 그리고 수부들을 보고 눈물을 흘리며 손을 마주하더니, 알아듣지 못하는 말을 하
며 절을 해대기 시작했다. [그것을 본] 일본인은 노해서 소리치는 자가 아무도 없었다. 순풍 속
을 배는 계속해서 나아갔다. [조선인의 애달픈] 감정에도 흔들리는 일 없이 [수주들은] 그저
한결 같이 [귀국의] 선로를 서둘렀다.

哀かなまりて舩を戀ひふすせてよめる
いつまでも人あさ、浪をたきり舩よろ〳〵
波ひ戀ひくる身や

哀にあまりて船を恋ひによせてよめる
いつまでか人にこころをたきつ船　よるべも波に恋われる身は

余りに哀れを[この二人の朝鮮人に対し]感じたので、船を恋歌の対象として[この矢田高當が]歌を
詠むことにした。
いつまでか 人にこころを たきつ船　よるべも波に 恋われる身は

〈歌意〉　いつまで続く事だろうか、このように人の心を乱し、いらだたせ、たぎらせるような事はと。そ
　　　　のように乱れ、揺れ動く激流の中を、船はただひたすら前に進む。この船は寄る辺の無い二
　　　　人の朝鮮人を乗せ、なお乱れたままの海上を突き進む。その突き進む船に、あたかも恋する
　　　　者のように、昼も夜も、寄せ来る波が慕い寄って来る。寄る辺の無い二人の朝鮮人は、この
　　　　波に慕われ、揺られ、恋われるままに、やるせない囚われの身にあるのである。

　　슬픈 나머지 배를 연가의 대상으로 해서 [야다노 타카마사가] 노래했다.
　　　　언제까지일까, 님에게 마음을 빼앗긴 배, 들리는 해변도 파도가 그리워하는 몸은

〈가의〉　언제까지 계속될 것인가? 이처럼 사람의 마음을 흔들어 초조하게 하고, 애끓게 하는 것
　　　　과 같은 일이. 그렇게 흔들리며 요동치는 격류 속을 배는 그저 한결 같이 저어 나아간
　　　　다. 이 배는 의지할 데 없는 두 조선인을 태우고 계속 흔들리며 해상을 뚫고 나간다. 그
　　　　렇게 뚫고 나가는 배에 마치 사랑하는 사람처럼 밤낮으로 파도가 밀려온다. 들릴 해변
　　　　도 없는 두 조선인은 이 파도의 사랑으로 흔들리며, 사랑 받으며 어쩔 수 없이 붙잡힌
　　　　몸으로 있는 것이다.

抑時移りて隱岐島後福浦港うそ連れ皈りける

然而珍しき唐人連れ皈りと老若男女立うより

中うも舩長の女房てうや申うらい往昔須磨の軍

小熊谷ハ敦盛君と決勝頁高名誉ありしハと君

不哀なら舍れて一旦落行給ひしふ無儀馬を皈

扨時移りて隠州島後福浦港にそ連れ帰りける然而珍しき唐人連れ来りと老若男女立かかり中にも船長
の女房てる申けるハ往昔須磨の軍に熊谷ハ敦盛君と決勝負高名誉ありけれと君に哀れを含めて一旦
落行給ひしに無餘儀馬を帰

さて時を経て、隠州(隠岐国)島後、その福浦の港に[竹島丸は二人の朝鮮人を]連れ帰った。しかし
ながら、珍しい唐人を連れ帰って来たと[その港の岸に]老若男女が立ち掛かり[群れ集ってきた。]そ
の群衆の中に[竹島へ渡った竹島丸の]船長の女房(註6)で、てると言う女がいた。[その者の言うこと
には]その昔、須磨の源平合戦において熊谷[次郎直実]は平敦盛君と勝負を決し、高名の誉れが
有った。だが討ち取った敦盛君に哀れを感じ、一旦は逃げ去らせようとした。だが余儀無い事情があ
り、馬を帰

그런데 시간이 지나 오키노시마의 도우고 후쿠우라 항에 [타케시마마루는 두 조선인을] 끌고
돌아왔다. 그러자 진기한 조선인을 끌고 왔다며 남녀 노소가 모여들었다. 그 중에는 [타케시마
마루] 선장의 부인 테루라는 여인도 있었다. [그 여인이 말하길] 옛날에 스마의 [겐페이 합전
에서] 쿠마야는 아쓰모리키미와 승부를 겨루어 명예를 얻었다. 그러나 사로 잡은 아쓰모리키
미가 불쌍하다고 여기고 도망치게 하려고 했으나 어쩔 수 없어 말은 돌려

へされて君の最後ハ是非もなくいふみ身の悪
が雪くしやういなきりのゝ嘩な恨のなるべル
んさるきだふ我身ふ罪んかゝもとも男の因果
何とせん扨ら又舟長の妻まいかゝき其番豊年

へされて君の最期ハ是非もなくいかに身の悪を雪くしやうハなきものか嘸な恨のあるべけんさなきだに我身に罪はかゝるとも男の因果何とせん扨も又舟長の妻にはおしき其器量秊

し、この君の最期を見届けた。これは仕方の無い事であった。[さて、この二人の朝鮮人を見るに、余りに不憫で哀れを感じる。どうにかして逃げ去らせたいと思うが、やはり余儀無い事情があり、そういうわけにはいかない。]いかにして[彼等の]身の不運を取り除いてやればよいのであろうか。そのような方法は何か無いものであろうか。さぞや[日本人に対し]恨みを持っていることであろうと言う。だが、たとえ落ち度が無くても、我が身に罪が掛かれば、それは、その男の[持って生まれた]因果であり、何とも仕様の無いことである。

　さて又[このてると申す女は]船長の妻にしておくには惜しい程の器量の持ち主であった。秊

보내고, 그 분의 최후를 지켜보았다. 이것은 어쩔 수 없는 일이었다. [그런데 이렇게 붙잡혀 온 두 조선인을 보니 너무 불쌍하여 동정심을 느꼈다. 어떻게 해서 도망치게 해주고 싶다고 생각하지만, 역시 어쩔 수 없는 사정이 있어, 그렇게 할 수는 없다.] 어떻게 [그들의] 불운을 털어주면 좋을 것인가 그러한 방법은 없는 것일까? [그들은] 틀림없이 원한을 가지고 있을 것이라 했다. 그러나 설령 잘못이 없어도, 내 몸에 죄가 생긴다면 그것은 그 남자가 [가지고 태어난] 인과로 어찌 할 수 없는 일이다.

　그런데 또 [이 테루라는 여자는] 선장의 처로 두기는 아까울 정도의 기량을 가진 사람이었다. 나이는

ハ世のまじ花の頃涙汲みて氣をかだへついいか
いびりの上看をめぐて伏居ろ二人ふ打かけふ
ルり唐人も時の情み氣を休め心潤ふ風情なり
誠みてろが夫の因果めくり見てよしみもはら
ぬ唐人ゝ斯情の深き志の程群集の聲感心ふ絶

ハ廿のまだ花の頃涙汲にて気をもだへついかいどりの上着をぬぎて伏居る二人に打かけにけり唐人も時の情に気を休め心潤ふ風情なり誠にてるが夫の因果かへり見てよしみもあらぬ唐人に斯情の深き志の程群衆の輩感心に絶

は二十歳のまだ花の頃で［感情豊かなその女は、この哀れな事情に］涙を流し、もだえ悲しみ、つい、その掻取(打掛小袖)の上着を脱いで、伏して居る［哀れな］二人に打ち掛けてやった。［この無償の慈愛の行為に］唐人も思わず感謝の情を感じ、一時の間、気を休め、まさに心の潤う風情であった。てるの夫が［二人を福浦に連れ帰ったという］因果があり、その因果を顧みて［いっそう哀れさを感じたのであろう。］親しい知り合いでもない唐人に、このような情の深い思いやりを掛けるなど［実に慈愛深い行為である。］群衆の輩は［その心根に］感心して

20세로 아직 꽃 같은 나이로 [감정이 풍부한 그 여인은, 이 애달픈 사정에] 눈물을 흘리고 몸부림치며 슬퍼하더니 끝내는 [입고 있던] 윗도리를 벗어, 엎드려 있는 [가련한] 둘에게 걸쳐주었다. [그러자] 조선인도 저절로 감사의 정을 느껴, 잠시 마음이 편해지는 풍정이었다. 테루의 남편이 [둘을 끌고 온] 인과가 있어, 그 인과를 돌아보고, 친한 사이도 아닌 조선인에게 이처럼 깊은 인정을 베푸는 등 [실로] 자애 깊은 행위였다. [그것을 본] 군중의 무리는 감동하여

へ紅涙を催す世み女の誠み會釈みなされと教
へなちそれと是とり雲泥の違ひ和漢女の鑑と
いやん唐人も今い詮方顔色をからむれ末み日
本人を見て是もわなし〳〵目を驚ろし兎るル角
ろも千や合せをらグふ心ろ不便まり

へ紅涙を催す世に女の誠に會釈にあまれと教へあるそれと是とハ雲泥の違ひ和漢女の鑑といわん唐人
も今は詮方顔色をかへむれ来る日本人を見て是もおなしく目を驚かし兎にも角にも手を合せしたがふ心
は不便なり

皆、思わず涙を流していた。世間で言うことであるが、女の誠とは[丁寧な]会釈で十分であると、そ
のような[一般的な]教えがある。だがそのような事と、この[てるの行為]とでは、雲泥の違いがある。
これこそ和漢における女の 鑑 と言うべきである。[それゆえ]唐人も、今はもう仕方の無い事だと[観念
し、身も心も平静になってきた。驚き]顔色を変え群れ寄って来る日本人を見ても[もはや動揺するよう
なことは無くなっていた。]このような[彼等の従順な態度も、また]同じく[群衆の]目を驚かせた。兎に
も角にも[二人の朝鮮人は、もはや心静かに]手を合せ[こちらに]したがう心[であったから、そのよう
な殊勝な心根に感じ入り]実に不憫な事である[と、皆が等しく語り合った。]

모두 자기도 모르게 홍루를 흘렸다. 세상에서 말하는 것이지만, 여자의 진심이란 [정중한] 인
사로 충분하다는 그 같은 가르침이 있다. 그러나 그 같은 일과 [테루의 행위]는 천양지차였다.
이것이야 말로 일본과 조선 여인의 귀감이라고 해야 한다. [그래서] 조선인도 이제는 어쩔 수
없다는 듯이 [생각하고 평정을 찾았다.] 안색을 바꾸고 때지어 몰려드는 일본인을 보아도 [동
요하지 않았다.] 이 같은 [조선인의 순종하는 태도가 또 일본인들의] 눈을 놀라게 했다. 어쨌
든 [두 조선인은] 손을 마주하고 [이쪽의 뜻에] 따르겠다는 마음[을 보이자, 그것을 본 사람들
이] 참으로 안 되었다[고 말했다.]

[주1] 무라카와의 준비

　이번 도해는 오오야케가 한 것이다. 무라카와와 오오야 양가는 매년 교대로 도해한다. 전년(겐로쿠 5, 1695년), 즉 이타야 나니베에의 제6회 도해는 무라카와 차례였다. 그리고 금년(겐로쿠 6, 숙종 22,1696년)의 도해는 순번에 따라서 오오야케 차례였다. 죽도에 도해하는 사업은 『장생죽도기』의 내용처럼 6회째, 7회째라고 말할 수 있는 회수가 아니다. 그보다 훨씬 이전부터 많이 이루어지고 있었다.

村川による仕入れ

　この度の航海の準備は、大谷家によるものである。村川と大谷は、両家で毎年交互に、その航海の務めを果たしていた。前年(元禄五年)すなわち板屋何兵衛の第六回目の航海は村川の番であった。そして今年(元禄六年)すなわち第七回目の航海は、従って大谷家の番であった。ことのついでに述べておくと、竹島渡海事業は、この『長生竹島記』が記すような六度目とか七度目という僅かの航海数ではない。もっと以前から、もっと数多く、行なわれていた。

[주2] 7회째 도해

　7회째라는 것은 이타야 나니베에가 죽도에 건너간 회수가 일곱 번 째(7회째)라는 것이다. 그리고 일본의 죽도도해는 이것을 마지막으로 종료되었다.

七度目のことである

　七度目とは、この話を語った椿儀左衛門の伝聞体験に基づくものである。すなわち板屋何兵衛にとっての七度目(七回目)で、そのような島への渡海であった。そして、この回を以て竹島事業は終了となった。

[주3] 번쾌의 용맹

　장량의 지혜와 번쾌의 용맹, 그리고 유방의 천운이 한 왕조 건국의 원인이었다. 그 이야기에서 인용한 것이다. 용맹을 강조하기 위한 용어다

樊噲の勇

　張良の知、樊噲の勇、劉邦の天運が、漢王朝建国の原因であったと、そのような話からの引用である。すなわち勇を強調して表現するための用語であった。

[주4] 아름답게 우는 새는 앉을 곳을 안다.

　『시경』 소아에 있는 「어조지십의 민만편」에 있는 일절이다. 아름다운 목소리의 꾀꼬

리는 울창한 녹음이 우거진 언덕의 구석에 머문다는 것으로, 이것이 『대학』 전삼장에 인용되면서 알려지게 되었다. 작은 새조차도 앉을 곳을 안다. 하물며 사람이 머물 곳을 알지 못한다면 새보다도 못하다는 것이다. 즉 쫓는 조선배도 적당한 곳에서 중지해야 한다는 의미다.

緡蠻たる黃鳥、丘隅に止まる

　『詩経』小雅にある魚藻之什の緡蠻篇で歌われた一節である。美しい声の鴬は鬱蒼たる緑の丘の隅に止まるというもので、これが『大学』伝三章に引用されたことで知られるようになる。小鳥でさえ止まる所を知っている。人において至善を選んで止まることができなければ、鳥にも及ばないと、そのように解説される。つまり追い掛けた朝鮮船も、ほどよい所で追い掛けることを中止し、止まるべきと、そのような意味で、ここにこの言葉が記載された。

[주5] 한없는 해상을 바라보며

　타케시마를 출발하여 오키로 가는 항로에서 「한없는 해상」이라고 말한 것은 가는 도중에 있는 마쓰시마를 확인하지 않았다는 것이다. 이것은 이상한 일이다. 배는 타케시마를 출선하여, 항로를 틀리지 않게 일단은 마쓰시마로 향한다. 그리고 마쓰시마를 확인한 다음에 오키로 향한다. 그 같은 귀범이었을 것이다. 이때 순풍과 청천의 혜택을 입고 있었으므로 마쓰시마는 확인했기 마련이다. 『인부역년대잡집』에는 「두 조선인을 태운 배는 돛에 깃대를 달고 일몰 경에 출발했다. 뒤에서 추격했지만 해가 저물어 철포를 쏘아도 사이가 멀었다. 새벽에 마쓰시마라는 곳에 도착했다」라고 있다. 역시 마쓰시마를 확인한 것이다. 그렇다면 왜 「한 없는 해상을 바라보며」라고 기록한 것일까? 야다 타카마사는 이때 두 사람의 조선인의 입장이 되어 그 심정을 기재했다. 그래서 그들의 견문에 의하면 「한 없는 해상을 바라보며」라는 것이 된다. 『장생죽도기』의 두 조선인은 술에 취해 정신없이 자고 있었다. 그래서 숙면하는 사이에 마쓰시마를 지나쳤다고 하면, 오키에 도착할 때까지는 분명히 「한 없는 해상」이다. 후에 두 사람이 귀국한 후 동래부에서 그때의 상황을 증언했다. 『변례집요』 제 17권의 울릉도 항에 있다. 그때 박어둔은 「붙잡힌 몸이 되었을 때 수질에 걸려 배 안에 누워 있다가 3주 4야가 지난 후에 호우키슈우에 도착했다는 것만 기억할 뿐 수로가 몇 리인지를 자세히 알지 못한다」라고 진술했다. 그리고 「그 섬의 전후에 다른 섬도 없었다. 운운」이라고 말했다. 즉 뱃멀미 때문에 선중에 엎어져 있어서 수로도 거리도 그 외에 아무 것도 알 수 없었다고 진술했다. 이 섬(울릉도)의 전후에 달리 다른 섬이 없다고까지 말했다. 그러므로 마쓰시마의 일 따위는 알지 못한다. 박어둔은 이

때 만취하여 잠들은 것이 아니라 뱃멀미로 누워 있었다. 그리고 분명히 그는 마쓰시마를 확인하지 않았다(졸저『제3부 일본해와 죽도』) 그것을 역시 이곳에서도「한 없는 해상」이라고 하는 표현으로 추인할 수 있다.『변례집요』에 실린 안용복의 발언은「붙잡힌 몸으로 들어갔을 때 하룻밤이 지난 다음날 저녁을 한 후에 해중에 있는 1도를 보았다. 타케시마에 비해 아주 컸다. 운운」이라고 있다. 타케시마에서 붙잡혀 갈 때, 하룻밤이 지난 저녁 후에 주위를 살펴보았더니, 해중에 1도가 있었다는 것이다. 그러나 이것은 타케시마보다 아주 큰 섬이었다. 안용복이 보았다고 말하는 것은 타케시마와 비교하여「아주 큰 섬」이었으므로 당연히 마쓰시마는 아니다. 그것은 오키였다.(下條正男『타케시마는 일한 어느 쪽의 것인가』, 문예춘추, 2004). 어두운 밤에 이 섬을 본 안용복은 그것을 마쓰시마라고 착각하고 말았다.

果てしない海上を見はらして

　竹島を出発し、隠岐への航路にあって「果てしない海上」と言うからには、この途中にある松島を確認しなかったということになる。これは不思議なことである。船は竹島を出船してから、航路を間違えないよう、まずは松島を目指す。そして松島を確認後、次に隠岐を目指す。そのような帰帆の手筈である。この時、順風と晴天に恵まれたようであるから、普通に推移すれば松島を確認できた筈である。『因府歴年大雑集』には「或家之日記ニ」として、二人の朝鮮人を乗せた船は「帆ニ簱をたて日暮時分ニ押出ス跡より追懸候得共日暮れ候鉄砲を打懸候得共間遠暁松嶋と申所へ馳着候」とある。だから、やはりこの時、松島を船乗りたちは確認したのである。では何故「その果てしない海上を見はらして」と記したのであろうか。矢田高當は、この時、二人の朝鮮人に成り代わり、その心情を記載する。それゆえ彼等の見聞によれば「その果てしない海上を見はらして」ということになる。『長生竹島記』は、二人の朝鮮人は酒に酔いしれ、不覚にも熟睡していたと記す。この熟睡の間に松島を通り過ぎていれば、その後は隠岐に着くまで、確かに「果てしない海上」である。後に二人が帰国後、東莱府で尋問を受けた際、この時の様子を証言する。『邊例集要』第十七巻の鬱陵島の項にあり、その折の朴於屯の発言は「身被捉入去之時 得水疾僵臥船中只記其 三晝四夜之後得達伯耆州 而水路里數 不能詳知 是白乎 彌此島前後更無他島云々」というものである。すなわち水疾(船酔い)を得て船中で倒れ臥し、水路も里数も、その他、何も分からなかったと述べた。此の島(所謂竹島)の前後、さらに他島なしとまで言う。だから松島のことなど知る由もない。朴於屯の本人による証言は、この時、酒に酔って寝込んだわけではなく、船酔いによる倒れ込みであった。そして確かに彼は松島を確認していない。また安龍福においても同様で、この第一回目の渡日において、彼は松

島を確認していない(拙著『第三部　日本海と竹島』)。それを、やはりここでも「果てしない海上」という表現によって追認できる。『邊例集要』に載る安龍福の発言は「身被捉入去之時經一夜翌日晚食浚見一島在海中此竹島頗大云々」というものである。竹島にて捉えられ連れ去られる時、その一夜を経た晩食の後、浚えるようにして周囲を見わたしたところ、海中に一島が在ったというものである。だが此れは竹島より頗る大なる島であった。安龍福が見たとするのは、竹島と比べ「頗る大きな島」であり、当然、松島などではない。それは、実は隠岐のことである(下條正男『竹島は日韓どちらのものか』文藝春秋社、2004)。夜の闇も迫った中で、この島を見た安龍福は、それを松島であると勘違いしてしまった。

주6　선장의 부인

　　타케시마마루의 선장(선두)은 호우키 사람으로 오키 사람이 아니다. 그것은 오오야와 무라카와 양가에 고용된 쿠로베에와 히라베에를 말한다. 부인「테루」의 남편은 그 두 사람 중의 하나인데 어느 쪽인가는 분명하지 않다. 이 경우의 부인은 매년 도해하는 것에 의해, 어느 사이엔가 친숙해진 현지처를 말한다. 아마도 유녀였을 것이다. 그 유녀가 입는 꽃과 같이 화려한 웃옷을 불쌍한 이국인에게 살짝 걸쳐준 것이다. 유녀이기 때문에 의지할 데 없는 경우를 동정해서 눈물을 흘린 것이다.

船長の女房

　　竹島丸の船長(船頭)は伯耆の人で、隠岐の人ではない。それは大谷と村川の両家に雇われる黒兵衛と平兵衛である。女房の「てる」の亭主は、その二人のうちの、いずれかである。だが、どちらであるかは不明である。この場合の女房というのは、毎年の渡海によって、いつしか馴染みとなった現地妻のことである。おそらく遊女であったろう。その遊女が着る花のような艶やかな小袖を、この哀れな異国人に、そっと掛けてやったのである。遊女なればこそ、その寄る辺の無い境遇に同情し、思わず涙したのである。

해설1 안용복과 술

　　이곳의 기록은 다른 기록들과 크게 다르다. 안용복(안벤테후)과 박어둔(토라헤히)이 술에 만취되어 납치된 것으로 하는 것은 다른 기록과 크게 다르다. 그 뿐만이 아니라 다른 일행들도 술이취하여 해변에 너부러져 자느라 안용복과 박어둔이 납치 당하는 것도 몰랐다 한다. 특히 술에서 깬 안용복이 두손을 싹싹 비비며 목숨을 구걸했다는 서술은 비루하기 그지 없는데, 다른 기록에서는 볼 수 없는 내용이다.

　　『죽도기사』가 전하는 안용복은 그렇지 않다. 1693년 4월 17일에 타케시마마루의 선장을 비롯한 7, 8인이 홀로 남아 소옥을 지키는 박어둔을 납치하려 하자, 안용복이 달려가 구하려다 같이 납치된 것으로 기록하고 있다. 말하자면 위기에 처한 부하를 구하려다 납치되었다는 것이다. 안용복이 술을 좋아했던 것은 사실인 것 같다.

　　연행한 안용복과 박어둔을 오키에서 심문한 관청은 술과 안주를 보내주었다.(『죽도고』) 또 요나고(米子)에 억류되어있을 때 안용복은 무료하다며 외출을 허가해 줄 것 등을 요구했다. 그러자 요나고의 영수는 외출은 금지시킨 대신에 1일 3승의 음주는 허가했다. 안용복이 술을 좋아한다는 것을 알 수 있는 내용의 기록인데, 그것은 또 안용복이 납치된 상황에서도 자신의 의사를 분명히 밝히고 있었다는 사실도 시사한다. 오키에서 둘을 심문한 대관들이 안용복과 박어둔의 관계를 「통역과 하인(通し・下人)」로 구분했는데 (『因府歷年大雜集』) 그것은 두 사람의 관계나 일본어를 이해하는 안용복의 진술에 근거하는 구분으로 보아야 한다.

　　안용복이 대범했다는 것을 톳토리한의 인식을 통해서더 확인가능하다. 요나고에 있는 안용복고 박어둔을 톳토리로 불러들일 때 이런 방을 붙였다.

　　　　조선인이 요나고에서 올 때, 또 톳토리를 떠나 나가사키로 갈 때 사람들이 구경하는 것은 좋은데 함부로 행동해서는 안 된다. 특히 부인이나 아이들은 구경하려고 외출해서는 안 된다. 조선인이 행패를 부린다는 정보가 있다(『控帳』).

　　이런 안용복을 『죽도고』는 맹성강폭(猛省强暴)한 사람으로 표현했다. 이것은 안용복이 심문에 임하여 납치의 정당성을 확보하려는 일본 상인들이 원하는 진술을 하지 않고, 조선의 울릉도에서 어렵을 하다 납치당한 사실을 설명하며, 일본 어민들의 잘못을 지적하고 따진 상황을 상정하게 하는 기록이다. 안용복이 순순히 일본 측이 원하는 진술을 했다면 「온순하다. 정직하다. 협조적이다」 등으로 표현했을 것이다.

일본의 기록을 보면 안용복은 어떤 상황에 처해도 당당하게 임하며 사실에 근거하여 사건을 설명하며 필요한 것이나 원하는 것이 있으면 주저 없이 요구하는 담대한 인물이었다는 것을 알 수 있다.

해설2 여인 테루

안용복을 납치한 배에는 선장이 둘이다. 히라베에(平兵衛)와 쿠로베에(黑兵衛)였다. 따라서 이곳에서 선장의 부인이라면 두 사람 중의 하나일 것이다. 오오니시 토시테루(大西俊輝)는 두 선두 중 하나의 현지처로 보았다. 충분히 가능한 추정이다. 그러나 20세의 나이로 선장에게는 어울리지 않을 정도로 미모였다는 것을 생각하면, 현지처로 한정할 수만은 없다. 『장생죽도기』의 기록에 따르면 그 선장이 오키에 머무는 기간은 그리 길지 않다. 오키의 후쿠우라에서 죽도로 향하는 바람을 기다리거나 타케시마에서 어렵을 마치고 귀환하는 도중에 잠시 머무는 정도다. 선장의 처로 하기에는 아까운 미모의 테루가 애써 현지처로 만족할 이유가 없다.

그런데 연행되었다 송환된 안용복이 다음해에 오키를 다시 방문하여 「타케시마마루의 선부님을 만나겠다(竹島丸船夫方を差して)」는 이유를 대고 상륙했다. 이곳의 「方(분·님)」가 선부의 존칭인가, 아니면 선장님의 다른 호칭인가가 분명하지 않으나. 선장으로 본다면 오키에 사는 선장이 따로 존재했을 가능성이 있다. 1693년과 1696년의 선장은 분명히 쿠로베에와 히라베에였으나 그 이전에 선장으로 근무하다 물러난 선장이 오키에 살고 있을 가능성도 있다. 이 「方」가 테루의 남편이 아니라 해도 안용복이 그를 만나겠다는 의사를 표하고, 당시 일본은 국법으로 이국선의 착안이나 이국인의 상륙을 금지시키고 있었음에도 상륙했다. 그것은 안용복이 국법을 어기고 상륙할 정도로 오키 주민들과 친밀히 교류하고 있었으며, 안용복이 찾아가는 「方」가 그럴 만한 위치의 인물이었다는 것을 의미한다.

이 「方」와 미모의 여인 테루, 그리고 안용복과 「方」와 테루와의 관계, 더 나가서는 오키 주민들과 안용복과 박어둔으로 대표되는 조선인들과의 관계를 생각해보게 하는 테루의 언행이다.

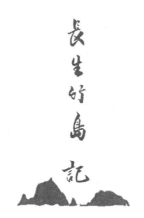

長生竹島記

十、竹島から唐人を連れ来り御注進の事

타케시마에서 조선인을 끌고 와서 보고한 일

從竹島、唐人連束り御注進之事

叔朝鮮國のなぐんてふ虎へひと云ふ二人の唐

人を證挍手卓といたさん為連れ皈り天晴と思

ひ伯及禾子村川何某と古仕入の方へ水主共急

さをり行手柄か〳〵一々竹島の次第酒又去

事械合の欝憤を七語る亭主叔ハと驚で希代の

従竹島唐人連来り御注進之事

扨朝鮮国のあべんてふ虎へひと云ふ二人の唐　人を證拠手草ニいたさん為連れ帰り天晴と思ひ伯州米子村川何某と云仕入の方へ水主共急き走り行手柄かましく一々竹島の次第猶又去年掛合の鬱憤をも語る亭主扨ハと驚き希代の

【十、竹島から唐人を連れ来り御注進の事 】

　さて朝鮮国の[民で]あべんてふ、虎へひ、と言う二人の唐人を、証拠の手草にするため[日本へ]連れ帰った。このことは天晴(あっぱれ)な行為であると思い、伯州米子の村川何某という仕事の大本締めの所へ、水主共は直ぐに行き、手柄がましく一々[この度の]竹島の次第を報告した。猶また、去年掛け合いの[折、竹島での稚拙な対応を咎められたが、その時の]鬱憤を[晴らそうとするかの如く、この度の行為を、ことさら熱心に]語った。[この突然の報告を聞き]亭主は、さては[何という事をしでかしたのか]と驚いた。これは希代

【 10, 타케시마에서 조선인을 끌고 와서 보고한 일 】

　그런데 조선국의 아벤테후와 토라헤히라는 두 조선인을 증거로 삼기 위해 끌고 왔다. 이 일을 용기 있는 일로 여기고, 하쿠슈우 요나고의 무라카와 아무개라는 자가 사업을 총괄하는 곳에 수부들이 달려가, 자랑스러운 듯이 타케시마에서 있었던 일을 자세히 보고했다. 마치 작년에 다투었을 때의 울분까지 풀기라도 한 것처럼 이야기했다. [이 보고를 들은] 주인은 도대체 [무슨 일을 저지른 것인가?] 라며 놀랐다. 이는 희대의

仕業何事の如之されツヽと計り返へそ云葉も
なく去年空舩ろて畂國の時私宅するヾヽてて怒り
罸りなるよし是ハ一旦利慾の遂ひなり我等ハ
世ヽ云ふ向ふ破りの猶麻の業朝鮮國の人質を
取り畋り誣枕の手草といの何を以っ利詮とす世
ニ愚なら有程恐ーきものニなし

仕業何事の如之これハこれハと計り返へす言葉もなく去年空船にて帰国の時私宅において怒り罵りたる
よし是ハ一旦利慾の迷ひなり我等ハ世ニ云ふ向ふ破りの猪鹿の業朝鮮国の人質を取り帰り証拠の手草
とハ何を以て利詮とす世ニ愚なる者程恐しきものハなし

の[愚かな]仕業であり、何事もこれに較べられるような[悪しき]出来事は無い。これは[大変なことを
しでかしたものだ。]これは[さて、どうしたらよかろうか]と、ただそのように言うしかなく、返答する言葉
も思いつかなかった。去年[積荷も無く]空船で帰国した時、私宅において[その業務怠慢を確かに]
怒り[この水主どもを]罵った。是の事は一旦[心に想起した]利慾の迷い[から出た叱責]であった。
[叱責を受けた場合]我等は世に云う、向う破りの猪鹿の業で[ひたすら猪突猛進してしまう。その結
果、この度のような、深い考えも無く]朝鮮国の民を人質に取り、こちらに連れ帰ってしまうということに
なった。二人を証拠の手草としたのである。だが、この事は何を以て利とし、何を以て詮(価値)とする
のであろうか。[それを理解して、この水主どもは行動しているわけではない。]世に愚かなる者ほど、
恐ろしいものは無いということである。

[어리석은] 짓으로, 그 어떤 사건과도 비교할 수도 없는 일이다. 이를 어찌 하면 좋단 말인가
라고 말할 수밖에 없었다. 대답할 말도 생각나지 않았다. 거년에 빈 배로 귀국했을 때 분노하여
사택에서[그 업무 태만을 분명히] 화내며 [수부들을] 야단 쳤었다. 그것은 일단 이윤에 대한
욕심에서 나온 질책이었다. 그런 질책을 받으면 [반성하고 고치려고 하는 것이 보통이다. 그러
나 우매하기 때문에] 우리들은 세상에서 말하는 [앞을 못 보는 미치광이처럼 반성하지 않고
오히려] 부딪쳐 깨부수는 짓, 즉 멧돼지나 사슴을 잡아 껍질을 벗기는 짓까지 저지를 정도로
[난폭한 뱃사람]인 것이다. [그래서 그저 저돌적으로 맹진하는 지나친 일까지 저지른다. 그래
서 이번처럼 깊은 생각도 없이] 조선인을 인질로 잡아서 끌고 온 것이다. 둘을 증거품으로 삼은
것이다. 그러나 이것은 무엇을 가지고 이익으로 하고 무엇을 가지고 보람으로 삼는다는 것인
가? [그런 것을 알고 그들이 행동한 것이 아니다. 그래서] 세상에 우매한 자만큼 무서운 게 없
다고 말하는 것이다.

許々日去年村川亭主他行いたし年代の
應對と云諺み小利大損と云有徳ハ有失
町人たり共給金過分出しても能き家業
ハ抱度りハ利も十分ト越る時ハ却而非
と成とと云々

評ニ日去年村川亭主他行いたし手代の應対と云謙に小利大損と云有徳ハ有失町人たり共給金
過分出しても能き家来ハ抱度もの利も十分ニ越る時ハ却而非と成と云々

この事を批評して或る人の発言があった。すなわち去年のことであるが[実は]村川の亭主は他
行していて[この叱責の件を知らなかった。]手代が応対し[彼等を厳しく叱った結果だと]い
う。諺が言うように、小利を求め大損をしたということである(註1)。得が有れば失が有るという[世の
ならいで]町人であるからといって[そのことに気付かぬ愚か者であってはならない。]給金を過
分に出しても賢い家来は[手元に]抱え置きたいものである。利も十分に越える時は、却って非
と成ることもある[ということを知らねばならない。]そのような事が、ここで様々に語られていた。

이것을 비평한 어떤 사람의 발언이 있다. 즉 거년에 일인데 [실은] 무라카와의 주인이
출타하여 [그 질책의 건을 알지 못했다.] 대리인이 응대하여 [그들을 엄하게 꾸짖은 결
과라고] 한다. 속담이 말하는 것처럼, 소리를 탐하다 큰 손해를 보았다는 것이다. 득이
있으면 손실이 있다고 하는 [세상의 이치로] 상인이라 해서 [그것을 모르는 어리석은
자가 되어서는 안 된다.] 급여를 과분하게 주더라도 현명한 부하는 [옆에] 두고 싶은 것
이다. 이익도 지나칠 때는 오히려 화가 되는 일도 있다는 [것을 알지 못하면 안 된다.] 그
러한 일이, 여기서 많이 이야기 되고 있었다.

されハ恩愛受たら主人ならハ高恩を報すへき
ハ常なり恩を離て酬るとハ此事なり叔村川行
當りい汁く評きれとも皆千変万化跡尋取り
連化敁りなり吉趣伯兄従来子経次第ニ及違ニ江
府ヘ外なしとゞ依而後ニ江戸表御上意下ゟ
間二人の唐人ハ隠州島後ニ被召置也

されハ恩を受たる主人ならハ高恩を報すへきハ常なり恩を讐て酬ると八此事なり扨村川行當りいろいろ
と評すれとも皆千変万化跡事なり連れ帰りたる旨趣伯州従米子経次第⁷及達江府へ外なしと云々依而
従二 江戸表ー御上意下る間二人の唐人ハ隠州島後に被二留置一也

　それゆえ［賢い家来であれば］恩を受けた主人に対し高恩で報いるべきで、それは当然のことであ
る。だが今回の事は［それとは逆で］恩を讐で酬いたという事になる。
　さて村川［の家は］取り敢えず対策を講じようとして、色々と［周囲に］相談した。だが皆［想定すれ
ば］千変万化して［とりとめの無い事、効果の無い事になってしまう。今や］全てが跡事（あとのまつり）で
ある。［こうして朝鮮人を］連れ帰った限り、伯州米子から［上申の］経路を順に経て［正しく江戸の公
儀へ］御報告するしか、他に方法はない。そのような相談の結果となった。それゆえ［この報告が藩庁
に上げられ、藩庁から江戸表へと伝えられ、そして公儀へと届けられた。］このようになって、江戸表か
ら御上意の下る間、二人の唐人は隠州（隠岐国）の島後に留め置かれることになった^(註2)。

　그렇기 때문에 [현명한 부하라면] 은혜를 입은 주인에게 더 큰 은혜로 보답해야 하는 데,
그것이 당연한 일이다. 그러나 이번 일은 [그것과 반대로] 은혜를 원수로 갚았다고 하는 일
이 된다.
　그런데 무라카와 [집안은] 일단 대책을 강구하려고, 여러 가지로 [주위 사람들과] 상담했
다. 그러나 상담하는 사람의 의견이 천변만화여서 [종잡을 수 없는 일, 효과가 없는 일이 되고
만다. 현재로서는] 모든 것이 때 늦은 일이다. [이렇게 조선인을] 연행해 온 이상, 하쿠슈우 요
나고에서 [상신의] 경로에 따라 [정확하게 에도의 장군에게] 보고하는 것 외에 다른 방법이
없다. 그러한 상담의 결과였다. 그래서 [그 보고가 톳토리한에 올라가고, 톳토리한이 에도에 보
고하여, 에도 번저가 장군에게 보고했다.] 그렇게 되어서, 에도에서 장군의 뜻이 내려올 동안,
두 조선인을 인슈우의 도우고에 유치해 두게 되었다.

さゝふ唐人の心中を量リて誰ゝ読侍リけん

そみなれし我ゝ身の里ゆらそゝして

をきり思ひおものふ千まくら

　　　　ここに唐人の心中を量りて誰か讀侍りけん
　　すみなれし我が身の里をよそにして　をきつ思ひにしのふ手まくら

　　このような状態にある唐人の心中を推し量り、誰か、その心中について歌を詠むものがあった^(註3)。
　　　すみなれし我が身の里をよそにして　をきつ思ひに忍ぶ手まくら

〈歌意〉　住み慣れた我がふるさとを離れ、この隠岐に来てしまった。起きても寝ても、その隠岐の遙か
　　　　沖合にある我がふるさとを、つい思ってしまう。そのふるさとを忍ぶ思いによって、この隠岐に
　　　　おける侘びしい手まくらに、涙がこぼれ落ちる。

　　이러한 상태에 있는 조선인의 마음을 헤아려서 누군가가 그들의 심중을 노래한 것이 있다.
　　　살던 고향을 떠나 오키에 머물며 시름에 젖는 팔베개

〈가의〉　살던 고향을 떠나 이 오키에 오고 말았다. 눈을 떠도 눈을 감아도 오키의 아득히 먼 바
　　　　다 저쪽에 있는 고향을 생각하고 만다. 고향을 그리워하는 마음으로 팔베개를 하면 그
　　　　저 눈물만 흐른다.

주1 소탐대실

소리를 취한다는 것은 이익을 위해 빈 배로 돌아온 것을 꾸짖고 질책한 것이다. 그리고 큰 손해를 보았다는 것은 두 사람의 조선인을 끌고 온 것으로 죽도일건이 발생하여, 결국 일본인의 도해금제가 발령된 것을 말한다.

小利は求め大損をした

小利を求めとは、利を求め空船で帰ったことを咎め、叱責したことである。そして大損をしたとは、二人の朝鮮人を連れ帰ったことで竹島一件が発生し、結局、日本人の渡海禁制が発令されたことをいう。

주2 두 조선인은 인슈우 도우고에 유치되었다.

그들 두 사람이 유치되게 된 것은 하큐슈우 요나고의 오오야케의 창고였다. 그 후에 톳토리로 연행되어 정회소에 유치된다. 그러나 그들을 요나고로 끌고 올 때까지, 그 귀범선이 바람을 기다리고 조수를 기다릴 때, 분명히 그들 둘은 후쿠우라항에 유치되었다. 이곳에서 취조 받고, 그 후에 본토(본주)로 옮겨, 나가사키를 경유하여 귀국했다고 이해하고 있었던 것이다.

二人の唐人は隠州(隠岐国)の島後に留め置かれることになった

彼等二人が留め置かれることになったのは、伯州米子の大谷家の納屋である。その後、鳥取に連行され、その町会所に留め置かれる。だが彼等を米子に連れ帰るまで、その帰帆の船が風待ち汐待ちする間、確かに彼等二人は福浦の港に留め置かれた。ここで取り調べも受けている。それゆえ板屋何兵衛にとって、二人の唐人は隠岐の島後に留め置かれ、ここで取り調べを受け、その後、本土(本州)へ移り、長崎経由で帰国したと理解していたのである。

주3 조선인의 마음을 헤아려 누군가가 그 마음을 노래로 읊은 것이 있다.

노래를 부른 것은 다른 사람이 아닌 작자 야다 타카마사 본인일 것이다. 노래의 흐름이 다른 곳에 있는 그의 노래와 잘 닮아 있기 때문이다. 「누군가」라고 기록한 것은 문장 상의 수사일 뿐이다. 야다는 조선인의 심중을 바르게 추량하고 있었다. 그 노래에 있는 「팔베개」의 표현에서 그것을 엿볼 수 있다. 그들은 멀리 떨어진 가족을 생각하며 매일을 살고 있었다.

두 사람 중의 한 사람, 박어둔에게는 처가 있고 자식도 있었다. 그리고 부모도 있다. 그가 일본에 끌려온 후, 그 가족 일동이 그의 운명을 걱정하여, 주거지인 울산군청에 소를

내는 일이 있었다. 「어렵하러 울릉도에 갔는데 일본인을 만나, 두 사람을 붙잡아 호우키노쿠니로 끌고 갔습니다」라고 『죽도기사』에 그 내용의 기재가 있다. 그는 가족 일동에게 사랑 받고 있었다. 그 박어둔의 호적이 발견되었기 때문에, 그 가족의 존재가 보다 명백해졌다. 그 일가는 몰락한 가계로, 세대를 거칠 때마다 영락해 갔다. 그러나 곤궁 속에서도 결속하고 있었다. 그 처의 이름은 천시금으로 사비였다(졸저『제3부 일본해와 죽도』).
唐人の心中を推し量り、誰か、その心中について歌を詠むものがあった

　歌を詠んだのは、他でもない作者の矢田高當本人であろう。歌の調子が、他の箇所での彼の歌と、よく類似するからである。「誰か」と記したのは文章上の修辞からである。矢田は唐人の心中を正しく推し量っていた。その歌にある「手まくら」の表現から、そのことが窺える。彼等は遠く離れた家族を思い、日々を過ごしていた。

　二人の内の一人、朴於屯には妻がいて子供もいた。そして親もいた。彼が日本に連れ去られた後、その家族一同が彼の運命を案じ、その居住地の蔚山郡庁に訴え出るということがあった。「漁のため鬱陵島に参り候処に日本人居合わせ、二人を捕らえ、伯耆国に召し連れ参り候」と『竹島記事』に、その旨の記載がある。彼は家族一同に愛されていた。その朴於屯の戸籍が発見されたことで、彼の家族の存在が、より明白となった。その一家は没落の家系、世代を経るごとに零落していた。だが困窮の中での結束がある。その妻の名は千時今、私婢であった(拙著『第三部 日本海と竹島』)。

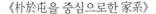

《朴於屯을 중심으로한 家系》

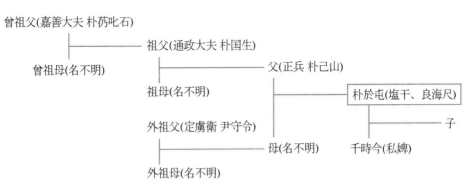

　유감스럽게도 안용복의 가족에 대해서는 아무런 자료도 남아있지 않다. 그러나 추구하는 것은 가능하기 때문에 그것을 아래와 같이 전개해 본다.
　전저『제3부 일본해와 죽도』(193페이지)에서 안용복은 佐自川의 물로 산욕을 하고, 豆

毛浦 왜관 門前市에 출입하고 있었다고 기록했다. 그는 在京 양반인 吳忠秋의 私奴이면서 동래에 거주했다. 즉 도성에 있는 오충추의 外居奴婢로 오충추의 世居地(양반 가문이 대대로 거주하는 땅)에서 잡무를 맡은 하인이었다. 그렇다면 그의 어머니도 당연히 오충추의 사노(私婢)로 역시 동래에 거주했다. 어린 안용복을 기르고 있을 때, 어머니는 동래 佐自川 근처에 있었다. 그래서 안용복은 성장하는 동안에 어느새 일본어에 익숙했다. 그런데 『숙종실록』 22년(1696) 9월조에는 「동래인 안용복은 어머니를 문안하기 위해 蔚山에 가서, 그곳에서 승려 雷憲 등을 만났다」라고 있다. 이것은 안용복이 43세 때의 일이다. 병에 걸린 모친의 나이는 안용복을 20세에 난 아들로 보면 63세로 추정할 수 있다. 옛날의 일로 노비(사비)였던 것을 생각하면 신체는 상당히 혹사 당하여 체력의 저하, 기능의 저하도 심했을 것이다. 그래서 병에 걸려 일을 못하게 되었다. 일을 하지 못하는 노비는 어떤 운명에 이르는 것일까. 당연히 주인 집에서 쫓겨난다. 갈 곳이 없으면 당장 죽을 위험에 빠지고 만다. 친정 혹은 친척이 있으면 행운으로, 그 집에 몸을 맡기게 된다. 그녀의 경우, 그 행운의 곳이 울산이었다. 그리고 후년에 병으로 병상에 누웠을 때, 그 친정의 관계자가 아직도 울산에 건재하여 안용복 모친의 생활을 도와줄 수 있었다. 그러한 배경을 읽을 수 있다. 병상에 있는 어머니를 아들로서 원조하기 위해, 아직 동래에서 일하던 안용복이 가끔 찾아 갔다는 것이 된다. 만일 안용복에게 처가 있고 자식이 있었다면 그 가족 전원이 어머니의 뒷바라지를 했기 마련이다. 그렇지 않은 것을 보면 아마도 그는 독신일 것이다. 『성호사설』 울릉도조에는, 안용복은 戰船櫓軍에 속한다고 있다. 『증보문헌비고』의 與地考에서는, 안용복은 隷能櫓軍에 속한다고 있다. 독신으로 군역 중이라면 어머니를 돌보는 것은 도저히 할 수 없다. 또 군역을 마친 후에도 바다에서 일하고 있었다면, 즉 며칠이고 해상에서 생활하는 상황이면 역시 병에 걸린 어머니를 매일 같이 돌볼 수 없다. 그래서 어머니는 친정이 있는 울산으로 옮기고 안용복은 가끔 어머니를 뵈러 울산에 갔던 것이다.

그런데 안용복과 박어둔의 관계에서 짚어두어야 할 것은 울산에서 두 사람의 관계이다. 두 번에 걸친 울릉도 도해에 두 사람 모두 승선한 것처럼 서로간의 신뢰가 두터웠다. 그리고 제1회 째 때 和船(天間船)에 실려졌을 때 한결같이 박어둔을 감싸는 안용복의 모습이었다. 『죽도기사』 대강 7단(겐로쿠 9월조)에는, 일본인이 와서 「파쿠토라히를 붙잡아 덴마선에 태우고 말았습니다. 그때, 안용복이 나가서 말하였습니다. 바쿠토라히를 상륙시켜 주세요 라고 말하고, 텐마선에 올라탔습니다만, 이미 서둘러 배를 내고 말았습니다.」라고 말한 부분이다(『제4부 일본해와 죽도』제1책 75페이지). 그것은 납치의 현장에 있는 당사자의 생생한 증언이다. 이렇게 그들이 깊은 관계, 그리고 도우려고 배에 뛰어오를 정도의 깊은 신뢰관계는 도대체 어디에서 기인하는 것일까. 같이 도해한 동료이므로 당연하다고 말할 수도 있으나, 그 이상으로, 그들은 인척관계였던 것으로 추측된다. 박어둔은 평민이므로, 그 자신에 대해서도 그 부모에 대해서도, 안용복과 관계가 없다. 그러나 박어둔의 처 千時今은 안용복의 모친과 마찬가지로 사비다. 그 천시금의 연령은 숙종 22년(元祿 9년 1696)의 시점에 31세다. 천시금의 나이로 보면 천시금의 양친, 즉 부 千鶴 그리고 모 卜春의 연령은 안용복 모친의 나이와 비슷하다. 그것 보다 약간 젊을 것이다. 그러므로 그들 언니였을 가능성이 있다. 즉 안용복의 모는 울산의 山伊라는 자의 딸이거나 어쩌면 같은 울산의 김해 무슨 씨라는 자의 딸이었을 수도 있다. 그렇게 대대로 울산에 살고 있던 일족이 있는 곳, 즉 친가로 돌아왔다는 것이다. 호적은 천시금의 집을 기록하길, 먼저 부 千鶴과 조부 山伊, 증조부와 같이 병기했다. 그리고 외조부로 金海를 기록하고, 모친의 이름을 최후에 기록했다. 그러므로 천시금의 집은 부계의 實家가 호적에 오를 정도로 당시 잘 확립되어 있었다는 것이 된다. 아마도 그곳에 안용복의 어머니가 돌아 갔을 것이다. 노령이라 해도 아직 부 山伊는 건강했을 지도 모른다. 그래서 안심하고 아버지가 있는 곳으로, 그 친정으로 돌아갈 수 있었던 것이다. 결국 안용복과 박어둔은 이상과 같이 姻戚關係(從兄弟)에 해당하는 것이다.

그런데 천시금은 京에 있는 前監司 鄭先이 소유하는 사비였다. 아마도 그 부모도 정선이 소유하는 사노비였을 것이다. 그렇다면 그들의 누나에 해당하는 안용복의 모친도 원래 정선이 소유하는 사비였다. 안용복의 모친은 젊을 때, 정선의 소유였으나 같은 京에 사는 오충추의 소유로 바뀌어, 울산에서 동래로 그 거주지를 바꾸어서 안용복을 낳았다는 것이 된다. 鄭先과 吳忠秋는 같이 京에 살고 있는 양반이므로 당연히 알고 있었다. 어쩌면 매우 친했을 지도 모른다. 안용복의 부친은 누구인지 알 수 없으나 소유의 변경, 거주지의 변경에 깊이 관계가 있을 것이다. 그것에 관여할 수 있었던 오충추 일가의 누구이거나, 가복을 포함하여 그 누구일 가능성이 있다.

안용복의 모친이 어릴 때 변경되고 이동되었다면 실가의 기억도 흐려졌을 것이므로, 이제서야 새삼스럽게 돌아간다고 결심할 수 없다. 그래서 정신이 멀쩡할 때, 즉 사춘기가 지나서 그녀는 이동했기 마련이다. 후년에 친정으로 돌아가기 쉬웠던 것은, 그 무렵에 동생(천학)이 매우 따랐기 때문일 것이다. 이미 동생도 상당한 나이가 되었을 것이다. 그래서 그녀는 많이 예쁘고 또 분별력 있는 연령, 대개 18에서 19살 경에 거주지의 이동이 있었던 것이 틀림 없다. 그런데 안용복 모친의 성은 이상의 이유로 千일 것이다. 물론 千時

今의 모(복춘)의 언니로, 복성을 쓰고 있었을 가능성도 있으나, 천시금 집안은 卜이라는 성이 아니라 千이라는 성을 쓰는 집안이었다. 그곳에 천씨 성을 가진 조모가 존재했다. 즉 안용복 어머니의 어머니다. 그 조모가 건재하다면 어찌 곤궁에 처한 딸을 못 본 척 하겠는가. 당연히 천가의 딸로서, 그 수하에 거두었을 것이다. 이것은 가족론으로서 놓칠 수 없는 곳이다. 그리고 또 안용복은 사생아가 아니다. 모친의 성이 천이라면 부의 성은 당연히 안이라는 것이 된다. 그 안모라고 말하는 것은 도대체 어떤 인물이었을까?

《천시금을 중심으로 한 안용복과 박어둔의 인척관계》

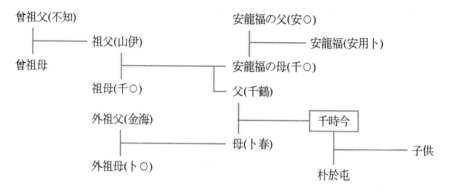

해설 도해면허

　톳토리한(鳥取藩) 요나고(米子)의 상인 오오야케(大谷家)와 무라카와케(村川家)는 장군의 허가를 받아 타케시마에 도해한다고 주장했으나 그것은 장군의 심복 아베시로고로우케(阿部四郎五郎家)와의 관계를 통해 살펴볼 일이다.

　울릉도에 표류한 오오야 진키치(甚吉)가 타케시마를 발견했다며 무라카와 이치베에(村川市兵衛)와 연서하여 장군의 심복이면서 임시로 요나고성을 관리하기 위해 파견된 성대(城代) 아베시로우고로우에게 신청했다. 그런데 무라카와는 아베시로우고로우의 전우였다. 아베시로우고로우는 전우였던 무라카와가 낭인으로 지낸다는 것을 알고 오오야케에게 같이 신청하면 허가해주겠다는 말을 했다. 그래서 오오야케와 무라카와케가 같이 타케시마에 도해하게 된 것이다.

　그렇게 해서 죽도에 도해하게 된 양가는 엄청난 부를 축적하고 기회가 될 때마다 막부의 장군은 물론 막각의 고관들에게 죽도산 물품을 헌상했다. 오오야케가 죽도에 도해하는 내용을 기록한 『죽도도해유래기발서공』에는 그 내용이 자세히 기록되어있다. 그곳에는 「장군에게 상납도 하지 않았는데도 도해를 허가받았다」는 내용의 기록도 있으나 실제로는 기록의 전반에 걸쳐 상납을 내용으로 한다. 장군과 노중들에게 헌상한 내용물과 수량까지도 기록한 것도 있다. 따라서 면허의 발급이 상납과 무관했다는 기술은 상납이 없었다는 사실의 반영이라기 보다는 죽도를 발견한 공로를 강조하는 방법으로 보아야 한다.

　이처럼 양가의 도해면허가 아베시로우고로우케의 중재로 받았다는 사실이나 한 번 받은 면허의 사본을 도해가 금지될 때까지 소지하고 있었다는 것, 상납이 반복적으로 이루어졌다는 것 등은 도해면허가 정경유착의 산물이었다는 것을 의미한다.

　아베시로우고로우케는 막각들과의 교류를 중재할 뿐만 아니라 양가의 이견도 조정하고 있었다. 그래서 양가는 죽도도해에 관한 것은 톳토리한이 아니라 아베시로우고로우케와 상의하고 있었다. 그러나 아베시로우고로우케가 1681년(延寶9)에 일선에서 은퇴하자, 그 역할을 鳥取藩이 대행하게 되었고, 그때부터 문제를 처리하는 방법에 변화가 생긴다. 아베시로우고로우케는 직접 판단하고 중재하는 방법으로 문제를 해결 했으나 톳토리한은 모든 것을 막부에 보고하고 지시에 따랐다. 아베시로우고로우케에 비해 공적인 방법을 취한 것이다.오오야케가 안용복을 납치했을 때나 안용복이 톳토리를 방문했을 때도 막부에 보고하여 막부는 물론 나가사키 봉행소, 쓰시마한, 왜관까지 관여하게 되고, 결국에는 조선까지 개입하여 도해가 금지된다. 만일 아베시로우고로우케였다면 독자적으로 해결했을 것이다.

　도해를 금지 당한 양가는 다시 도해하기 위해 온갖 방법을 동원했으나, 결국 뜻을 이루지 못하고 가산만 탕진했다. 아베시로우고로우케처럼 수호해주는 권력자를 새로 구하지 못한 결과였다.

十一、附り　貝藻の綴り戯文の事

첨부　조개 해초를 열거한 희문의 일

附リ貝藻之類リ戯文之事

され八蒼海よりなんい何くの貝ど古藻と古ひ

殺の有つく具上く所替れで名も替る難波の蘆

ハ伊勢の濱萩叔郡人亦難波渡の葦罪室りて道

れ杣しさハ是非もなく隱岐洲へ杣流さるく住

附り　貝藻之綴り戯文之事

されハ蒼海ニハなんいろいろの貝と云藻と云ひ数の有つヽ其上に所替れば名も替る難波の蘆ハ伊勢の濱荻扨都人亦難波潟の輩罪重りて遁れかたきハ是非もなく隠岐洲へそ流さるヽ住

【十一、附り　貝藻の綴り戯文の事(註1)】

さて[彼等は隠岐から、その遙か沖合にある彼等のふるさと、朝鮮を偲んだ。もはや帰郷を切望しても叶わぬ事、彼等は囚われの身である。また逃亡したところで、そこには大いなる滄海が帰還を妨げる。実に哀れな境遇であった。]だがこの滄海には色々の貝が育ち[様々な]藻草が生い茂り[実に豊かな海である。]その貝や藻は種類も多く名も多い。難波の芦は伊勢の浜荻というが(註2)、所替れば名も替りと[貝藻もまた]数々の異名を持つ。[その数々の貝藻の名を繋ぎ、綴り合わせ、ここに戯文を織りなしてみた。]

さて都人あるいはまた難波潟の輩が(註3)罪を重ね、遁れ難くなれば、捕まり[御裁きを受け]隠岐洲へと流される。[その際]住

【11, 첨부　조개 해초를 열거한 희문의 일】

그런데 [그들은 오키에서, 아득히 먼 바다에 있는 그들의 고향 조선을 그리워했다. 그러나 아무리 그리워해도 이룰 수 없는 일, 그들은 붙잡혀 있는 몸이다. 설령 도망친다 해도, 넓고 큰 창해가 귀환을 방해한다. 참으로 애닮은 경우다.] 그런데 이 창해에는 많은 조개가 자라고 [많은] 해초가 우거져 [참 풍부한 바다다.] 그 조개나 해초는 종류도 많고 이름도 많다. 나니와의 갈대를 이세에서는 해변싸리라고 부르듯이 장소에 따라 달라 [조개와 해초도] 다른 이름이 많다. [그런 조개와 해초의 다양한 이름을 연결하고 짝을 지우는 방법으로 희문을 만들어 보았다.]

그런데 도성이나 나니와에 사는 자들이 거듭해서 죄를 짓고 피할 수 없게 되면, 붙잡혀 [재판을 받고] 오키노시마로 유배된다. [그때] 살

し旧地を踏みなし恩愛深き別れのうさめ哀の

褄地も不便なりさ去なら濁る身も今日退らか茂

川の清き流れを汲ける人ハ天の恵のふうくし

て晒千拭一かけく鼻紙一折相添て渡海の汀を

流せとて慂み給ふ皆々別れの涙袖そて忍ふ中

かも半月余経ぬろしを袋ならう草ハ思ひくか路

し旧地を跡になし恩愛深き別れのうきめ哀の程そ不便なり去なから濁る身も今日迄も加茂川の清き流れ
を汲ける人ハ天の恵のふかくして晒手拭一かけに鼻紙一折相添て渡海の汗を流せとて愍み給ふ皆々
分かれの涙袖にて忍ふ中にも年月を経ゆるしを蒙りたる輩ハ思ひ思ひに路

んでいた旧地を後にし、恩愛深い「人々との」別れ[を余儀なくされ、辛い]憂き目を見ることになる。
その哀れの程は実に不憫であるが[その]濁る身も[おとなしく罪に服し、悔悟の中で刑期を勤め上げ
れば、島に居るのは]今日迄[という日が必ず来る。その赦免の日には]加茂川の清い流れのように、
清々しい気持ちで、新たな清水を]汲もうとするであろう。[そのような心根の]人には、天の恵みが深
く有るに違いない。
　　　晒しの手拭いを[首に]一掛けし[懐には]鼻紙の一折りを相添え（註４）[しっかりと]
渡海の汗を流せと、憐愍の情を[島に渡る折]示して下さった[人たちがいた。]島に渡る皆々は[この]
別離の涙で袖を濡らしてきた筈である。[島に在って]世を忍ぶ人々の中にも[精進と懺悔と労働の]年
月が経ち[やがて赦免の日が来るのである。二人の朝鮮人にも、そのような帰郷の日々が、いつか必
ずやって来るに違いない。]許しを蒙った輩は、思い思いに[その自らの故郷へ向けて]帰路

고 있던 정든 곳을 뒤로 하고, 은애 깊은 [사람들과] 헤어[지지 않을 수 없게 되는] 괴로운 경
우에 처하게 된다. 그 슬픔의 정도는 참 애처롭지만 더러워진 몸도 [착실히 죄값을 치루고 반성
하며 형기를 채우면, 유배된 섬 생활도] 오늘까지[라고 말하는 날이 반드시 온다. 그렇게 사면
되는 날에는] 카모가와에 맑게 흐르는 물[처럼 맑은 마음으로 맑은 물을] 뜨려고 할 것이다.
그런 [마음을 가진] 자에게는 하늘의 큰 은혜가 틀림없이 내릴 것이다.
　빛 바랜 손수건 하나를 [목에] 걸어주고 종이 한 조각을 [품에] 넣어주며 [무사히] 바다를
건널 때 흘리는 땀을 닦으라고 연민의 정을 보여준 [사람들도 있었다.] 섬으로 건너가는 자들
은 모두 이별의 눈물로 소매를 적시고 왔을 것이다. [섬에서] 세상을 참고 견디는 사람 중에도
[정진과 참회와 노동의] 세월을 보내다 [결국 사면 받는 날이 온다. 두 조선인에게도 그처럼
귀향하는 날이 언젠가 반드시 올 것이다.] 사면 받는 자들은 제각각 [자신의 고향으로 향하는]
귀로

方へ渡り鳥の旧巣に飯ろがさとくなり叔又隠
岐洲福浦港へ稀か唐人渡海して往昔より浦の
憎ひゝ是等之類い変ス一日隣か一夜皆家飾ス
てそ養育すなり唐とても通か二勤ならいゝ於
女童か見侍りて実を含拾去取らーくさびしき
いつかゝゝおなし秋の暮むれいゝゝなつ焼火

の　方へ渡り鳥の旧巣ニ帰るがことくなり扨又隠岐洲福浦港へ稀に唐人渡海して往昔より浦の慴ひの是
等之類ハ爰ニ一日隣ニ一夜皆家毎にてそ養育すなり唐とても道ニ二筋あらハこそ女童を見侍りて笑を
含そしほらしくさびしさハいつこもおなし秋の暮むねハもへたつ焼火

の旅に就く。その［嬉々として］海を渡る有様は、まるで鳥が旧巣に帰るようである。

　さてまた隠岐の洲、福浦の港には［荒天の折］稀に［漂流の］唐人が［やむなく］渡海してくる(註4)。
往古の昔から浦の習いとして［この漂着唐人の］類は、ここに一日、隣に一夜と［村人の］皆が交代
し、家毎で世話をし［彼等の］養育をした。［この度の二人の唐人も、やはり同じく家毎で養育した。］
唐人と言っても［人の踏み行なう道に］二筋があるわけではなく［世話になれば、当然ただ一筋に、この
地の習慣に従い、従順に暮らすのである。］女や子どもを見れば、つい笑顔になるが［その様は］しお
らしいばかり［に哀れ］である。［故郷には、やはり女房や子どもがおり、その家族の事を思い出すから
であろう。］寂しさは何処［の国の人間とて］同じ事で、夕暮れともなれば、その胸は［家族を思い、い
よいよ熱く］燃え立つことであろう。［かがり火を焚いた］焼火

の 여행에 오른다. 그 ［기뻐하며］ 바다를 건너는 모습은 마치 철새가 구소로 돌아가는 것과
같다.

　그런데 오키노시마의 후쿠우라 항에는 ［날씨가 나쁠 때］ 드물게 ［표류한］ 조선인이 도해한
다. 그러면 왕고의 옛날부터의 포구의 습관으로 그 자들은 이 집에서 하루 저 집에서 하루씩
［머물게 하고, 마을 사람］ 모두가 교대로 돌보며 양육했다. ［이번의 두 조선인도 마찬가지로
집집마다 돌려가며 돌보았다.］ 조선인이라 해도 ［사람이 살아가는］ 도리가 같기 때문에 ［신세
를 지면 당연히 이곳의 습관에 따르게 된다.］ 여자나 아이들을 보면 웃는 얼굴을 하는데 ［그 모
습은］ 온순한 만큼 쓸쓸해 보인다. ［역시 고향에 부인이나 아이가 있어, 그 가족이 생각나기 때
문 일 것이다.］ 외로움이란 어느 ［나라 사람이건］ 같은 것으로, 석양이 되면 가슴은 ［가족 생각
으로 뜨겁게］ 타오를 것이다. ［봉화 불을 올리던］ 타쿠히노

山椒住唐かに出来り今ニ貝なき屋をり蟹いづ國
とも心濁ら奴妹脊すハ逢てやからぬ蛤も有る
熨斗ほりや隠岐の鮑の片思ひ吹たてらきてか
らの貝帆掛て行ハいなら貝心の曲る蝶螺の身
からハ焼たて其座切見捨置るゝ夜这貝螺貝ハ
辛螺ゑ太刀の貝筋あるからハ赤貝ゑ蜆事や蜆

山我住唐を出来り今ハ貝なき屋とり蟹いづ国ニも心濁らぬ妹背にハ逢てわからぬ蛤もある熨斗なるや隠岐の鮑の片思ひ吹たてられてほらの貝帆掛て行ハいたら貝心の曲る蠑螺の身からハ焼たて其座切見捨置るヽ夜泣貝螺貝ハ辛螺に太刀の貝筋あるからの赤貝を螺事や蟶

山のように[その燃え立つ煙火は遠くからでも良く知る事ができる。彼等が言うには]我等は唐[の故郷]を出発し[この滄海に収穫を求め漁に出た。]だが今は貝すなわち甲斐も無い[囚われ人になってしまい、かりそめの宿りをする]屋取り蟹になってしまった(註6)。[そのように語り、嘆き悲しむのである。]何の国にも、心の濁らぬ[純な]妹背[の道があるが、こうして囚われ、この地で過ごすようになっては、愛しい妹にも逢うことができない。この地で何年も過ごすことになっては]逢っても[もはや誰かは]分からぬ[蓋を閉ざした遠い異国の]蛤となってしまっている事であろう。[干からび変わり果てた]熨斗鮑(註7)のようになっている事であろう。隠岐の鮑の片思い(註8)[にも似て、悲しい限りの片思いの我が身の境遇である。この海風に]吹き立てられ[懐かしい妹の名を、つい呼ぶのであるが、その]法螺の貝[にも似た悲哀の声は]帆掛けて[行く船のように、やがて我が故郷へ辿り]行くのであろうか。[いや結局]いたら貝の如く[故郷へは、なお到り行くことは無いのであろう。ただ空しいばかりの歎きの声、痛々しいばかりの叫びである。それゆえ、いよいよ]心は折れ曲り、その曲がる蠑螺の身[の如く、この身は]殻ごとに[今この地で]焼き立てられ[苦渋と苦悶の中に]いる。そのまま座切りにされ、見捨て置かれ[ただ泣き濡れるばかりの]夜泣貝というものである。[もしも罪を問われ、打ち首となれば]螺貝は辛螺に[つまり遺骸は西方浄土へと向けられ、葬られることであろう。そのような]太刀の貝筋にある[我が身の境遇である。今や魂魄の抜け落ちた]空の赤貝として、その甲斐の無い螺事[すなわち担い事の労役]を背負わされている。[だが、そのような処罰は]蟶(待て)

　야마처럼 [그 타오르는 불길은 멀리서도 알 수 있다. 그들이 말하길] 우리들은 조선[의 고향]을 출발하여 [이 창해에 이익을 찾아 어렵에 나섰다.] 그러나 지금은 보람(조개도 의미한다)도 없이 [붙잡힌 사람이 되어, 임시로 거처하는] 집을 지키는 게가 되고 말았다. [그렇게 이야기하며 슬퍼했다.] 어떤 나라라 해도 마음이 흐려지지 않은 남녀의 [도리가 있는데, 이렇게 붙잡혀 이곳에서 지내게 되면 사랑하는 님도 만날 수 없다. 이곳에서 몇 년이고 지내다보면 님을] 만나도 [이미 누구인지도] 알아보지 못하고 [껍질을 닫은 먼 이국의] 대합이 되어 [입도] 열지 못할 것이다. [말려서] 선물하는 전복[을 전복으로 알아보지 못하는] 것처럼 되어있을 것이다. 오키 전복의 짝사랑 [과도 닮아, 슬프기 짝이 없는 짝사랑을 하는 나의 신세다. 해풍을] 맞으며 [그리운 님의 이름을 참지 못하고 부르지만, 그] 소라고동[과도 닮은 비애의 소리는] 돛을 달고 [가는 배처럼 나의 고향을 찾아] 갈 수 있는 것일까? [아니 결국] 국자가리비처럼 [고향에 가는 일은 없을 것 같아 그저 허무하게 탄식만 할 뿐이다. 그러다] 마음이 굽어, 그 굽은 소라[처럼 이몸은] 껍질체로 구워지는 것[처럼 이 몸은 이곳에서 고민하고 괴로워한다.] 그저 억류되고 방치되어 [그저 울기만 하는] 밤에 우는 조개와 같다. [만일 죄를 물어 목을 치게 되면] 홍합은 고동(니시는 고동과 서쪽을 같이 의미한다)으로 [즉 유해는 서방정토를 향에 장사를 지낼 것이다. 그처럼] 칼에 잘리는 조개와 같은 [것이 나의 처지다. 혼백이 빠진 것이 마치] 속이 빈 빨간 조개처럼, 보람이 없는 다슬기가 [껍질을 짊어지고 사는 것과 같은 노역]을 당하고 있다. [그러나 그 같은 처벌은] 맛테카이(맛테는 조개 이름이면서 기다리다를 같이 의미한다.)

と蛇付島くゝ怕り其掟ゝい臭女両夫ゝゝみゝ

ずと怕ゆ安さ身や田辛螺貝取り覘ク邪世の中

の善悪さゝゝ鳥貝将又是より袖代の海草城揚

け見れバ古道とゝひ古事記麻尾藻を競お那ゝ

て替らぬ味の古さや新ゝき麦の葉草をかみゝ

めゝ見れバ口合皆うせぶかし枞蜜の戸を開き

と蛎付島々にあり其掟には貞女両夫ニまみへずとある安き身は田辛螺貝取り蜆かな世の中の善悪さと
す烏貝将又是より神代の海草を揚げ見れバ古道と云ひ古事記鹿尾藻を競ニあへて替らぬ味の古さや
新しき事の葉草をかみしめて見れバ口合皆うそぞかし扱蜑の戸を開き

と[書類に]蛎(書き)付けがあり、島々に[布告が]あった。その[布告の]掟には、貞女両夫にまみえ
ず(註9)[忠臣二君につかえず]とあるような[人としての道が説かれていた。]この下賤の身、すなわち
田辛螺の貝取り、蜆[の貝取りのような暗愚の民]を[道を違えることなく、正しく世間は]導くべき
で、世の中の善悪を[この者どもに教え]諭すべきと[その布告の書付には]あった。烏貝の[表面は
黒、裏面は白のように、黒白の判別、正邪の判断が正しく付くよう、この流人たちを島人は教え導か
ねばならない。]さらに又、神代の[昔に立ち返り、その道理の]海草を揚げて見れば、古道の教えの
古事記やら鹿尾藻やら(註10)[諸々]を競い和え[深く味わって見るのも良い事であろう。そうして]替ら
ぬ味の古さや、新しい事の葉草を噛み締めて見れば[世の道理、世の習慣、世の付き合い方も、意
外と]口に合うと[やがては]皆が[知り、それを承知していると、おおっぴらに]うそぶく事にもなるであ
ろう。
　さて[隠岐の]蜑人の家戸を開

라는 서류(카키쓰케蛎付는 서류와 굴을 같이 의미한다)가 있어, 섬에 [포고] 했다. 그 [포고의]
규정에는 정숙한 여인은 두 남자와 섞이지 않고 [충신은 두 군주를 섬기지 않는다]라고 있는
것처럼 [사람으로서의 도리를 말하는 내용이 있다.] 이 천한 몸, 즉 우렁을 잡고, 바지락[을 잡
는 자처럼 우둔한 자]를 [도리에 어긋나는 일 없이 바르게] 인도해야 하고, 세상의 선악을 [가
르쳐] 깨닫게 해야 한다는 [내용이 이 서부에] 있다. 말조개의 [표면이 검고 이면은 흰 것처럼
흑백의 판별, 정사의 판단을 바로 할 수 있도록 표류인을 섬사람들이 가르쳐 인도해야 한다.]
그리고 또 신대의 [옛날로 돌아가 도리에 맞게 행동해야 한다. 그것을] 해초를 예로 들어 말하
자면, 옛날의 도리를 알려주는『코지키』나『히지키(녹미채)』처럼 [여러 가지]를 뒤섞어서 [깊
은 맛을 보는 것도 좋은 일일 것이다. 그렇게 하여] 변하지 않는 맛의 깊이나, 새로운 잎을 씹어
보면 [세상의 도리, 세상의 습관, 세상의 교류 방법이 의외로] 입에 맞는다는 것을 모두가 [알
고, 그것을 이해한다고 공공연히] 말하게 될 것이다.
　그런데 [오키] 어민의 집 대문을 열

見ろ布と白藻なく和布と云て葉広なりなんの
我から折ふりもなやさまくのぐから目に付きと
さ鳴てん心い通ふ鳥の如し神を祈らん神場草
仏の誓ひ海苔の道藻頭草ハ入梅の浮名草抜系
も結ばぬ海松めんハ波ふいられて水遊ひ書
りくとかぶりふら何ぶ取りつく島もなくやと

見る布に白藻なく和布と云て葉広なりなんの我からそふもなやさまさまのぐから目ニ付きところてん心ハ
通ふ鳥のあし神を祈らん神場草仏の誓ひ海苔の道藻頭草ハ入梅の浮名草扨糸も結ばぬ海そうめんハ
波ニいられて水遊ひ唐り唐りとかぶりふる何に取りつく島もなくやわ

けば[庭先に海藻が干してある。]見れば海松布である。[その見る眼には]白藻は無く[つまり白眼を
剥いて倒れ込むようなことも無く、二人の朝鮮人は穏やかに島で暮らしている。]和布と言い葉広とも言
う[状態で、二人の異国人は、この島で和して賑わい葉広に接していた。二人は]どうして自分から
[島人に敢えて]寄り添う必要があったろうか。[彼等の従順な振る舞いから、島人の方が直ぐ優しく寄
り添って来た。家々の庭先に並べられた]様々な[色彩の海藻の]具のように[彼等は]目に付く[存
在であった]から、その心太のように、ところどころで[島人と直ぐ仲良くなり]心を太く通わせていっ
た。[二人の朝鮮人は渡り鳥の如く、その渡り行く]鳥の足(註11)が枝に止まるように[この隠岐に止ど
まった。だが本来、彼等には帰るべき故郷がある。その故郷への帰還を願い]神仏に祈るのであっ
た。その[神の場たる]神場草(註12)の前で[ひたすら帰郷を]祈り、そして仏にも[正しく]誓いを立て
る。祈り続け[願い続け]やがて海苔(法典)の道へと導かれる。
　だが[運命の波に揺られる]藻頭草[の如き流人]も、入梅の頃には[浮かれの]浮名草となる。[だ
が]糸も結べぬ海そうめんと[ただ]波に揺られるだけのことで、その[むなしい隠岐の舟遊女との]水遊
びは、唐り唐りとかぶりを振って[拒まれる。]どうにも取り付く島もなく、和

면 [마당에 해초를 말린다.] 보면 청각채이다. [그 보는 눈에] 흰 해초는 없고, [즉 백안시하는
일도 없어 두 조선인은 평온하게 섬에서 살고 있다.] 미역이라고도 넓은 잎이라고도 하는 [상태
로 두 조선인은 이 섬에서 온화하고 즐겁게 많은 사람과 폭 넓게 접하고 있었다. 둘은] 어찌 자신
들이 먼저[섬 사람들에게 일부러] 다가갈 필요가 있겠는가. [그들의 순종하는 태도 때문에 섬
사람 쪽에서 먼저 부드럽게 다가갔다. 집집마다 마당에 늘어 놓은] 여러 [색채의 해초처럼 넓은
마음으로 이국인과 화합하려고 먼저 다가갔다. [마당에 늘어놓은] 여러 [색의 해초를 따는] 어
구처럼 [조선인들은] 눈에 띠는 [존재였]으므로, 한천(토코로텐)처럼 곳곳(토코로토코로)에서
[사람들과 곧 친해져] 마음을 주고 받았다. [두 조선인은 철새처럼 건너가는] 새의 발이 나뭇가
지에 머물 듯이 [오키에 머물렀다. 그러나 본래 그들은 돌아가야 할 고향이 있다. 그 고향으로 돌
아갈 것을 기원하며] 신불에게 기도하고 있다. [신이 깃든] 신장초 앞에서 [한결 같이 귀향을] 빌
고, 부처에게도 서약했다. 계속해서 빌고 [기원하여] 드디어 불법(法典·海苔)의 길로 인도 된다.
　그러나 [운명의 파도에 흔들리는] 큰실말[처럼 표류인]도 장마철에는 [떠도는] 부평초가
된다. 실로 엮을 수 없는 바다 소면이 되어 파도에 흔들릴 뿐, [덧없는 오키의 유녀들과의] 물놀
이는 설레 설레 고개를 흔들며 [거부 당한다.] 아무래도 의지할 섬도 없고 부드럽게

らじ手ノそノつれノヽり叔又範の口や平布の顔
て知もヽトなぞらむりだヽと又月ろ名み朝日
みさヽヽすヽ天ヽ目だり紅色をヽみおけり美女い
悪女の顔ヶな板松部の没静なヽ大海の板等と
号ノ平島て夷ヶかり出ソ纺束の酒ら挫替し板
昆布賣さ君もいやしきも松竹師媒が出ノ此外

らぐ手にそもつれけり扨又鮑の口や平布の顔ておはもじながらむかだもと又月にしみ朝日にさらす干天ハ目だつ紅色そみにけり美女ハ悪女の敵かな扨松前の波静なる大海の板等と号し平島て夷がかり出し約束の酒ニぞ替し板昆布貴き君もいやしきも松竹飾媒に出る此外

らぎ結ぼうとする手も[当然ながら]縺れてしまう。さてまた鮑の口や、平布(ひらめ)の顔で[拒絶の挨拶をされ]御は文字(はずかし)ながらと、向い袂(たもと)で[顔隠され逃げ去られてしまう。だが]月に浸み朝日に曝らす干し天草のように、目立つ紅色を[その唇に引く遊女の日々は、その打ち掛けも]紅色に染め上げ[纏い、いよいよ艶やかに、その姿を周囲に]見せつける。[その魅力あふれる]美女[の粧(よそお)い]は、まさに悪女[醜女]の敵(かたき)というものである。

　さて[夷島(えびす)の]松前[へ向かう交易では]波静かな大海の中を[この隠岐から船が出る。だが波静かな海も、時には荒れる大海となる。]板[子一枚、下は地獄よ]などと号し[なお水主たちは北を目指し、押し渡って行く。その]平らで[広大な夷]島には夷[の民]が狩り出す[様々な品がある。それをここで]約束の酒に替える。[交換する夷島の品々には]また板昆布もある。[それらは]貴き君も賤しき(いや)者も[共に喜ぶ品である。　荒海をものともせぬ水主たちは、目出度い松の名を持つこの松前へ向け、船をまず北に向ける。それは]松竹[の長生の名]で飾る[松島と竹島を回る沖乗りの航路である。この]媒(なかだち)[の航路を辿り、隠岐から北前船が商いの旅に]出る(註13)。[そして、その戻り船が積み込む荷には、先にも述べた商品]以外、

잡으려던 손도 꼬이고 만다. 그런데 또 전복의 입이나 넙치의 얼굴로 [거절의 말을 듣고] 부끄러워 소매로 [얼굴을 가리고 도망치고 만다. 그러나] 달빛에 젖고 아침 해에 마르는 우뭇가사리처럼 눈에 띄는 홍색을 [입술에 칠하는 유녀의 나날은, 그 걸치는 겉옷도] 홍색으로 물들여서 [걸치고 있어, 더 고운 모습을 주위에] 보인다. [그 매력이 넘치는] 미녀[의 치장]은 그야말로 악녀 [추녀]의 적이라고 말하는 것이다.

그런대 [오랑캐의 섬] 마쓰마에[에 가는 교역은] 파도가 잔잔한 대해 가운데를 [이 오키에서 배가 나간다. 그러나 잔잔한 바다도 때로는 거친 바다가 된다.] 판자[한 장 아래는 지옥이다] 라며 [수부들은 북으로 건너간다.] 평평하고 [광대한 미개]의 섬에는 미개인이 사냥한 [많은 물품이 있다. 그것을] 약속한 술과 교환한다. [그 중에는] 다시마도 있다. [그것들은] 귀천을 가리지 않고 [반기는 물품이다.]

거친 파도를 겁내지 않는 수부들은 길조인 마쓰(소나무)의 이름을 가진, 이 마쓰마에를 향해, 배를 우선 북으로 향한다. 그것은] 송죽[의 장생의 이름]으로 장식되는 [마쓰시마와 타케시마를]를 중개로 하는 [항로를 거쳐 키타마에부네가 장사 길에] 나선다. [그리고 돌아오며 실은 짐에는 앞에서 말한 상품] 이외에

荒布川岸すで心巌をせ幽苔衣披褒み貝藻何う
祢リ一筆流す扱角立て又角かん幽美のなり聞
た事やうじ仕舞て口捨くざ聞捨かせよ耳たら
ひ象に猪口みくから幽鏡渡し金添る少涛當川
と古を学ぶ扱なヶ振袖リ明松山かん丸丸せ
めニ九の十八其蓉年美人袖リ短く数リハ長し

荒布川岸までも巌尽せぬ苔衣扱爰に貝藻あらねハ一筆流す扱角立て又角たゝぬ菱のなり聞た事やうじ仕舞て
ロそゝぎ聞捨にせよ耳たらひ気ハ猪口ニくもらぬ鏡渡し金染ていろ歯ハ上古を学ぶ扱たが振袖ハ明札は十九
九八九すぬ二九の十八芙蓉の美人袖ハ短く契りハ長く

荒布がある。[その戻り船は港の]川岸までも[次々に着船し]巌を覆う苔衣[にも似て、びっしりと岸辺に張り
付いていく。そして荷積みした商品を、この港の市に並べ置く。]さて爰に[並ぶ品々は]貝藻に[関わりが無
いので、その記述は]一筆で洗い流すことにする。

　さて[商品取引では]角を立てたり、又は角を立てなかったり[様々に交渉を行なうものである。]菱の[角が
取れたように、なだらかになったと]聞いた上は[もはや、その取引は終わったも]同然の事である。[食べ終
わった後のように]楊枝を仕舞い、ただ口を濯ぐばかりのことである。[なお角の立つ取引が在るとなれば]聞き
捨てにして[余分な話は]耳たらいで洗い清め、気持ちは猪口を[口に運ぶ風情で対応すべきであろう。その
ような穏やかな商行為の連続が]曇らぬ鏡[のような明快な取引を今後も生んでくる。その鏡を飾る]渡し金が
[きらきらと照り輝くように]金銭の渡し[つまり代金の授受]が[以後、円滑に]執り行なわれるのである。[商行為
を食事行為に例えれば、食べ終わり、口を濯ぎ、鏡を覗き、改めて歯[を作る事のように、その
最期まで礼儀をわきまえ、正しく行なわれることは、まさに]商取引のいろはである。上古[からの慣習に則ったこ
のような正しい商取引]を[船商いに携わる者どもは、しっかりと]学ぶべきである。
さて[船に荷積みする商品には、着物、織物の類いがある。果たして]誰が[袖を通す]振袖であろうかと[そ
のような品定めの中で、商品を納める]明け荷の札は十九[ほどもある。それを解くほどに、色彩豊かに徳の
市に並ぶ。百足らぬ]、九八[の品数、それは桑の羽二重として、時を経ても]九すまぬ[色艶やかな振袖
である。それを着るは娘の盛り、年増も憎む]二九の十八[まさに十八娘である。その十八娘は]芙蓉の美人
である。[だが十九には、疾く嫁ぎ、その振袖の]袖は短く契りは長く、

대황이 있다. [그 돌아오는 배는 항구의] 연안에 [차례로 착선하여] 바위에 덮인 이끼[처럼 바짝 붙
어 가면서 배에 실은 물건들을 시장에 진열한다.] 그런데 그렇게 [진열하는 물건이] 조개나 해초와
[관계 없기 때문에 기술은] 일필로 생략한다.

　그런데 [상거래는] 성질을 냈다가 풀기도 하면서 [교섭하는 것이다.] 마름모[의 각이 깎인 것처럼
부드럽다는 말을] 들으면 [그 거래는 성사된 것과] 같다. [식후에] 이를 쑤시며 입을 헹구는 것과 같
다. [모나는 거래는] 듣지 말고 [필요 없는 이야기는] 귀를 씻어버리고, 예쁜 사기잔을 [입에 대는 것
처럼 대해야 한다. 그런 부드러운 응대가] 맑은 거울[과 같은 명쾌한 거래를 가능하게 한다. 거울을 장
식하는] 쇠붙이가 [반짝거리는 것처럼] 금전을 건네는 것이 [원활하게] 이루어진다. [상행위를 식사
와 비유하면 먹은 다음에 입을 헹구고 거울을 보며 다시 이를] 검게 물들이는 [것처럼 끝까지 예의를
차리는 것이] 상거래의 기본이다. 상고 [이래의 관습에 따르는 바른 거래]를 [상업에 종사하는 자들
은] 배워야 한다.
　그런데 [선적한 상품에는 옷, 직물류가 있다.] 누구의 [팔을 통할] 소매일까 라고 [그 상품을 결정하
는 가운데, 상품을 담은] 표찰이 十九 개[정도가 있다. 그것을 풀(解) 때는, 색체 찬란하게 德 시장에 늘
어놓는다.] 여러(九八) [품목의 수, 그것은 뽕나무(桑) 비단으로 시간이 지나도] 바래지 않는 [고운 예복
이다. 그것을 입는 것은 꽃 봉우리 같은 낭자, 나이를 먹기 싫은(憎む) 二九 열여덟 [그야말로 열 18세 낭
자다. 이 18세 낭자는] 부용의 미인이다. [그러나 十九 가 되면 시집을 가, 예복의] 소매는 짧고 인연은 길어,

供る白髪の縁結ひ誠なる哉硯の海の深きをも
知らずして短き筆のかよびがのかゝ〳〵と凹じ
墨色〳〵雲を隔て唐と書芝の庵もなりゝ〳〵光
りを仰け武蔵野々月くもらぬ御代の照る日影
思ひをさ〴〵おニケ月めいと遠ゝ唐で飯へれど
御上意下ル次〳〵倭國の水主ゝ舩路の通ひ禁置

供ニ白髮の縁結ひ誠なる哉硯の海の深きをも知らずして短き筆のおよびなのかしくと留し墨色ハ雲を隔
て唐と書芝の庵もなつかしく光りを仰く武蔵野々月くもらぬ御代の照る日影思ひをこゝに二ヶ月めいと速
ニ唐へ帰へれと御上意下ル次ニ倭国の水主ハ船路の通ひ禁置

供に白髮の縁結びとなろう。[その鴛鴦の契りは、貞女としての]誠に基づくものである。[二人の朝鮮
人は、このような妹背の契りを交わした故郷の妻を思い、この異郷の地で涙する。その涙を集めた]
硯の海に[硯の陸から墨摺り降ろし、その墨滴に望郷の思いを託すのであろう。だが]その[墨の濃
さ、思いの海の]深さを[誰も]知らない。短い筆では[とてもその思いを]書きつくす事などできない。
及ばぬままに[途中で筆を擱く。そして故郷の妻を想い、その妻に書き記す如く、ただ]かしくとだけ
記し、それで終えるのである。そこに留め置いた墨色は[重苦しい]雲を隔て[その先に]唐と[唐様
で]書くものである。[その故郷の妻の居る我が家]芝の庵も[今や]ただ懐かしく思うばかりである。
　だが光りを仰ぐ武蔵野の[幕営、その武営の御意向がある。]その月も曇らぬ[公方様の]御代の[天
の下]照らす日影の[恩恵を受け、今ここに暮らす朝鮮人二人である。その彼等の]思いを[武蔵野の
幕営にありながら、公方様は憐憫を掛けて下さった。]ここに[滞在する事]二ヶ月目になった[朝鮮人
二人に]いと速やかに唐へ帰れと[そのような]御上意を下し置かれた。そして次に、倭国の水主は、
この船路の通い[異朝との交流の道]を[もはや通ってはならぬと、そのような]禁令を下し置かれた。

같이 백발의 인연이 될 것이다. [그 원앙의 인연은 정숙한 여인의] 성실함에 근거한다. [두 조
선인은 그러한 부부의 인연을 맺은 고향의 처를 생각하며, 이역의 땅에서 눈물 짓는다. 그 눈물
을 모은] 벼루의 바다에 [벼루의 땅에서 먹을 갈아 내려, 그 먹물로 고향 생각을 나타낼 것이다.
그러나] 그 [먹의 진함, 바다처럼 깊은 생각의] 깊이를 [누구도] 알지 못한다. 짧은 붓으로는
[그 생각을] 다 기록할 수 없다. 생각에 미치지 못한 체 [도중에 붓을 꺾는다. 그리고 고향의 처
를 생각하고, 처에게 쓰는 것처럼 그저] 미안하다라고만 기록하고 마친다. 그곳에 모아둔 먹물
색은 [답답한] 구름을 사이에 두고 [그 앞에] 조선이라고 쓴다. [고향의 처가 있는 나의 집]
초원의 소옥도 [지금은] 그저 그리울 뿐이다.
　그러나 햇빛을 받는 무사시노의 [막부, 그 막부의 의향이 있다.] 달도 흐리지 않은 [토쿠가
와] 어대의 [천하를] 비추는 햇빛과 같은 [은혜를 입으며, 지금 여기서 생활하는 두 조선인이
다. 그들의] 생각을 [무사시노의 막영에 계시면서, 장군은 연민의 정을 배풀어 주셨다.] 이곳
에 [체재하여] 2개월 째가 된 [조선인 둘에게] 아주 빨리 조선으로 돌아가라고 [그와 같은]
뜻을 내리셨다. 그 다음에 왜국의 수주는 이 선로를 통해 [이조와 교류하는 길]을 [더 이상 왕
래해서는 안 된다고, 그와 같은] 금령을 내려 두셨다.

れ広き國土の往来ハ自在異朝替らぬ日〻本哉
柳ハみどりいあハ紅投唐人の隠岐なり唐の其
時隠嶋陣家の備とハ武蔵盛なら緋咸の鎧を揃
ふ星甲執守の奉書子跳礼儀正しく役等の別き
日〻ふ近寄唐紅井と肥前長崎の屋敷を居て馬
上ふ〻しく飯〻れ

れ広き国土の往来ハ自在異朝替らぬ日ノ本哉柳ハみとりはなハ紅扨唐人の隠岐たつ唐の其時隠嶋陣
家の備ニハ武威盛なる緋縅の鎧を揃ふ星甲執事の奉書ニ跪礼儀正しく彼等の別れ日々に近寄唐紅井
と肥前長崎の屋敷を差て馬上ゆゝしく帰けれ

広い国土の往来は自在であるが、異朝とは入れ替わることのできぬ日の本の国である。[我が国は我
が国であり、彼の国は彼の国である。それぞれの国は、それぞれ独自の国としての在り方がある。交
雑して混乱してはならぬのである。あくまでも]柳は緑であり、花は紅に染む[という自然のままが良い
のである。朝鮮人は朝鮮の国に、日本人は日本の国に、それゆえ彼等を、その本国に帰国させなけ
ればならない。]

　さて[そのような事で、いよいよ]唐人は隠岐を立って帰郷の途に就くことになった。[二人が]唐へ
帰る、当にその時、隠岐島の陣家では、その備えとして、武威の盛りの緋縅の鎧、揃いの星甲に
身を固めた武士[の一団が並んだ。捕虜の開放を告げる]執事の奉書に[朝鮮人二人は]跪き、礼
儀正しく彼等[隠岐島民]との別れがあった。[彼等の帰国の旅は]日々に[故郷へ]近寄って行くもの
で[その燃え立つ思いは]唐紅井[の鮮やかさ]であった。[そして二人は]肥前国の長崎の[奉行]屋
敷を目指し、馬に乗せられ、特別な扱いで帰っていった。[長崎からは、また更に続く帰国の旅が
あった。]

넓은 국토의 왕래는 자유이나 다른 왕조와는 바꿀 수 없는「해(日)의 근본(本) 국」이다. [우리
나라는 우리의 나라이고 그들의 나라는 그들의 나라다. 각각의 나라는 각각 독자의 나라로 존
재한다. 교잡해서 혼란해서는 안 된다. 어디까지나] 버드나무는 녹색이고 꽃은 붉은색이라는 [자
연 그대로가 좋다. 조선인은 조선국에 일본인은 일본국에, 그래서 그들을 그들의 본국에 귀
국시켜야 한다.]

　그런데 [그와 같은 일로 드디어] 조선인이 오키를 떠나 귀향의 길에 오르게 되었다. [두 사
람이] 조선으로 돌아갈 때 오키노시마의 진가에서는 그 준비로, 무위를 나타내는 갑옷, 제대로
갖춘 투구를 몸에 걸친 무사 [일단이 늘어섰다. 포로의 개방을 알리는] 집사의 봉서에 [두 조
선인은] 무릎을 꿇고 예의 바르게 [오키 사람들과] 이별했다. [그들의 귀국 여행은] 나날이
[고향에] 다가가는 것으로 [타오르는 그리움은] 붉은 색의 [선명함]이었다. [그리고 둘은]
히젠노쿠니 나가사키 [봉행의] 저택을 향하여 말을 타고 특별한 대접을 받으며 돌아갔다. [나
가사키부터는 또 다시 이어지는 귀국의 여정이 있었다.]

曰憂ふ毛唐人と云と兼而忍の一字竹能し
守り船中すて壜切し飛道具を不放故ら
白べんてふ虎つひ再ひ障も何ら奴飯番を
なして供ふ喜悦の開省ッ畢

日慮に毛唐人と云て兼而忍の一字を能く守り船中にて堪かたき飛道具を不放故ニあべんてふ虎
へひ再ヒ障もあらぬ帰唐をなして供に喜悦の開眉^ヮ畢

或る人の言うことであるが、考えて見れば毛唐人（異国人）といっても［この事件の間］終始、忍
の一字を能く守った。［連れ去られた］船の中でも［二人は］堪え難い事をよく堪えてきた。［ま
た、あちらの船も堪え難い事をよく堪え］飛道具を［こちらの船に向け］発射するような事はしな
かった。［その忍の一字によって］あべんてふ、虎へひは［こうして］再び何の支障も無く、帰唐
を果たすことになった。そして［日本も朝鮮も］共に喜悦の結果を得るに到った。こうして、この
一件は終了したのである。

어떤 사람이 말하는 것인데, 생각해 보면 털이 많은 [이국인]이라 해도 [이 사건 동안]
시종 참을 인자 하나를 잘 지켰다. [연행되는] 배 안에서도 [둘은] 견디기 어려운 일을
잘 견뎌 왔다. [또 저쪽 배도 견디기 어려운 일을 잘 견디며] 비도구를 [이쪽 배에] 발사
하는 것과 같은 일을 하지 않았다. [그 인이라는 1자에 의해] 아벤테후와 토리헤히는
[이렇게] 다시 아무런 일 없이 귀국하게 되었다. 그리고 [일본과 조선이] 같이 희열하
는 결과를 얻게 되었다. 이렇게 해서 일건이 종료된 것이다.

주1 조개와 해초를 열거하는 희문

　조개와 해초의 이름을 열거하는 방법으로 작성한 희문은, 사인 야다 타카마사의 본래 역할이었다. 이 희문의 일부분은 신전에 올리는 기도문에 해당한다. 속아서 연행된 두 조선인이 불운한 운명에서 전환되기를 기도하기 위한 것이다. 말하자면 축원문이라 할 수 있다. 그리고 둘은 그 축사로 운명이 바뀌어 귀환하게 되었고, 두 조선인은 그 은혜에 감사하기 위해 다음해에 다시 도해하게 된다.

　이 패조를 엮어서 읊는 희문은 사건의 흐름과 관계가 없다고 생각할 수 있는 일절이다. 그래서 야다 타카마사는 일부러 「첨부」로 처리한 것이다. 그러나 이 희문은 『장생죽도기』를 성립시키기 위한 야다의 문학적 방법이다. 이 미문조의 문자 연결은 상록을 띄는 변하지 않는 젊음을 의미하는 송죽의 노래, 송죽처럼 장생할 것을 기도하기 위한 노래다. 패조로 치장한 도대명신(도해신), 즉 토코요노카미(常世神)를 칭송하는 노래였다.

貝藻の綴り戲文の事

　貝づくし、藻づくしの戲れ文をここで披露するのは、社人としての矢田高當の、彼本来の役割からである。この美文一節は、神の前での祈りに該当する。だまされ連れ来られた哀れな二人の朝鮮人に対し、その不運な運命からの転変を祈るためのものである。いわば、その祝詞であった。この祝言の歌謡を詠うことで、運命は転変し、彼等の帰還が叶うのである。そして続く彼等の感謝、その謝礼を行なうための再びの渡海が記される。この「貝藻の綴り戲文の事」は、この事件の流れと、およそ無関係に思える一節である。ゆえに、あえて矢田高當は、これを「附けたし」としたのである。だがこの「貝藻の綴り戲文の事」は、この『長生竹島記』を成立させるための、矢田の文学上の工夫である。すなわち、この美文調の文字運びとは、常緑を呈し常若を意味する松竹の歌で、ここに関わる人たちに、すなわち読者に、松竹の如き長生を祈るという、祈り歌となっているのである。貝藻で飾り立てた海若神すなわち常世神への、これは誉め歌、祝言歌なのであった。

주2 나니와의 갈대는 이세의 가을싸리

　장소가 바뀌면 품종도 바뀐다(장소나 지역이 다르면 풍속이나 습관과 언어도 달라진다)는 것의 예다. 나니와에서 갈대(아시)로 부르는 식물을 이세에서는 싸리나무(하마하기)라고 부른다. 이렇게 지역에 따라 조개나 해초의 이름도 달리 불리는 일이 있어, 이 희문에는 수많은 이름이 등장한다. 그렇게 이름을 열거하는 노래, 이름을 이야기하는 노래를 야다가 부른다.

難波の芦は伊勢の浜荻

　所変われば品変わる(場所や地域が違えば、風俗や習慣や言語まで違ってくる)という事の例えである。難波で芦という植物は、伊勢では浜荻と呼ばれる。このように所々で貝の名や藻の名も、また様々に呼ばれ、数多くの名前が登場する。そのような名尽くしの歌、名語りの歌を、ここで矢田は詠う

[주3]　도성의 사람 또는 나니와의 사람들

　쿄우토나 오오사카의 사람이 죄를 지으면 오키로 유배된다. 그들은 언젠가는 다시 쿄우토나 오오사까로 돌아가는 날을 꿈꾸며 산다. 그래서 [쿄우토의 꿈 오오사까의 꿈]이라는 속담도 있다. 꿈이라는 것은 이상한 것으로, 어떤 꿈이든 원하는 대로 이루어 진다. 그러니까 그런 꿈을 꾸게 해달라고 빌자라는 것이다. 그것을 두 조선인의 경우와 연계시켰다. 오키에 유배된 두 사람의 꿈이란 물론 고향에 돌아가는 것이다.

都人また難波潟の輩

　京の人、大坂の人ということで、隠岐には、そのような人たちが流されていた。彼ら流人は、いつかまた再び、その京に戻る日、大坂に戻る日を夢見ていた。ことわざにある「京の夢大坂の夢(夢というのは不思議なもので、どんな夢も願いが叶い望み通りになる、それゆえ、その夢を祈ろうと)」を導く一節である。そして二人の朝鮮人の例に絡ませる。隠岐に配流となった二人の夢とは、もちろん故郷への帰還である。

[주4]　빛바랜 손수건을

　빛 바랜(사라시) 수건이란 천을 말려 표백한 수건을 말하나 「구경거리가 된 수형자」라는 의미도 있다. 죄인(사라시모노)의 목에 수건(사라시모노)을 걸쳐 준다는 것은 두 가지를 같이 연상시키는 희문이다. 수형자(사라시모노)의 초라한 목에 수건(사라시모노)을 걸친다는 것은 「수갑」「족쇄」로 사용하는 새끼줄로 묶는 일이었다. 그 목에 새끼줄을 걸고, 그 새끼줄로 수형자(사라시모노)를 끌고 다니며 비를 맞게하는 구경거리(사라시)로 삼고 있다. 그러한 조선인의 경우가 되어 눈물과 같이 흐르는 콧물을 한 조각의 종이로 닦으려고 한다. 그것은 결국 한 조각의 종이 밖에 없으나 슬퍼하는 유배인의 품속에 넣어주며 그 슬픔을 그것으로 닦아주고 싶다는 것이다. 히토가케(一掛)와 히토오리(一折)라는 유음을 활용하여 그 같은 연민의 정을 읊은 것이다.

晒しの手拭いを[首に]一掛けし[懐には]鼻紙の一折りを相添え

晒しの手拭いとは、布をさらして漂白した手拭いのことであるが「さらしもの」になった受刑者という意味もある。その「さらしもの」の首に、手拭いを一掛けと、言葉の連想の上で、戯れ語を繋げるものである。つまり「さらし者」の「さらし首」に一掛けとは、実は「手かせ」「足かせ」をする縄の一掛けでもあった。その首に一掛け、掛けられた縄で「さらし者」は引っ立てられ、雨ざらし、恥さらしとなっていた。そのような流人の境遇に戻し、涙と共に流れる鼻水に、鼻紙の一折りで拭こうとする。それは所詮、一折りの鼻紙でしかないが、流人の悲しみそのものに対し、その懐に入り込み、その悲しみを拭いてやろうとするのである。一掛け、そして一折りと、韻を踏みつつ、そのような憐憫の情を詠うのである。

[주5] 가끔 조선인이 도해해 온다.

표류하는 이국인을 말한다. 강한 풍파로 배가 조난되면 오키에 표착한다. 그러면 집집에서 교대로 그들을 돌보았다.

稀に唐人が渡海してくる

漂流異国人のことである。風波強く船が難破すれば、この地に漂着する。家々にて彼等の面倒を見たのである。

[주6] 집을 취하는 게가 되고 말았다.

집을 취하는 게가 되고 말았다는 것은 그 직전의 [가치도 없다]를 받는 표현이다. 그것은 조개(貝:카이)와 가치(價値: 카이)가 같은 음이라는 것을 활용한 언어유희다. 즉 스스로 만든 조개 껍질(카이)을 가지는 일 없는 「집을 취하는 게」는 성장과 더불어 자기에게 맞는 보다 큰 조개 껍질을 찾아서 그것을 새로운 주거지로 한다. 게가 몸소 만든 자신의 조개 껍질을 가지지 못하고 해변에 뒹구는 집(조개 껍질)을 취하여 거주지로 하는것을 「집을 취하는 게(屋取り蟹)」라고 말한다.

그 집을 취하는 게를 의미하는 야도리(屋取)의 「야도리의 게(宿り蟹)」라는 것은 스스로 집(宿り)을 만들지 못하고 해변에 뒹구는 조개 껍질을 찾아 새로운 거주지로 삼는 게로, 끌려와 주거지가 일정하지 않은 표류인의 처지가 그 게와 같다는 것이다. 주민들의 집을 전전하며 주민들의 인정에 매달려 목숨을 유지하는 표류인의 비애를 「집을 취하는 게가 되고 말았다」라고 한탄하는 것이다. 그러나 집을 취하는 게가 된 표류인이란 죄를 지었으면서 사죄를 용서받아, 즉 목숨을 얻어 이 오키에 「아메야도리(雨宿:비를 피할 수 있는 곳으로 들어가는 것)」하는 것을 의미하기도 한다. 그런 생활이 언제까지 계속될지 모르

나 언젠가는 사면 받는 날이 온다. 그때까지는 주민들 신세를 지면서 표류하는 나무처럼 섬 해변에서 떠도는 「집을 취하는 게」로 살아가는 것이다.

屋取り蟹になってしまった

屋取り蟹になってしまったとは、その直前の「貝(甲斐)も無い」を承けた表現である。すなわち自ら作り出す貝殻を持つことの無い「やどり蟹」は、その成長と共に、サイズの大きな新たな貝を求める。つまり自らの「自前の」貝殻を持たず、浜辺に転がっている「屋」を取って住まいとする「屋取り蟹」である。その屋取りの宿り蟹とは、自らの「宿り」を持たない流人と同じであるとする。島民の家々を経巡り、その情けにすがり、僅かな露命を繋ぐ流人の悲哀として、そのような「屋取り蟹になってしまった」と、ひたすら嘆き悲しむのである。だが屋取り蟹となった流人とは、罪を犯したものの死を免れ、つまり一命を助けられ、この隠岐に「雨やどり」のような難を避けた「やどり」を持った者たちのことである。その流人生活は、いつまで続くか分からないが、いつの日か、また赦免の日が来ることもある。それまでは、この隠岐にあって、島民にすがりつく「やどり木」として、島の浜辺でさすらう「やどり蟹」として生きていくのである。

주7 곶전복

표류인의 섬 생활이 언제까지 계속될 지 모른다. 아마도 몇 년 또는 몇 십 년이 걸리는 표류인 생활이 금후에도 계속될 수도 있다. 그러면 언젠가는 껍질을 닫고 열지 않는 완고한 조개처럼 될 것이다. 혹은 말라비틀어져 크게 변한, 저며서 말린 전복처럼 되어 있을 것이다라고 노래한다. 「노시아와비」란 전복의 고기를 얇고 길게 잘라 부드러울 때 눌러, 더 얇게 늘려서 다시 건조시킨 것이다. 그렇게 바짝 말렸음에도 곰팡이가 나기도 한다. 이것은 일종의 발효식품으로 오키의 명산품이다. 장기간 유배자 생활을 계속하면 쿄우토나 오사카 같은 도회지 사람도 도회인의 흔적이 없어져 그야말로 유배인의 몰골이 되고 만다. 또 유배인이기 때문에 노동도 한다. 그 몸에는 노동의 압박이 있어 주위의 억압으로 지쳐버리고 또 염천하의 노동으로 말라빠져 그야말로 곶전복처럼 되어 있을 것이다 라고 유배인에 대해 연민의 정을 표한다.

熨斗鮑

島での流人生活は、いつまで続くか分からない。おそらく何年にも、何十年にもわたる流人生活が、今後も続くに違いない。すると、やがては蓋を閉ざした頑なな蛤となっていることであろう、あるいは干からび変わり果てた熨斗鮑のようになっていることであろうと詠う。熨斗鮑とは、鮑の肉を薄く長く切り、まだ柔らかいうちに圧して、さらに薄く伸ばし、さらに乾燥させたもので

ある。それゆえ干からびて、時にはカビも生えてくる。これは一種の発酵食品で、隠岐の名産品でもある。永く流人生活を続けていると、都人も難波潟の人も、すなわち京や大坂の都会人も、干からびカビも生え、都会人の面影をすっかり無くし、まさに流人の様相を呈してくる。また流人ゆえに、島で生きて行くための労働も課せられていく。その身には労苦の「のしかかり」があり、周囲からの抑圧によって「伸ばされ」そして炎天下の労働によって「乾され」、まさに熨斗鮑のようになっていることであろうと、そのように流人に対し憐憫の情を示す。

[주8] 오키 전복의 짝사랑

전복의 짝사랑이란 전복의 껍질이 대합이나 바지락 처럼 2매로 된 것이 아니라는 것에 의한 표현이다. 2매의 조개는 두 개의 껍질이 하나로 딱 맞아, 그것으로 일체를 이루는 것으로, 상사 상애의 남녀나 금실이 서로 맞는 부부의 상징으로 표현된다. 그것에 비해 전복은 껍질이 1매이므로 두 개의 껍질이 하나로 이루어지는 일은 없다. 전복은 다른 하나의 껍질을 찾아 항상 짝사랑을 하는 상태에 있다 한다. 「오키 전복」이란 「멀리 떨어진 바다에 있는 섬의 전복」, 「그 오키의 바위 그늘에 달라 붙은 전복」, 「바위 그늘에서 짝사랑하며 우는 전복」이라는 것으로, 고향에 두고 온 처 혹은 연인을 생각하는 덧없는 경우의 비애로, 눈물을 흘리는 유배인을 표현한다.

隠岐の鮑（あわび）の片思い

鮑の片思いとは、鮑の貝殻が、蛤（はまぐり）や浅蜊（あさり）や蜆（しじみ）のような二枚貝ではないことからの表現である。二枚貝は二つの貝殻が一つにぴったりと合わさり、それで一体となるもので、相思相愛の男女や琴瑟相和する夫婦の象徴として表現される。それに対し鮑は一枚貝であるから、二つの貝殻が一つに合わさることはない。鮑は他の一枚の貝殻を求め、常に片思いの状態にあるという。「隠岐の鮑の」とは「遠い沖合の島の鮑」「その隠岐の岩陰にへばりつく鮑」「その岩陰で片思いに泣き濡れる鮑」ということで、故郷に残して来た妻あるいは恋人を想い、その否応の無い境遇から来る悲哀に、ただただ涙する流人を表現したものである。

[주9] 정숙한 여자는 두 남편을 보지 않는다.

정숙한 여자는 두 남편을 보지 않는다는 껍질이 두 개인 조개, 그리고 전복의 짝사랑을 받는 내용이다. 에도의 가요에 「대합은 삼천 세계를 찾아가도 다른 대합과는 만나지 않는다」는 것이 있다. 조개 껍질은 같은 조개의 껍질만 맞지 다른 조개의 껍질과는 절대 일치하지 않는다. 에도의 수필 『마쓰오필기』에는 「다른 조개 껍질에 맞지 않는다는 것은 다른 남자에게 마음을 주지 않는 정숙한 여인, 두 남편을 보지 않는다는 가르침」이라고 있다. 조개 껍질은 2장 1조로 그것만이 합치하지 다른 조개의 껍질은 합치하지 않는다. 즉 정녀는 2부를 보지 않는다. 달리 남편이 될 사람이 없다는 것이다. 유배된 자에게도 당연히 처나 연인이 있다. 조개 이름을 나열하는 비련가를 노래하는 가운데 그리운 님을 생각한 것이다. 그러면서 그 님은 정조가 굳어 두 남편을 보지 않는다는 것을 원하며 노래한 것이다.

貞女両夫にまみえず

　貞女両夫にまみえずとは、二枚貝の蛤、そして鮑の片思いを承けての一節である。江戸歌謡に「蛤貝(はまぐり)は参千世界を尋ねても、外蛤貝(よそはまぐり)とは合わぬものなり」とある。その蛤には、その蛤の貝にしか合わないというもので、他の蛤の貝とでは、合わせても全く一致を見ないというものである。江戸の随筆『松尾筆記』には「他の蛤に合わざるは、外の夫に心かよはさぬ貞女、両夫には見えざる戒(まみ)(いましめ)」とある。蛤の貝殻は二枚が一組であり、それだけが合致し、他の蛤では合致しない、すなわち貞女は二夫に見(まみ)えない、他に夫となる人はいない、合致はしないのだというものである。流人にも当然、愛する妹(いも)(妻あるいは恋人)、はいた。貝づくしの悲歌の中で、その懐かしい妹の名を呼ぶのである。そしてその妹は、貞女二夫に見えずと、貞操堅固であることを、そう願いつつ流人は詠った。

주10 古事記(코 지 키)와 鹿尾藻(히 지 키)

　古事記(코 지 키)와 鹿尾藻(히 지 키)는 서로 음이 유사하다는 것을 근거로 같이 대비했다. 원래 古事記(코 지 키)는 日本書紀(니 혼 쇼 키)나 風土記(후 도 키) 등과 같이 오랜 옛날 일을 이야기하고 있다. 鹿尾藻(히 지 키)도 패조류를 나열하는데 있어, 다른 해조류와 같이 소개되는 희문의 소재가 되고 있다. 야다 타카마사는 그 내용을 깊이 알아야 한다는 것을 말하고 있다. 古事記(코 지 키)는 옛날의 고사들을 모아 뒤섞은 기록류이고 鹿尾藻(히 지 키)는 해조로, 뒤섞어 비비면 버물러 무친 식재료다. 히지키를 잘 씹으며 맛을 음미하면 그 맛을 알듯이 코지키도 숙독하며 내용을 이해하면 옛날 일을 통해 지금 현재 필요한 새로운 것도 알 수 있다. 矢田高當(야 다 타카마사)는 出雲大社(이즈 모 타이 샤)의 神主(칸 누시)이기 때문에 코지키의 내용을 잘 아는 것으로 보아야한다. 그래서 코지키의 내용을 통해 주민들을 교화시키고 싶은 것이다. 히지키를 잘 씹어 먹으면 새로운 맛을 느낄 수 있다는 섬 주민들의 생활 상식에 근거하여 코지키의 내용을 은근히 인지시키는 것이다. 이곳의 「코토노하(言の葉)」란 古事記(코 지 키)(옛날 일을 기록한)의 「코토노하쿠사(事の葉草)」이고, 또 먹는 일을 의미하는 「코토노하쿠사(事の歯草)」를 같이 의미한다. 언뜻 보기에는 먹기 어려울 것 같지만 실제로 잘 씹어보면 모든 사람의 입에 맞는 것이 히지키다. 그와 마찬가지로 어려워서 이해하지 못할 것 같은 코지키도 잘 읽어보면 그 뜻을 이해할 수 있을 것이다. 그러면 그 내용을 잘 안다고 자랑도 하게 될 것이다.

　古事記(こじき)と鹿尾藻(ひじき)とは、互いに韻を踏み、同調した読みとなって、互いに競い合っている。そして古事記は日本書紀や風土記などと並び、古い昔を競い合って語る。鹿尾藻も、この貝藻之綴において、他の海藻類と並び、その戯れ文を競い合って語る。矢田高當は、その内容を深く味わい尽くすようにと説く。一方は古事が混ぜ合わさった「合え物(あえもの)」の記録類であり、もう一方は海藻で、混ぜ合わせると、つまり「和え物(あえもの)」の食材類である。いずれも噛み締めて見れば、好みに合う、口に合うというものである。古事記を熟読玩味すれば、古い事の中から新しい事が発見できると説き、そのように、また鹿尾藻を食し(咀嚼し、嚥下し)深く味わえば、また味の新しい世界を発見できるだろうと説くのである。そのような解説を、戯れ文の「言の葉(ことのは)」に乗せて、また矢田高當は語る。その「言の葉」とは古事記(古事の記)の「事の葉草」であり、また食する事の「事の歯草」のことである。そのような意味深い歯で噛み締めて見れば、一見、食べにくそうなものでも、実は皆、口に合うのであると語る。皆、そのような事は知っている、承知しているのであるが、また、その承知していることを広言(公言)したくなる、おおっぴらにうそぶくことにもなるのである、と矢田高當は語り続ける。

주11 새의 다리

　새의 다리란 해초의 이름으로 바닷말에 속하는 우뭇가사리를 말한다. 새의 발과 닮아 있으므로, 그런 속칭이 있다.

鳥の足

　鳥の足とは海藻の名前で、紅藻のユイキリのことである。鳥の足に似ていることから、そのように俗称される。

주12 카무바쿠사

　다갈색의 해조 모자반을 말한다.

神場草

　褐藻のホンダワラのことである。

주13 중개의 여행을 떠난다.

에도시대의 일본 해안선의 항구와 오오사카(大阪)를 연결하는 간선 항로. 17세기 중반에 열린 것으로 동해의 해역을 서쪽으로 항해하여 시모노세키에서 세도나이카이로 들어가 오오사카에 이르는 니시마와리 항로여행으로, 상품을 싣고 각지에서 교환하는 상행위의 여행이다. 북으로 향하는 키타마에부네는 칸몬해협을 통과하면 바로 오키노리 항법을 취한다. 오키는 그러한 항로의 중계기지, 중개하는 여행지였다.

媒の旅に出る

西廻り海運航路の旅で、商品を積み込み各地で交換する商行為の旅である。北へ向かう北前船は、関門海峡を通過したら、直ぐに沖乗り航法に移る。隠岐あるいは松島竹島の近辺を通過し、能登、越後、出羽、松前へと向かう。そのような航路の旅である。この隠岐は、そのような航路の中継基地、媒の旅の地であった。

해설1 가족들의 슬픔

　이곳에서는 납치된 가족들의 슬픔을 통해 납치된 자의 비애를 설명하고 있다. 실제로 안용복과 같이 납치된 박어둔 가족들의 상황을 전하는 기록이 『죽도기사』에 있다. 안용복 박어둔과 같이 어렵에 나갔던 7인의 동료들은 울산으로 돌아와 그 사실을 가족들에게 알렸다. 그러자 박어둔의 가족들은 울산부를 찾아가 「우리 男親은 아직 돌아오지 않았습니다. 제발 조사하여 사실을 분명히 해주세요」라고 소장을 제출했다. 그러자 울산부는 그 사실을 경상도 순찰사에게 보고했고 순찰사는 조정에 보고했다.

　경상감영에 구출을 요구한 것을 박어둔의 가족은 「親女房子共」였다. 「親女房子共」의 「오야(親)」는 부모·어버이, 「女房」는 처, 「子共」는 자식으로 볼 수 있다. 따라서 박어둔에게는 부모·처·자식의 가족이 있었다는 것이 된다. 「親」를 남편·아버지로 해석한다면 「우리들의 親는 돌아오지 않았습니다」라는 「訴狀」은 박어둔의 처와 자식의 이름으로 제출한 것으로 볼 수 있다. (『竹島紀事』元禄7年2月15日).

해설2 오키의 조선인

　연행한 안용복과 박어둔을 오키 주민들이 친절히 보살핀 것으로 서술하고 있으나 다른 기록에 의하면 두 사람이 오키에 머문 시간이 그리 길지 않아 그런 신세를 질 일이 없었다. 다른 기록에 의하면 둘이 납치된 것은 1693년 4월 18일 오후였다.『장생죽도기』는 밤 10시에 납치하여 도망친 것으로 되어있으나, 직접 연행한 선장의 진술은 그 보다 빠른 시각에 이루어진 것으로 서술했다. 일본 어민들이 죽도에 도착한 것은 17일 오후 2시였으나 조선인들을 발견하자, 그 앞에 있는 섬에서 1박하고 18일아침에 조선인과 접촉했다. 岡嶋正義가 편찬한 『因府歷年大雜集』은 납치 장면을

　　　해가 질 무렵에 배를 밀어 내었다. 뒤에서 쫓아와도 석양이다. 철포를 쏘아도
　　　거리가 멀다. 새벽에 송도라는 곳에 달려 도착했다.

　해가 지기 전에 연행하여 도망친 것으로 했다. 그리고 20일에 隱岐島의 福浦에 도착하여 심문하여 구상서를 작성했고 23일에 후쿠우라를 출발하여 도우젠(島前)에 도착하여, 26일에는 도우젠을 떠나 27일에 요나고로 귀항했다. 그래서 오키에 머문 것은, 도우젠에 머문 날까지 합해도 7일이었는데『장생죽도기』는 2개월이나 머문 것으로 서술했다.

해설3 지명의 松竹

　　마쓰마에(松前)의 마쓰(松)를 성스러운 것이라 했다. 그처럼 성스러운 마쓰(松)와 타케(竹)를 쌍으로 해서 울릉도와 독도를 일본은 타케시마(竹島)와 마쓰시마(松島)라고 부른다. 울릉도와 독도를 일본 사람들이 송죽사상에 근거하여 그렇게 명명한 것이다. 마쓰시마나 타케시마는 독자적으로 사용되기보다는 쌍으로 호칭되는 일이 많다. 그것은 편자가 '마쓰시마와 타케시마를 송죽이 장생하는 이름'이라고 말한 것으로 알 수 있는 일이다.

해설4 송환

　　납치되었던 안용복과 박어둔이 막부의 은혜를 입어 2개월만에 나가사키 봉행소를 거쳐 조선으로 송환된 것으로 서술했다. 그러나『竹島渡海由來記拔書控』·『控帳』·『御用人日記』·『竹島考』 등의 기록은 오키에서 요나고와 톳토리, 그리고 나가사키와 쓰시마를 거쳐 동래부에 송환된 것으로 서술 하는데『竹島渡海由來記拔書控』과『伯耆志』 등은 에도에 들린 것으로 했다. 그런 기록들에 의하면 안용복과 박어둔은 1693년 6월 7일에 鳥取藩을 출발하여 6월 30일 그믐에 長崎에 도착한다. 그리고 7월 1일에 對馬藩에 양도된다. 그때 톳토리한은 안용복과 박어둔을 호송하는 사자를 2인으로 정하고 호송단도 의사와 요리사를 포함하는 90인으로 구성했다. 호송단은 안용복과 박어둔을 가마에 태우고 진수성찬으로 대접했다. 그것을『竹島考』는「참으로 희유한 변사」로 표현했다. 연행해서 처벌을 요구했던 조선인을 송환할 때는 칙사처럼 대접한 것은『竹島考』의 표현대로 희유한 변사로 볼 수 밖에 없다.

해설5 도해금지령

　　일본 어민들이 울릉도에서 조선어민을 납치하여 양국간에「울릉도쟁계(竹島一件)」라는 울릉도의 영유를 둘러싼 영토 분쟁이 전개되었다. 쓰시마한이 막부의 뜻을 왜곡하여 울릉도를 침탈하려는 오랜 숙원을 이루려는 의도에 따른 분쟁이었다. 막부는 타케시마가 조선의 울릉도라는 것을 알았기 때문에 쓰시마한의 뜻과 달리 일본인들의 타케시마도해를 금지시켰다. 그것을『長生竹島記』는「왜국의 선원은 이 선로를 통해 이국과 교류하는 길을 다시는 다녀서는 안 된다」라고 기록했다.

선년, 마쓰타이라 신타로우가 인슈우·하쿠슈우를 통치할 때, 상담이 있었던 하쿠슈우 요나고의 정인 무라카와 이치베에와 오오야 진키치의 죽도도해가 지금에 이르러 어렵이 곤란하게 되었다. 향후 죽도에 도해하는 일을 금지하게 하라는 지시가 있었으므로 그 취지를 이해하실 것. 삼가 아룁니다.

정월 28일		
	쓰치야사가미노카미	재판
	토다야마시로노카미	재판
	아베분고노카미	재판
	오오쿠보카가노카미	재판

마쓰타이라호우키노카미토노

先年松平新太郎因州·伯洲領知之節、相伺之伯州米子之町人村川市兵衛·大谷甚吉竹嶋へ渡海至干今難致漁候。向後竹嶋江渡海之義制禁可申付旨被仰付候間、可被在其趣候。恐惶謹言。

正月廿八日		
	土屋相模守	在判
	戸田山城守	在判
	阿部豊後守	在判
	大久保加賀守	在判

松平伯耆守殿

十二、竹島から唐人を連れ来たる時、
船中にて乗り颷る[間、彼等に]尋問した事

타케시마에서 조선인을 끌고 올 때 선중에서 심문한 일

從竹島ニ唐人連来ハ時船中まて東鵬リ尋問
之事
唐人曰
日本船棄ニ一ツノ星目當テゝ海上ヲ渡ル
ヤイカン
日本人答シ
子ノ方ニ不動星ゟリ是ヲ目當テゝいたす
と云

従竹島唐人連来ル時船中にて乗舮り尋問之事

唐人曰

日本船乗ハ一ツノ星目當テニ海上ヲ渡るやイカン

日本人答ニ

子ノ方ニ不レ動星あり是を目當テニいたすと云

【十二、竹島から唐人を連れ来たる時、船中にて乗り舮る[間、彼等に]尋問した事】

唐人が言う。

日本の船乗りは一つの星(註1)を目当てに海上を渡るというが、果たしてそうであるか。

日本人が言う。

子(北)の方角に動かない星があり、これを目当てに航海を致す。

【12, 타케시마에서 조선인을 끌고 올 때 선중에서 심문한 일】

조선인이 말한다.

일본의 뱃사람은 하나의 별을 중심으로 해서 해상을 건넌다고 하는데 과연 그러 한가.

일본인이 말한다.

자(북)의 방각에 움직이지 않는 별이 있는데 그것을 기준으로 해서 항해한다.

唐人曰

其つゝの星不見へ時ハイカン

日本人曰

星不見へ事ヲ不語唐くてハ何ヲ楯ミすと

古

唐人日

　　其一ツの星不レ見へ時ハイカン

日本人日

　　星不レ見へ事ヲ不レ詰唐ニてハ何ヲ楯ニすと云

唐人が言う。

　　その一つの星が見えない時は、どうするのか。

日本人が言う。

　　星が見えない時［見えるように］事を詰めることはない。唐では何を根拠に［方角を決定］するの

　　かと問う。

조선인이 말한다.

　　그 하나의 별이 보이지 않을 때는 어떻게 하나.

일본인이 말한다.

　　별이 보이지 않을 때 [보이도록] 하는 일을 하지 않는다. 조선에서는 무엇을 근거로 [방

　　각을 결정] 하는 가라고 묻는다.

唐人曰

北斗ハ不動四ツノ星ナリ是イカン

評シ曰十ノ目ノ所視十手ノ所指闇夜ニーて

星不見時ハ磁石ノ針考ノ外なしと云タ

或曰我朝長崎より天竺の摩訶陀羅国の入

口迄海上通泛六丁一里とーて三千八百里

程なり本朝三十六丁一里とーて六百三四

唐人日

　　北斗ニ不動四ツの星あり是イカン

　　評ニ日十目ノ所レ視十手ノ所レ指闇夜ニして星不レ見時ハ磁石ノ針考ノ外なしと云々

　　或日我朝長崎より天竺の摩訶陀羅国の入口迄海上道法六丁一里として三千八百里程ある本朝

　　三十六丁一里として六百三四

唐人が言う。

　　北斗の方角に、動かない四つの星がある(註2)。[この四つの星を目当てにする。]この事を知っ

　　ているか。

　　これを論評するものがいて[その者の]言うことには、十人が十人の目で視る所、また十人が十

　　人の手で指差す所[つまり全ての人が指摘することは]闇夜であれば星は見えない。その時、

　　磁石の針(註3)の差し示す方向以外[方角を知る方法は]無い。また[この論評する者の]言うこ

　　とには、我が国の長崎から天竺の摩訶陀羅国(註4)の入口まで、海上の道法は六丁を一里とし

　　て三千八百里程である。我が国では三十六丁を一里として[数えるが、この数え方で]六百三四

조선인이 말한다.

　　북두의 방각에 움직이지 않는 네 개의 별이 있다. [이 네 개의 별을 기준으로 한다.] 이

　　일을 알고 있는가?

　　이것을 논평하는 자가 있는데 [그 자가] 말하는 것은 10인이 10인의 눈으로 보는 곳, 또

　　10인이 10인의 손으로 가리키는 곳 [즉 모든 사람이 지적하는 것은] 어두운 밤이면 별은

　　보이지 않는다. 그때 자석의 바늘이 가리키는 방향 이외에 [방각을 아는 방법은] 없다.

　　또 [논평하는 그 자가] 말하기를, 우리나라의 나가사키에서 천축의 마카다라국의 입구

　　까지 해상의 도법은 6정을 1리로 하여 3800리 정도이다. 우리나라에서는 36정을 1리로

　　해서 [계산하는데 이렇게 계산하면] 육백 삼사

十里ヲ当る廣東大明より光きハ北斗な星

見ハ兼と云也杤摩詞陀羅國國流洙にえ怜む

國ノ境たゝして往昔日本より渡海ノ時日本

ノ御米印ヲ改早舩に而その国の玉城へ

届けをなしたらひと云也

十里ニ當る廣東大明より先きハ北斗ノ星見へ兼と云也扨摩訶陀羅国流沙ハしやむ國ノ境ニして
往昔日本より渡海ノ時日本の御朱印ヲ改早船ニ而しやむ國の王城へ届けをなしたると云也

十里[の遠方]に当る所に広東がある^(註5)。[そこは]大明[の残党が居る所であるが]ここから
先は北斗の星が見え兼ねると言う。さて、摩訶陀羅国[を流れる]流沙^(註6)はシャム国の境域
[を流れ下る。]その昔、日本から渡海の時[この流砂川の河口に]日本の[船を停留させ、そこ
で]御朱印を改めた後、早船でシャム国の王城へ[向かい、入国の]届け出をなしたと言う。

십 리[의 원방]에 해당하는 곳에 광동이 있다. [그곳은] 대명[의 잔당이 있는 곳이나]
이곳에서 더 나가면 북두의 별을 보기 어렵다 한다. 그런데 아가타라국[을 흐르는] 유사
는 샤무국의 경역[을 흘러 내린다.] 그 옛날에 일본에서 도해할 때 [이 유사천의 하구
에] 일본의 [배를 정류시키고, 그곳에서] 주인을 바꾼 후에, 빠른 배로 샤무국의 왕성으
로 [향하여 입국의] 서류를 제출했다 한다.

주1 하나의 별

움직이지 않는 별로, 북두의 별, 즉 북극성을 말한다.

一つ星

動かない星のことで、北斗すなわち北極星を言う。

주2 움직이지 않는 네개의 별

북극성 이외에는 모두 움직이는 별로 움직이지않는 네 개의 별이라는 것은 없다. 다만, 북극성을 중심으로 하는 성좌군(자미원)을 「하늘의 궁중」이라고 생각하고, 천제인 북극성을 중심으로 그 주변에 있는 세 개의 별을 천관성이라 해서, 이 네 개의 별을 움직이지 않는 별로 했을 가능성은 있다. 즉 28숙에서 제외된 천제어좌소의 네 개의 별을 말한다.

動かない四つの星

北極星以外は全て動く星であり、動かない四つの星というのは無い。但し、北極星を中心とする星座群(紫微垣)を「天の中宮」と考え、天帝たる北極星を中心に、その周辺三つの星を天官星として、この四つの星を動かない星とした可能性は残る。すなわち、動く天宮二十八宿から除外される天帝御座所の四つの星の事である。

주3 자석 바늘

당시의 오키노리 항법(먼 바다로 항해하는 방법), 선두들은 자석에 대한 지식을 가지고 있었다. 그리고 실제로 그들은 이 자석을 지참하고 원양을 항해했다.

磁石の針

当時の沖乗り航法の船頭たちは、この磁石の知識を知っていた。そして実際に彼等は、この船磁石を持参し、遠い航海に船出していた。

주4 천축의 마가타라국

당시의 천축은 동남아시아와 남아시아의 나라들을 가리킨다. 천축의 마가타라국이란 앙고루 왕조의 앙코루왓트를 말한다. 1632년(칸에이 9)에 이곳을 방문한 모리모토 우곤타유우 카즈후사는 이 안코루왓트를 기원정사로 이해했다. 에도 시대에 이미 안코루 왕조는 쇄징하여 샤무(아유타야 왕조)가 지배했다. 그래서 빠른 배로 샤무국 왕성을 향하여, 이곳에서 신청서를 제출했다.

天竺の摩訶陀羅国

この当時、天竺とは東南アジアから南アジアの国々を指す。天竺の摩訶陀羅国とは、アンコール王朝のアンコールワットのことである。寛永九年(一六三二年)ここを訪れた森本右近太夫一房は、このアンコールワットを祇園精舎と理解していた。江戸時代、もはやアンコール王朝は衰微し、アンコールワットはシャム(アユタヤ王朝)の支配下にあった。それゆえ早船でシャム国の王城に向かい、ここで届け出をなした。

주5 육백 삼사십리[의 원방]에 해당하는 곳에 광동이 있다.

니시카와 죠겐의 『증보황이통상고』는 광동까지의 거리를 「일본에서 해상 8백 7십리, 혹은 9백리」라고 기록했다.

六百三四十里[の遠方]に当る所に広東(カントン)がある

西川如見の『増補華夷通商考』は、広東への距離を「日本より海上八百七十里或いは九百里」と記す。

주6 유사

유사는 대하로, 샤무국의 경역을 흐르는 메콘강을 말한다. 니시가와 죠겐의 『증보화이통상고』는 샤무국까지의 거리를 「해상 일본에서 2천 4백리」라고 기록했다. 「당토에서는 서남의 방향에 해당한다. 즉 남천축이 이것이다.」 마가타라국은 중천축에 있고, 그곳에 가는 데는 유사의 하구에 있는 샤무국에 신청서(어주인 아라타메)를 제출한 다음에, 이 유사를 역행해야 한다.

流沙とは大河の事で、シャム国の境域を流れるメコン川のことである。西川如見の『増補華夷通商考』はシャム国への距離を「海上日本より二千四百里」と記す。「唐土よりは西南の方に當れり。則ち南天竺是也」と記す。摩訶陀羅国は中天竺にあり、そこへ行くには、流沙の河口にあるシャム国で届け出(御朱印改め)をし、その後、この流沙を遡行しなければならない。

해설1 선상의 심문

안용복과 박어둔을 납치한 선상에서 별자리를 보며 항해술을 대담한 것으로 하고 있는데, 설정 자체가 무리다. 일본어로 대담이 이루어 진 것으로 보아 안용복과 타케시마마루(竹島丸)의 선두 쿠로베에(黑兵衛)나 히라베에(平兵衛)의 대담으로 볼 수 있는데, 대담의 내용으로 보아 연행되는 선상에서는 있을 수 없는 상황이다.

『長生竹島記』의 내용에 따르면 오키에 2개월간 억류되었다 말을 타고 나가사키로 이송되었으므로, 선두와 대화를 나눌 수 있는 시기는 납치된 4월 18일부터 오키에 도착하는 20일 사이, 즉 18일과 19일로 한정된다. 그런데 18일은 만취한 상태였으므로 19일로 상정할 수 있으나 그것도 무리다. 납치되는 것도 모르게 만취하여 쓰러져 있다가 정신을 차리자 손발을 비비며 목숨을 구걸했다는 안용복이 일본 선장과 대등하게 항해술을 논했다는 것은 자연스럽지 못하다.

일본 어민들은 작년에 이어 연속 2년에 걸쳐 어렵을 포기하고 조선인을 납치하여 귀환하고 있었다. 작년에도 빈 배로 귀환하여 주인한테 질책 당했다. 수익을 내지 못한 것과 빈 배로 돌아올 정당성을 입증할 증거가 없다는 꾸중이었다. 그런데 이번에는 둘을 납치하여 증거물은 확보했다 하지만 수익은 거두지 못했다.

그런 상태로 돌아가면 작년보다 더 심한 질책을 받을 것이 틀림없다. 그래서 납치의 정당성을 확보할 수 있는 자백, 즉 조선인이 범법을 인정하는 자백을 받아야 했다. 그럴 경우 안용복이 그에 상응하는 진술을 해주면 문제가 없겠으나 그렇지 않을 경우에는, 필요한 진술을 확보하 위한 강제적인 방법이 동원되었을 수도 있다.

그러나 안용복이 후에 남긴 진술들을 보면, 자국의 울릉도에서 납치되었다고 생각하고 있었으므로, 기대하는 진술을 확보하지 못했을 것이다. 오히려 일본인들이 조선의 영토에 침범한 사실을 따지는 등 의견 대립을 보였을 가능성이 크다. 그것은 오키에 도착한 선두의 언행으로 상정할 수 있는 일이다.

두 조선인을 연행하여 돌아오자, 오키의 대관은 두 선두에게 조선인을 연행한 구상서의 제출을 요구했으나 거절했다. 자기들이 원하는 구상서를 작성하지 못했기 때문이었을 것이다. 그러자 대관은 구상서를 작성하는 자리에 입회하라고 요구했고 두 선두는 그것도 거절하고, 작성한 구상서에 서명하라는 요구도 거부했다. 자신들이 납치해 온 조선인을 심문하여 구상서를 작성하는 자리에 입회하고 서명하는 일을 거절한다는 것은 간단한 문제가 아니다. 연행한 범죄자들을 심문하여 납치의 정당성을 확인할 수 있는 자리에 스스로 입회를 포기한다는 것도 있기 어려운 일이다.

그것은 선상에서 심문했으나 원하는 진술을 듣지 못했기 때문이었거나, 이미 납치의 정당성을 입증할 만한 충분한 진술을 받았기 때문에 보일 수 있는 태도였다. 그러나 안용복이 울릉도는 조선의 영토라고 주장한 것으로 보면 후자의 가능성은 전무하다. 따라서 두 선두의 거절은, 선상에서 원하는 진술을 확보하려고 노력했으나 뜻을 이루지 못했고, 대관들 앞에서도 원하는 진술을 확보할 수 없다는 것을 예견하였기 때문에 입회를 거절한 것이다.

일본어 능력을 구비한 안용복이 둘을 대표해서 답한 것으로 생각되는 심문은 납치된 선상, 오키 대관소, 요나고의 아라오케(荒尾家), 톳토리한(鳥取藩), 에도(江戶), 나가사키(長崎), 쓰시마(對馬), 왜관 등에서 이루어 졌다. 적어도 7회이상의 심문이 있었는데, 안용복은 시종일관하여 「일본이 말하는 죽도와 송도는 조선의 울릉도와 자산도/독도이기 때문에 국경을 침범한 것은 우리가 아니라 일본어민」들이라고 주장했다.

해설 2   자미원(紫微垣)

고대 중국의 천문학에서 천구(天球: 지구를 중심으로 하는 천체)를 3구획으로 나눈 3원(垣)의 중원(中垣)을 말한다. 삼원이란 천구를 하늘의 북극을 중심으로 셋으로 나눈 자미원·태미원(太微垣)·천시원(天市垣)의 총칭이다. 혹은 그 기준이 되는 성좌(星座·星官). 「자미(紫微)」·「자미궁(紫微宮)」·「자궁(紫宮)」·「자원(紫垣)」이라고도 한다. 천제의 소재로 알려져 있기 때문에 황궁, 조정의 이칭으로 사용하기도 했다. 자금성의 자(紫)도 이것에 근거한다.

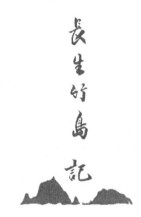

長生竹島記

十三、竹島[渡海]から八年目あべんてふ、虎へひ、義を糺して隠州へ渡った事

タケシマ 도해 8년째 아벤테후와
토라헤히가 의를 따지기 위해 인슈우로 온 일

従竹島八年目にぺん虎義を紀して隠忍へ
渡之事
さ〜る唐人の老なをなら渡海るすせてな
ん讀終ら
唐國は雲を戴して〜隠岐の海乃
すにもら道を渡る舟ひと

　　従竹島八年目あべん虎義を糺して隠州へ渡之事

　　ここに唐人のすなをなる渡海によせてなん讀める

　唐国の雲をへたてゝ隠岐の海乃　すくなる道を渡る舟ひと

　　【十三、竹島[渡海]から八年目(註1)あべんてふ、虎へひ、義を糺して隠州へ渡った事】

　唐人の素直な[人柄と、その隠岐への]渡海に寄せて、ここで[矢田高當が]歌を詠む。

　　唐国の雲をへたてゝ隠岐の海の　すくなる道を渡る舟ひと

〈歌意〉　唐(韓)の国と雲や海を隔てて隠岐の国がある。その隔ての隠岐の海を、ここで素直な気持ち
　　　　で渡って来た唐の舟人がいる。[その素直さゆえに帰国を許され、その隔ての海を再び渡
　　　　り、帰国していった。これは実に嬉しいことである。]

　　【13, 타케시마 도해 8년째 아벤테후와 토라헤히가 의를 따지기 위해 인슈우로 온 일】

　조선인의 솔직함을 도해에 붙여 [야다 타카마사]가 노래했다.

　　조선국의 구름을 사이에 둔 오키의 바다, 바른 길을 건넌 뱃사람

〈가의〉　조선국과 구름이나 바다를 사이에 두고 오키노쿠니가 있다. 그 먼 바다를 순수한 기분
　　　　으로 건너온 조선의 뱃사람이 있다. [솔직하기 때문에 귀국이 허가되었던 바다를 건너
　　　　귀국했었다. 그런데 그들이 다시 건너와 감사를 표하고 귀국한 것은 기쁜 일이다.]

されい君子ノ語ニ離ハ恩て報せよと示たうきと
行と者ハくなく聖幸隠兄島後福浦港より二
里脱西村と云港へ異國舩馳来り村中驚き濱へ
出ろ唐人も二里針の立違ひを上て不レ知所を来
撒けよ惑して如何が是福浦港ハ何をか差か哉
と問ヶれバ福浦み去ヰ長逗留して其時西村ハ

されハ君子の語ニ讐ハ恩て報せそと示あれと行之者ハすくなく翌年隠州島後福浦港より二里脇西村と
云港へ異国船馳来り村中驚き濱へ出る唐人も二里針の立違ひをして不知所へ乗掛け当惑して如何が
是福浦港ハ何れに差ス哉と問けれバ福浦に去年長逗留して其時西村ノ

そもそも君子が語る言葉に、讐(あだ)は恩で報わせるべきとの教示がある。だがこれを実際に行なう者は少
ない。[二人の朝鮮人が隠岐から帰国の途に就き、長崎へ去った、そして朝鮮国へ帰っていったとい
う。その]翌年のことである(註2)。隠州島後の福浦港から二里ばかり脇にある西村と云う港へ、異国船
がやって来たと[そのような知らせが飛び込んできた。西村の]村中の者は驚き[いっせいに]浜へ出
た。[異国船とは朝鮮の船で、彼等は福浦を目指し渡って来たという。その乗り組む]唐人も、二里ば
かりの見当違いをしたことで、知らない所へ乗り掛けたものだと当惑して[いる様子だった。]さて、どうし
たものか、福浦港へ行くには、どの方角を目指すべきかと[西村の村人に]問い掛けてきた。[この異
国船の乗員の中に]去年[竹島で捕らえられ]福浦に長逗留していたものがいた。その[長逗留の]
時、西村の

옛날에 군자가 한 말에「원수는 은혜로 갚아야 한다」라는 교시가 있었다. 그러나 그것을 실행
하는 이는 많지 않다. [두 조선인이 오키에서 귀국의 길에 올라, 나가사키를 거쳐 조선으로 돌
아갔다 한다.] 다음 해의 일이다. 인슈우 도우고의 후쿠우라항에서 2리 정도 떨어진 니시무라
라는 항에 이국선이 왔다는 [연락이 들려왔다. 니시무라] 마을 사람들이 놀라서 해변에 나갔
다. [이국선이란 조선의 배로, 그들은 후쿠우라를 목적으로 건너왔다 한다. 그 배에 탄] 조선인
도 2리 정도 틀린 곳에 도착 했다는 것을 알고, 알지 못하는 곳이라며 당황하는 [모습이었다.]
이거 어찌된 일인가? 후쿠우라 항에 가려면 어느 방향으로 가야 하는가라고 [니시무라 사람들
에게] 물었다. [그 선원 중에] 작년에 [죽도에서 연행되어] 후쿠우라에 [장기간] 두류했던 자
가 있었다. 그때 니시무라

者見物と行けべんてふ處けひなりと見知りた
るものゝ多其故ふ隆の切者を測剌で方角午未り
当ル三十六丁一里とーて通浜二里ありねと仕形
をなせ丶其佟舟を漕出し福浦港をさーても粲
㭺ろ役等去年連れ末ろ時船中ゝて能里をたて
末りしものと見へけり二里針の立違ひいいた
ふられと敢百里の道也鍛錬の程日本人ふ可越

者見物ニ行あべんてふ虎へひなりと見知りたるもの多其故に隣の巧者を聞馴て方角午未ニ当ル三十六丁一里として道法二里あると仕方をなせハ其伝舟を漕出し福浦港をさしてそ乗掛る彼等去年連れ来る時船中にて能星をたて来りしものと見へけり二里針の立違ひハいたしけれと数百里の道也鍛錬の程日本人に可越

者たちが見物に行くことがあったが、なんと、その時の囚われ人の、あべんてふと虎へひではないか。[西村では]彼等を見知っている者も多かった。それゆえ隣里郷党の[航海の]巧者から[彼等は福浦への道順、その水路の状況を]よく聞き出し、耳馴らしをした。そして[福浦の]方角は午未(南南西)に当たると、三十六丁を一里として[その福浦までの]道のりは二里であると[そのような航法の]概略を知ると、その伝、舟を漕ぎ出し、福浦港を目指し、乗り出して行った。彼等は去年[隠岐に]連行されて来たが、その時、船中にて[方位計測のため]能い方法で星を見立てる事を覚えたのであろう。[西村と福浦という僅か]二里ばかりの[位置の]立ち違いは致したが[朝鮮から日本の隠岐という遠距離の航海を美事に果たした。]これは数百里の道のりである。[それゆえ、その船乗りとしての]鍛錬の程は、日本人を越える程

사람들이 구경간 일이 있었는데, 웬걸 그때 붙잡혔던 아벤테후와 토리헤히가 아닌가? [니시무라에는] 그들을 알아보는 자도 많았다. 그래서 인근의 항로에 밝은 자들한테 [그들은 후쿠우라로 가는 항로와 수로의 상황을] 묻고 들어서 익혔다. 그리고 [후쿠우라로 가는] 방각이 오미(남남서)에 해당하고, 36정을 1리로 해서 [후쿠우라까지의] 거리가 2리라고 [그러한 항법의] 개략을 알자, 그대로 배를 저어서 후쿠우라항을 향해서 배를 타고 나갔다. 그들은 거년에 [오키에] 연행되어 왔는데, 그때 선상에서 [방위를 계측하는] 좋은 방법으로 별을 좌표로 삼는 것을 알았을 것이다. [니시무라와 후쿠우라라는 겨우] 2리 정도를 틀렸지만 [조선에서 일본의 오키라고 하는 원거리를 보기 좋게 항해했다.] 이것은 수 백리의 도정이다. [그렇기 때문에 뱃사람으로] 단련된 정도는 일본인을 뛰어넘을 정도

へ哉と切者なら舩業評すゝり抑又福浦ども
唐人末りてと又驚き地下人濱へ出るお馴染の
ながくんでる売とひなり下地瞥逗當トで日本言
棄も間々さとり役等ら唐音も推察し看骨否哉
竹嶋た舩主方を差て上りゝり扨者年障りむ阿
ぶぬ　御上意惠を懷りたり事を尽く麼りたの

へ哉と巧者なる船乗評すなり扨又福浦にても唐人来りてと又驚き地下人濱へ出るに馴染のあべんてふ虎へひなり下地暫逗留して日本言葉も間々さとり彼等か唐音も推察し着岸否哉竹嶋丸船夫方を差て上りけり扨去年障りもあらぬ　御上意恵を蒙りたる事を厚く慮りその

[の技量]である。そのような[彼等への高い評価を]巧者である[隠岐の]船乗りたちは下していた。

　さてまた福浦にあっても、唐人がやって来たと、また[同様に]驚いて土地の人たちが[いっせいに]浜へ出た。すると[やって来たのは]馴染みのあべんてふ、虎へひである。[彼等は]この地に暫く逗留していたから[今や]日本言葉も折々に悟り、また彼等が発する唐音も[この土地の人たちには少しばかり]推察できるようになっていた。[異国船であるから、この地に]着岸することは許されぬ。[だが彼等は、この地にあって]竹島丸[に乗り込んでいた]船夫方を目指し[敢えて]上陸してきた。[そして、そこで話し出した事は]さて去年のことでございますが、支障無く[我等の帰国を許すとの]御上意[がございました。そのような]ありがたい恵みを蒙った事を厚く[感謝致しますと申し述べた。そして、その]慮り、その

[의 기량]이다. 그렇게 [그들에게 높은 평가를, 항해에] 능숙한 [오키의] 뱃사람들이 내렸다.

　그런데 후쿠우라에서도 조선인이 왔다고 [마찬가지로] 놀라서 지역 사람들이 [일제히] 해변에 나갔다. 그러자 [온 자는] 친숙한 아벤테후와 토라헤히였다. [그들은] 이곳에 잠시 두류하고 있었으므로 [지금은] 일본어도 조금씩 알고, 또 그들이 말하는 조선말도 [이곳 사람들도 조금은] 추찰할 수 있게 되어 있었다. [이국선이기 때문에, 이 땅에] 착안하는 것은 허가할 수 없다. [그러나 그들은 이곳에 있으며] 타케시마마루[에 타고 있었던] 선부님을 만나겠다며 [굳이] 상륙했다. [그리고 그곳에서 말한 것은] 그런데 거년의 일입니다만, 지장없이 [우리들의 귀국을 허가한다는] 윗사람의 뜻[이 있었습니다. 그와 같이] 고마운 은혜를 입은 것을 깊이 [감사합니다라고 아뢰었다. 그리고 그] 생각, 그

礼儀と見やて地らへ指をさ—でた棒をなし次
に集り居る大勢お向はス三拝して丁寧つ以後
仁カン無量恩徳とちんぷんかんのセりりか徐
なか音聲ぞくし況浦人も皆ゐ礼義みだ㐂す跳
理手も合感滾滾じうなづき誠ニ悪心悔己義と
義ませもる異朝の出會あり古し俤馬とじ

礼儀と見へてそらへ指をさして九拝をなし次ニ集り居る大勢に向ひ又三拝して一別つ以後イカン無量恩德とちんぷんかんのわかりかねたる音聲ぞかし況浦人も皆以礼儀みださす跪き手を合感涙流しうなづき誠ニ正レ心㆗修レ己㆗義と義にせまる異朝の出會なり古へ昔し俛焉とし

[謝意を表す] 礼儀を [ここで] 見せるのであった。[まず始めに] 空へ向かって指を差し九拝する。次に、集って来た大勢に向かい、また三拝する。そして一別以来、如何 [でございましたでしょうか。その折、我等が蒙った] 恩徳は実に量り知れぬ程のものがございましたと、ちんぷんかんの分かり兼ねる音声で [浦人に縷々感謝の言葉を] 述べた。[これを聞いた] 浦人たちは [感激し] なおさらのこと、皆、礼儀を乱さず 跪（ひざまず）いて手を合わせた。[彼等の] 感謝 [の気持ちに] 涙を流し [その真心を了解し] うなずき合った。誠に [この事は] 心を正し己を修して [顧みれば、朝鮮の] 義と [日本の] 義 [との美しい出会いである。互の真心が通じ、万感、胸] に迫る異朝の出会いであった。古（いにしえ）の昔は、このような俛焉（べんえん）（勉め励むさま）の中で、

[감사를 표하는] 예를 보였다. [먼저] 하늘을 손가락으로 가리키며 9배한다. 다음에 모여든 사람들을 향해 또 3배한다. 그리고 한 번 헤어진 이래로 어떻게 [지내셨습니까. 그때 우리들이 입은] 은혜는 참으로 헤아릴 수 없을 정도였습니다라고, 횡설수설하며, 알아듣기 어려운 말로 [포구 사람들에게 누누이 감사의 말을] 했다. [그것을 들은] 포구 사람들은 [감격하여] 예의에 어긋나지 않게 무릎을 꿇고 합장했다. [그들의] 감사[하는 기분에] 감루를 흘리며 [그 진심을 이해하고] 서로 고개를 끄덕였다. 참으로 [이 일은] 마음을 바르게 하고 나를 수양하며 [생각해보면 조선의] 의와 [일본의] 의[가 아름답게 어울리는 일이다. 서로의 진심이 통하여 만감이 가슴에] 다가오는 다른 왕조와의 만남이었다. 오랜 옛날에는 그처럼 서로 격려하는 가운데

て異朝義理の紀事ハ候へ共当時ハ異國之人
ヽ出合仁義の道を行ふ事ハ堅し候令志し候
人も全く青表紙を解く講談而已ニ候ひなしき
といへ共国後を以て觀懲り発シ義理ニたる事
古今稀なり嗚呼後世義理を行ふに天下の亀鑑
なり取一礼怠りて御制禁を憚り不違時日愚意

て異朝義理の糺事もあるべけん当時ハ異國人ニ出合仁義の道を行ふ事ハ堅し仮令志しある人も全く青
表紙を解く講談而已なりいやしきといへとも島後におゐて顕然ニ発義理[7]たる事古今稀なり嗚呼後世義
理を行ふ天下の亀鑑なり扨一礼終りて御制禁を憚り不違時日急き

異朝の義理を糺す事など、ある筈もないことであった。[殊に文禄慶長の]当時は[戦乱の渦中にあり]
異国人との出合いに仁義の道を行なう事は難しかった。たとえ、その　志　の有る人でも[実践に到るま
でのことはなく]、全く青表紙(儒学の本)を解説する講談[のような話]のみであった。下賤の者と雖
も、この島後に於いて、このように顕然として義理を発した事は、古今を通じて稀なことであった。嗚
呼[まさに、この異国人の行ないは]後世[を見渡しても、おそらく]義理を行なう天下の亀鑑(手本)と
なるものであろう。

　さて[この異国人の村人への感謝の]一礼が終った。[異国船の着岸は許されないという強い]御制
禁がある。その御制禁を憚り[いたずらに]この地に長滞留するようなことはできない。急いで

다른 왕조의 의리를 따지는 일 등은 있을 수 없는 일이었다. [특히 임진왜란] 당시는 [전란 중
이라] 이국인과 교류하는데 있어 인의의 도를 행하기 어려웠다. 설령 그런 뜻이 있다 해도 [실
천하는 일은 없고] 오로지 유학서(청표지)를 해설하는 강담이 있을 뿐이었다. 미천한 자라 해
도, 이 도우고에서 이처럼 분명하게 의리를 행한 일은 고금을 통해서 드문 일이라는 것을 안다.
아아 [조선인의 이런 행위는] 후세에도 의리를 행하는 천하의 귀감이 될 것이다.

　그런데 [두 조선인은] 일련의 예를 마치자 [이국선의 착안은 허가하지 않는] 금법을 꺼려
더 이상 체류하지 못하고 서둘러

異國船る打乗りいれい藻を焼浦の老若男女濱
邊へ出て言葉ららい名残を惜しみ紅涙たも
とをひたす猶唐人も名残るろみとら／＼と涙
を流し手を揚けて朝鮮若て眠りけるたとへぶ
たなき別きなり

異國船に打乗りけれハ藻を燒浦の老若男女濱邉へ出て言葉わからぬ名残をおしみ紅涙たもとをひたす
猶唐人も名残はるかにはらはらと涙を流し手を揚けて朝鮮差て帰りけるとへがたなき別れなり

[彼等は、その] 異国船に打ち乗ることになった。それゆえ藻を焼く浦の老若男女[は、皆] 浜辺へ出
て、言葉の分からぬままに名残を惜しみ、その[別れに際し] 紅涙で 袂 をひたした。猶、唐人もいっ
そう名残を惜しみ、はらはらと涙を流した。[去りゆく船の上で彼等は] 手を揚げ[手を振り、その船は]
朝鮮を差して帰っていった。それは、たとえようも無いほど[美しい] 別れであった。

[그들은 그] 이국선에 올라타게 되었다. 그러자 해초를 태우는 포구의 남녀 노소 [모두] 해변
에 나와 말이 통하지 않는데도 이별을 슬퍼하며 [헤어질 때는] 흘리는 홍루로 옷소매를 적셨
다. 또 조선인도 한 층 이별을 슬퍼하며 눈물을 줄줄 흘렸다. [떠나가는 배 위에서 그들은] 손
을 흔들었고, 배는] 조선을 향해 돌아갔다. 그것은 비교할 수 없을 정도로 [아름다운] 이별이
었다.

주1 타케시마(도해)에서 8년 째

　이타야 나니베에가 처음으로 타케시마에 도해한지 8년째라는 것이다. 전년이 7년 째, 그리고 이 해가 8년째라고 이타야 나니베에가 그렇게 기억한 것이다.

竹島(渡海)から八年目

　板屋何兵衛の初めての渡海から八年目ということである。前年が七年目、そしてこの年が八年目であると板屋何兵衛の老いてからの記憶である。

주2 다음해의 일이다

　안용복이 오키에 연행된 것은 겐로쿠 6년(1693)의 일로, 그 후 그가 다시 도일한 것은 3년 후인 겐로쿠 9년(1696)의 일이다. 그렇기 때문에 다음해라고 말할 수 없다. 그러나 이타야 나니베에의 기억(약 50년 후의 기억)으로는 익년이라고 생각할 정도로 가까운 해(즉 3년 후)에 안용복이 건너왔다. 그 때의 안용복은 [톳토리한을 방문하는] 왕로에 오오히사무라에 머물고 후쿠우라에는 정박하지 않았다. 돌아가는 귀로에 대한 다른 자료가 없어 불명이지만 오키에 들리는 경우는 충분히 생각할 수는 있다.

　그보다는 이타야 나니베에의 기억은 구체적인 곳에서는 착오가 있다. 전체적으로는 이야기에 신빙성이 있어 수긍할 수 있다. 그렇기 때문에 조선인 일행은 귀로에 오키에 들린 것이다. 원래 이나바의 카로항에서 조선으로 돌아가려면 서쪽에서 부는 편서풍과 반도 동안을 남하 동류하는 해류를 거슬러 배를 진행시키게 된다. 그러기 위해서는 오키의 후쿠우라에서 일단 바람을 기다리고 조수도 살펴볼 필요가 있다. 그리고 동풍 혹은 남풍이 불 때 출선한다. 또 해상에서 마쓰시마를 확인하고 다시 방각을 정하여 타케시마로 돌아가게 된다. 그 후에 타케시마에서 조선의 동안으로 건너가는 것이 용이한 항로다. 안용복은 이 같은 항로를 거쳐 조선으로 돌아갔을 것이다. 이타야 나니베에의 이야기는 야다 타카마사가 창작한 것이 아니었다.

翌年のことである

　安龍福が連れ去られ、隠岐に渡ってきたのは元禄六年(一六九三)のことで、その後、彼の再度の渡日は三年後の元禄九年(一六九六)のことである。それゆえ翌年とは言えない。だが板屋何兵衛の記憶(約五十年後の記憶)では、翌年と思えるほどに近い年(つまり三年後)に、この安龍福はやってきた。安龍福は往路、大久に留まり福浦には停泊していない。復路については他に資料が無く不明であるが、隠岐に立ち寄ったことも充分に考えられる。というより、板屋何兵衛の記憶は、細かいところは錯誤があるものの、大筋としては、その話は信憑性があり首

肯できる。それゆえ朝鮮人の一団は、その復路においても、また隠岐に立ち寄ったのである。

　そもそも因幡の賀露の湊から朝鮮半島に戻ろうとすれば、西からの偏西風と半島東岸を南下東流する海流に逆らい、船を進めることになる。そのためには隠岐の福浦で一旦風待ちし、汐待ちする必要がある。そして東風あるいは南風が吹いたところで出船がある。さらに洋上に松島を確認し、今一度方角を定め、竹島へ戻るのである。その後、竹島から半島東岸へ渡ることになるが、これは容易な航海である。安龍福は、このような航路を辿り朝鮮へ戻ったのである。板屋何兵衛の話は、矢田高當の創作などではなかった。

해설1 안용복과 박어둔의 도해

일반 기록에 의하면 안용복과 박어둔이 납치 된 것은 1693년의 일이다. 그 후 1696년에 안용복은 쓰시마한(對馬藩)의 비리를 소송한다면 11인의 일행을 구성하고 톳토리한(鳥取藩)을 방문했다. 그런데 그 일행에 박어둔은 포함되지 않았다. 그는 울릉도에서 어렵을 하다 일행이 귀국할 때 같이 동행할 예정이었다. 따라서 안용복과 박어둔이 같이 오키에 들려 주민들의 환영을 받은 것으로 하는『長生竹島記』가 말하는 오키 방문은 1696년의 도일과는 동일시 할 수 없다.

안용복과 박어둔 두 사람이 같이 오키에 들린 것은 1693년뿐이다. 다른 기록에 의하면 안용복이 다시 일본을 방문하는 것은 1696년으로, 그때의 일행 11인에 박어둔은 포함되지 않았고, 오키에 2주 정도 머물렀으나 후쿠우라가 아니라 오오히사무라(大久村)였다. 톳토리한을 방문하고 귀국할 때 후쿠우라에 들렸는지 여부는 기록으로 확인할 수 없다. 따라서 두 사람이 1694년에 후쿠우라에 잠시 들렸다 돌아갔다는 내용은 사실로 보기 어렵다. 더군다나 1694년의 안용복은 동래부에서 복역 중이었다.

『長生竹島記』는 오키를 방문한 안용복과 박어둔이 감사의례만 올리고 1박도 하지 않고 조선으로 돌아간 것으로 했다. 그러나 1696년의 안용복은 톳토리로 향하다 오키의 오오히사무라에 표착하자 대관소를 찾아가 연유를 밝히고 2주일 정도 머물다 톳토리 아카사키(赤崎)로 건너갔다. 그리고 2개월 정도 머물다 8월 6일에 톳토리의 가로항(加路港)을 떠나 같은 8월에 강원도 삼척으로 귀환하여 체포 당했는데, 그 귀로에 오키에 들렸는지 여부는 확인되지 않는다.

따라서 안용복과 박어둔이 1694년에 오키를 다시 방문했다는『長生竹島記』의 내용은 사실로 볼 수 없다. 1694년에 보은의례를 거행하기 위해서 방문했다는 것은 1696년의 톳토리한 방문을 윤색했거나 또 다른 경험에 근거한 내용으로 보아야 한다.

안용복과 박어둔의 방문을 환영하고 헤어지는 것을 아쉬워하는 주민들의 반응은 1693년에 납치되어 죄인 취급을 받으며 3일 머물다 떠난 두 사람에 대한 것이 아니다. 모든 주민이 해안으로 나와서 환영하고 헤어질 때 옷소매를 적실 정도로 눈물을 흘리는 관계는 한 두 번의 교류로 가능한 것이 아니다. 그 이전에 수 차례 왕래하며 주민들에게 은혜를 베풀었거나 그들에게 이익이 되는 일을 하지 않았다면 그러한 영접과 전송은 있을 수 없다.

안용복의 일본에서의 행적

　현재 유포되는 기록에 의한 안용복의 일본에서의 행적을 정리해볼 필요가 있다. 납치 당한 1693년의 안용복은 타케시마(竹島·鬱陵島)–오키노시마(隱岐島)–요나고(米子)–톳토리한(鳥取藩)–에도(江戶)–나가사키(長崎)–쓰시마한(對馬藩)을 전전하다 송환되었다. 또 1696년에 톳토리한을 방문했을 때는 타케시마–마쓰시마(松島·子山島)–오키노시마–아카사키(赤崎)–아오야(青谷)의 센넨지(專念寺·千年寺)–가로(賀露)의 토우젠지(東善寺)–톳토리한–코야마이케(湖山池)를 전전한 후에 가로항(賀露港)을 떠나 귀국했다.

　각 지역의 체재한 기간을 정리하면 오키노시마에는 1693년 4월20일부터 4월 26일까지의 7일, 1696년 5월18일부터 아카사키에 나타나는 6월 4일까지 약 16일을 머물러 총 23일 정도 머문 것이 된다. 요나고에는 1693년 4월 27일부터 톳토리로 출발하는 5월 29일까지 약 32일간 머문 것으로 볼 수 있으나, 나가사키로 송치되기 이전에 34일간 톳토리에 두류했다는 기록이 있어 변동성이 있다.

　요나고에 온 4월 27일부터 나가사키로 떠나는 6월 7일까지의 39일 중 요나고에서 32일간 톳토리에서 7일간 머물렀다는 후세의 기록과 5월 1일부터 6월 7일까지 34일간을 톳토리에 두류했다는 기술이 있다. 34일을 톳토리에 두류했다는 진술에 따른다면 요나고에는 2일간 머문 것이 되는 데, 그것은 『죽도도해유래기발서공』의 「조선인은 잠시 가쓰후사에게 맡겼다(暫く唐人は勝房へ御預け)」의 「잠시(暫く)」와 부응하는 일수다.

　톳토리에는 1693년 6월 1일부터 나가사키로 송환되는 6월 7일까지의 6일과 1696년의 6월 4일부터 송환되는 8월 6일까지의 61일을 합하면 총 67일간 머물렀다. 34일간을 두류했다는 진술을 인정하면 95일간 머문 것이 된다. 또 나가사키까지 이동하는 22일간을 포함하면 톳토리한이 117 일 간 신변을 확보하고 감시했다는 것이 된다. 요나고를 톳토리와 구별하는 것은 요나고 상인들이 막부의 고관들과의 관계를 배경으로 해서 도해하기 때문에, 톳토리한과 이해를 달리하는 점도 있기 때문이다.

　나가사키에는 1693년 6월 30일에 도착하여 8월 16일 정도까지 약 46일간을 머물렀고, 쓰시마한에는 9월 2일부터 10월 21일까지 49일간을 머물렀다. 그러나 나가사키 봉행소가 6월 그믐에 도착한 안용복 일행을 7월 1일에 톳토리한 사자한테 인계 받아 즉시 쓰시마한의 연락관에게 인도했으므로 나가사키 봉행소가 감시한 것은 단 하루였고, 7월 1일부터 10월 21일까지 110여일은 쓰시마한이 신병을 확보하고 있었다. 거기에 왜관에서 조선에 양도하는 12월 10일까지의 48일을 포함시키면 총 158일간 억류하고 감시행다는 것이 된다.

〈 1차 도해 경로 〉 울릉도 → 오키의 후쿠우라 → 오키의 도우젠 → 요나고 → 톳토리번
→ 에도 → 나가사키 → 쓰시마한 → 부산

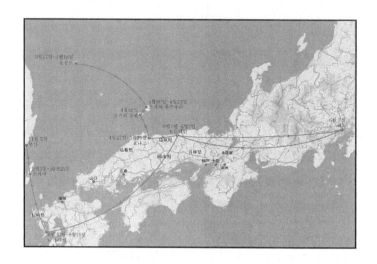

〈 2차 도해 경로 〉 울릉도 → 독도 → 오키 → 호우키의 아카사키 → 나가오하나 → 아오
야의 센넨지 → 가로의 토우젠지 → 톳토리 성하의 마치가이쇼 → 코
야마이케 → 카로항 → 강원도 양양

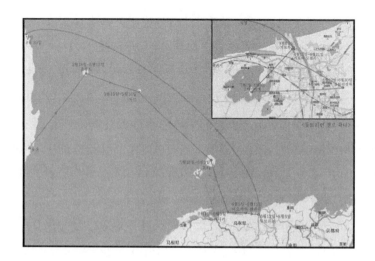

十四、結び
결

日朝鮮國なへゝてふ虎へひも隠岐へ渡
海して歳ゝ包て明さ拾と白髪の老たる
もの又上件をこと〳〵九録年中隠岐よ
り渡海をしたる竹島も水主や八十有餘
近長壽して妻敷悟心亦大社依官澳師棒
儀たエ門も歳盛なる頃隱岐ニ洲ふあり

日、日朝鮮国あべんてふ虎へひも隠州へ渡海して歳を包て明されと白髪の老たるもの又上件に云こと
く元禄年中隠州より渡海をしたる竹島丸水主も八十有餘迄長寿して委敷悟し亦大社仮宮漁師椿儀左衛
門も歳盛なる頃隠岐ノ州ニおゐ

【十四、結び】

　［以上のような話を聞き、改めて彼等の事情を］言えば、朝鮮国の、あべんてふ、虎へひも、隠州
へ渡海した折、その歳を包み隠し、明さなかった。だが［その姿形を見た人が語ったところによれ
ば］白髪の老いた人物であったという(註1)。また以上のような話を［詳しく］語ってくれた［板屋何兵衛と
いう人物は］元禄年中、隠州から渡海をした竹島丸の水主であるが、この人物も八十有余になる迄の
長寿を重ねていた。［板屋何兵衛は朝鮮人連行の、その当事者である。］ゆえに［様々な事を知ってい
たから］詳しく語り伝えることができたのである。また大社の仮宮の漁師である椿儀左衛門も、歳の盛り
の頃、隠岐洲に於いて

【14, 결】

　［이상과 같은 이야기를 듣고, 다시 한번 그들의 사정을］ 말하자면, 조선국의 아벤테후와 토
라헤히가 인슈우에 도해했을 때, 나이를 숨기고 분명히 밝히지 않았다. 그러나 ［그를 본 사람의
말에 의하면］ 백발의 늙은 인물이었다 한다. 또 이상과 같은 이야기를 ［자세히］ 이야기해 준
［이타야 나니베에라는 인물은］ 겐로쿠 연중에 인슈우에서 도해하는 타케시마마루의 수주였
는데, 그 인물도 80여세가 될 때까지 장수했다. ［그는 조선인을 연행한 당사자였］기 때문에
［여러 가지 일을 알고 있었으므로］ 자세히 이야기로 전달할 수가 있었던 것이다. 또 다이샤 가
궁의 어부 쓰바키 기자에몬도 혈기가 왕성할 때 오키노시마에서

て竹嶋傳聞を今歳齢八十有餘るトて始
終を語りて予さの者爰ふもぱぐさき
ハ珍しく心朝鮮隱雲三ヶ國の長生の樹
ひ実ら三島鶴が乾坤并し居りを以て
登己て笑なりといへとも見聞の草正と
齢を語び なる〻罷ん

て竹嶋傳聞を今歳齢八十有餘にして始終を語りて予この書爰にもとずくされハ珍しくも朝鮮隠雲三ヶ国の長生の揃ひ実ニ三島鶴の乾坤并し宿りとも云フへし一笑ありといへとも見聞の輩正ニ齢を結びあるらん

[この板屋何兵衛から詳しく]竹島の伝えを聞いた。今、その歳は齢八十有余であり[それゆえ、この事の]始終を[懐かしく回顧することで、充分に]語り出すことができた。[そして、そのような話を聞いた]私も[また、すでに老境に入っている。それゆえ、この奇事を、また後世に語り残したいと思う。]この書は[そのような老人の繰り返す語り伝えに]基づいてできあがったものである。そうであるからには、これは珍しい朝鮮国と隠岐国と出雲国という三ヶ国の、珍しい長生の揃いということが言える。実（まこと）に[竹島、松島、隠岐島という]三島が揃った[永世の揃い]であり[また三羽の]鶴[のような老翁三人、板屋何兵衛、椿儀左衛門、矢田高當]が乾坤（けんこん）に並び宿りつつ[語り継いだ、目出度い三つ]揃いの話とも言える。一笑されるかもしれないが、このような目出度い話を、こうして見聞きする輩は、正（まさ）に齢を[今後、目出度く長生に]結ぶことになるであろう。

[그 이타야 나니베에한테 자세하게] 타케시마의 이야기를 들었다. 지금 그의 나이는 80여세[이기 때문에, 그 일의 시종을 [회고하며] 이야기할 수 있었다. [그리고 그러한 이야기를 들은] 나도 [역시 완전히 노경에 들었다. 그래서 이 기이한 일을 후세에 이야기로 전하고 싶다고 생각한다.] 이 책은 [그러한 노인이 반복해서 전하는 이야기에] 근거해서 완성한 것이다. 그렇기 때문에 이것은 진기한 조선국과 오키노쿠니와 이즈모노쿠니 3개국의 진기한 장수의 이야기를 모은 것이라고 말할 수 있다. 그야말로 [타케시마·마쓰시마·오키노시마라고 하는] 3도가 갖추어진 [영세의 모음]이다. [또 세 마리의] 학과 같은 노옹 3인 이타야 나니베에·쓰바키 기자에몬·야다 타카마사]가 세상 천지에 같이 존재하면서 [이야기로 전하는 경하스러운 세] 쌍의 이야기라고도 말할 수 있다. 일소에 붙일지도 모르나 이렇게 경하스러운 이야기를, 이렇게 견문하는 자들은 틀림없이 수명을 [금후 경하스럽게 장생하]게 될 것이다.

おもひ過し昔の盛なりし事を思

ひ余りて讀る

なうらへて今や我の身みれ十九づれ髪

老しむっしを思ふことの葉　椿

ここに過し昔の盛なりし事をなん思ひ余りて讀ける

　　なからへて今は我か身の九十九髪<ruby>　</ruby>　すきしむかしを思ふことの葉　　　　椿

ここで、過ぎ去った昔の盛りであった頃を思い出し、歌を詠むことになった

　　長らえて今は我が身の九十九髪　過ぎし昔を思うことの葉　　　　椿

〈歌意〉　命も長らえ、今や我が身も老い尽きてしまった。白髪の九十九髪となった今、過ぎ去った昔
　　　　が、殊の外、思い出される。そして、その思い出の数々が、つい言葉として出てしまうので
　　　　ある。
　　　　　　　　　　　　　　　　　　　　　　　　　　　　　　　　　　　　　　　椿儀左衛門

여기서, 지난 과거에 건장했던 때를 생각하며 노래를 읊기로 했다.
　　장수한 지금의 나의 신체는 대파의 뿌리와 같다. 지난 옛날이 생각난다.　　　쓰바키

〈가의〉　장수하여 이제는 나의 몸도 늙어 빠졌다. 백발이 대파처럼 하얗게 쉰 지금, 지난 옛날
　　　　이 특별히 생각난다. 그리고 많은 추억이 불현듯 말이 되어 나오고 만다.
　　　　　　　　　　　　　　　　　　　　　　　　　　　　　　　　　　쓰바키 기자에몬

曰春毎子四方の霞の晴ルヽで出雲なる大
社の濱邊より澱々なり西海を見もらすヽ
靉靆雲や竹島や昔も今も督ら七伝濱北硴
や島の浮月海上小涼んてリ兎も波をもし
ろ氣色ろ那叔本朝の東奥況ヽ松島有リ上

日　春毎に四方の霞の晴けれバ出雲なる大社の濱邊より渺々たる西海を見はらすニ靉靆雲は竹島や
昔も今も替らす海濱の砂や島の潟月海上に浮んてハ兎も波をはしる気色かな扱本朝の東奥州ニ松島
有り上

[さて、この矢田高當が] 言うことであるが、春めいて来るごとに、四方の霞は晴れてくる。それゆえ出
雲の大社の浜辺から、渺々（びょうびょう）たる西海を見渡せば、靉靆（あいたい）たる雲が [ここに浮かび上がってくる。あた
かも] 竹島が [地平線上に] 浮かんでいるかのようである。昔も今も変わらず、海浜の砂や島の潟 [の有
様は、この雲の中に浮かぶ竹島のように、さぞ美しいことであろう。] 月が海上に浮かび上がって来る頃
には [沖では白波が立ち] 兎が波を走るような気色である。[そのような春の良い日に、板屋何兵衛な
ど水主たちの面々は、その昔、勇躍して竹島へ向かったのである。]
さて、本朝の東の奥州には松島がある。また上

[그런데, 이 야다 타카마사가] 말하는 것인데, 봄이 올 때마다 사방의 안개가 갠다. 그래서 이
즈모의 다이샤 해변에서 망망한 서해를 건너다보면 길게 뻗은 구름이 [떠올라 온다.] 마치 타
케시마가 [수평선에] 떠있는 것 같다. 옛날이나 지금이나 변하지 않고 해변의 모래나 섬의 갯
벌[은 구름 속에 떠오르는 타케시마처럼 아름답다.] 달이 해상에 떠오를 무렵에는 [흰 파도가
일어] 토끼가 파도 위를 달리는 것 같다. [그와 같은 봄의 좋은 날에 이타야 나니베에 등의 수
주들은 그 옛날에 활기차게 타케시마를 향해서 갔던 것이다.]
　그런데 본조의 동쪽 오우슈우에 마쓰시마가 있다. 또 앞에서

件々云西々是なる松嶋あり又高麗を近ふ

てし本朝ならん竹島なりみとり色添ふ其

栄り島り謂も陰陽和合松まゝ竹の添ふも

のおゝし松竹の繁りも宿おい河々の島ゝ

件ニ云西ニ是なる松嶋あり又高麗を近ふてし本朝ならん竹島ありみとり色添ふ其栄へ島の謂も陰陽和

合松には竹の添ふものそかし松竹の繁れる宿にいろいろの鳥ハ

云西[の隠岐の沖合]には、この松島がある[註2]。また高麗を近くにするという竹島、それはあるいは

本朝の島であろうかという竹島がある。[註3][この松島と竹島は]緑の色が添えられた島で、その[永寿

の]栄えとなる島である。島の呼称も[対となった吉祥の文字で]陰陽の和合を示すものである。すなわ

ち松には竹が[おのずから]付き添うものである。この松竹の繁る宿りの島には、また色々の鳥が

말한 서쪽[오키의 먼바다]에는 마쓰시마가 있다. 또 고려에 가깝다고 하는 타케시마, 그것은

어쩌면 본조의 섬이 아닐까라고 말하는 타케시마가 있다. [이 마쓰시마와 타케시마는] 녹색이

우거진 섬으로, 그[장수가] 번성하게 되는 섬이다. 섬의 호칭도 [쌍을 이룬 길상의 문자로] 음

양의 화합을 나타내는 것이다. 즉 마쓰(松)에는 타케(竹)가 [저절로] 첨부되는 것이다. 이 송죽

이 번성하는 숙소의 섬에는 여러 새들이

宿して聲鳴かいす虎の威を受て千里の渡
海船栽朝たれ哉竹島の往来絶せぬいうリ
網千代万代の御代盛なろ勝ひる猶も以升
まに水の音也

長生竹島記 終

宿して聲鳴かハす虎の威を受て千里の渡海船我朝なれ哉竹島の往来絶せぬいかり綱千代万代の御代
盛なる勢ひに猶もはけます水の音也

　　　長生竹島記　終

宿るのである。［この松竹の島に、もしも］鳥の声が鳴かないのならば［そして人の声も聞こえないので
あれば、東武という］虎の威を借り受けてでも、ここに千里の渡海船を渡し、我が朝の島となさなけれ
ばならない(註4)。竹島の往来を絶えさせぬ碇綱を［ここで繋がなければならない。］千代万代の［徳川
の］御代の、その盛りとなる勢いに［乗って］猶も［島への渡海を］励まし［続けなければならない。その
ような船が蹴立てる］水の音［を私はしっかりと聞きたいのである］。

　　　長生竹島記　終

깃든다. ［이 송죽의 섬에 혹시라도］ 새소리가 들리지 않고 ［그리고 사람 소리도 들리지 않게
된다면 동무라는］ 호랑이의 위를(註5) 빌려서라도, 이곳에 천리의 도해선을 보내 우리 조정의
섬으로 해야 한다. 타케시마의 왕래가 끊기지 않게 닻줄을 ［이곳에 매지 않으면 안 된다.］ 천대
만대의 ［토쿠가와］ 시대의, 그 번성하는 기세를 ［타고］ 계속해서 ［도해하도록］ 격려해야 한
다. 그리고 배가 건너가는] 물소리[를 듣고 싶다].

　　　장생죽도기　종

주1 나이를 감추어 분명하지 않았다.

안벤테후(안용복)와 토라헤히(박어둔)는 일본에 연행되었을 때, 자신들의 나이를 바르게 말했다. 감추어서 분명하지 않은 것은 없었다. 다만 언어나 풍속의 차이가 있어, 당황한 나머지 연령을 세는 차이가 있었던 것은 사실이다. 1696년의 아벤테후는 43세라 했다 40세로 수정했다. 그리고 토라헤히는 34세라 했다.

その歳を包み隠し、明かさなかった

あべんてふ(安龍福)と虎へひ(朴於屯)は日本に連行された時、正しく自らの年齢を告げている。包み隠し、明かさなかったなどというようなことは、決して無い。但し言葉の壁や風俗習慣の違いがあり、とまどった余りに年齢の告げ間違いがあったことは事実である。元禄六年の時点で、あべんてふは最初四十三歳と告げ、その後、四十歳というように修正している。そして虎へひは三十四歳と告げていた。

주2 백발의 늙은 인물이었다

아벤테후가 두 번째로 도일했을 때, 즉 1696년에는 43세였다. 지금과 달리 당시의 평균 수명은 짧다. 그래서 43세는 이미 노인의 부류라는 것일까? 그러나 같은 나이를 비교하는데, 옛날 이야기를 하는 이타야 나니베에는 80여세였고, 같은 이야기를 하는 쓰바키 기바에몬도 80여세였다. 그렇다면 43세가 늙은 나이라는 것은 맞지 않는 표현이다. 그러나 백발이었다는 것은 부정할 수 없다. 젊었을 때부터 백발인 사람은 얼마든지 있다. 이 표현은 맞는 것일 수도 있다. 그 백발 때문에 노인으로 보였을지도 모른다. 이타야 나니베에는 둘의 연행에 관여한 당사자로 아벤테후와 토라헤히를 눈으로 직접 보았다. 이 점에 대해서는 「오키노쿠니에서 죽도로 도해하는 일을 전해들은 일」의 주3을 참조했으면 한다. 그리고 이타야 나니베에한테 직접 이야기를 들은 쓰바키 기자에몬도 머리에 관심을 표했다. 나의 몸을 백발 99발이라고 노래했다. 장생하기 때문에 백발을 화제로 삼아야다 타카마사에게 이야기한 것이다. 이타야 나니베에한테 들은 이야기, 즉 백발의 인물 아벤테후에 대해 많은 이야기를 한 것이다. 아벤테후의 신상은 그가 몸에 지니고 있었던 호패의 문자가 전부로, 다른 기록류에는 없다. 그곳에는 「신장 4척 1촌, 검은 얼굴에 수염이 약간 있고 상처는 없다」라고 기록되어 있다. 이 호패는 그가 군역에 있을 때 군령 요패를 계승한 것이다. 그래서 軍裝의 신장(着背長, 즉 어깨까지의 높이) 4척 1촌(124센치미터), 안면은 철벽(굴강)같으며 약간의 수염이 있고 특징이 될만한 상처자국은 없다. 즉 신장과 얼굴만의 기재로 두발의 기재 등은 없다. 이것은 그가 33세 때의 것으로, 그로부터 10년이 지나서 후쿠우라에서 해어졌을 때 그의 연령은 43세였다. 백발이 된 그 머리를 땅에 대고 인사하는 예의를 갖추었다. 그것이 3배 9배라는 정중한 태도였기 때문에, 이타야 나니베에의 기억에 남아 있을 것이다.

白髪の老いた人物であったという

　あべんてふ(安龍福)の第二回目の渡日、すなわち元禄九年には、彼は四十三歳になっていた。今と違い当時の平均寿命は短い。それゆえ四十三歳は、もう老人の部類なのだろうか。だが同じく老いを比較するのに、昔を語る板屋何兵衛は八十有余歳であり、同じく昔を語る椿儀左衛門も八十有余歳である。すると四十三歳では老いた人物という表現は当たらない。だが白髪であったというのは否定できない。若い内から白髪という人は、世間に幾らでも居る。こちらの表現は、もしかしたら当たっているのかもしれない。その白髪ゆえに、逆に老人と見られたのかもしれない。板屋何兵衛は二人の連行についての当事者であり、あべんてふと虎へひを、その眼で直接見ているからである。この点については「隠岐洲より竹島への渡海伝聞の事」の項、註３を参照されたい。そして板屋何兵衛から直接話を聞いた椿儀左衛門も、また髪に拘りを見せる。我が身を白髪の九十九髪と、歌に詠んでいるからである。長生ゆえに白髪を話題にし、そのような話を縷々、椿儀左衛門は矢田高當に語った筈である。そこには板屋何兵衛から聞いた話、すなわち白髪の人物あべんてふについて、大いに語った可能性がある。あべんてふ(安龍福)の姿形については、彼が直接身につけていた戸牌の文字が全てで、他の記録類に、その記載は無い。そこには「長四尺一寸面鉄髭暫生疵無」と記されていた。この戸牌は彼が軍歴にあった時の軍令腰牌を受け継ぐもので、それゆえ軍装の背丈(着背長、つまり肩までの高さ)四尺一寸(一二四センチ)、顔面はと言えば、鉄壁(屈強)にして僅かに髭を有し、特徴となるような疵痕は無い。つまり背丈と顔だけの記載で、頭髪の記載などは無い。これは彼が三十三歳の時のもので、それから十年を経た福浦での別れの折、その年齢は四十三歳になっていた。白髪となったその頭で彼は叩頭した。それが三拝九拝という丁重さであったゆえ、板屋何兵衛の記憶に留まったのであろう。

주3 본조 동방의 마쓰시마와 서방의 마쓰시마

　동서의 마쓰시마를 병렬하고, 본조(일본)의 경역이라 했다. 오우슈우의 마쓰시마를 동의 경계로 하는 것은, 오우슈우 밖의 해변을 일본 동방의 끝으로 하는 옛날부터의 전통에 의한다. 그곳의 밖은 영역 외로, 이적의 땅으로 한다. 그리고 그것에 대비하는 오키 먼바다에 있는 마쓰시마를 서의 끝이라고 한다. 이것은 「인슈우에서 마쓰시마로 타케시마마

루가 건너며 들리는 포구의 일」의 장에서 「본조 서해의 끝」이라고 표현한 것과 부합한
다. 이곳부터 더 나간 곳은 이국의 바다라는 것이다. 즉 조선국 동해의 끝이다.

本朝の東の奥州には松島、西［の隠岐の沖合］には、この松島がある

　東西に松島を並べ、本朝(日本)の境域だとする。奥州の松島を東の境とするのは、奥州の
外が浜を日本の東の果てとした古よりの伝統に負う。そこから先は域外で、夷狄の地であるとす
る。そして対比するに、隠岐の沖合の松島を西の果てとする。これは「隠岐洲より松島へ竹島
丸の津懸りの事」の項で、本朝の西海の果てと表現した事と符合する。ここから先は異国の海と
いうことである。すなわち朝鮮国の東海の果てである。

[주4]　우리나라의 섬일까

　여기서 타케시마를 ［어쩌면］ 본조의 섬일까? 라고 의문을 던진다. 겐로쿠 타케시마일
건의 종결은 어느나라의 섬으로도 정하지 않았다. 그저 양국 국민이 이 섬에서 교잡하여
분쟁을 일으키면 안 된다는 것이었다. 마쓰시마에 대해서는 「본조의 끝」이라고 명백하
게 일본령으로 선언한다. 동의 마쓰시마에서 서의 마쓰시마까지 본조의 바다로 한다. 그
러나 타케시마의 경우는 이미 본조의 섬이라고 말하기 어렵게 되어 있었다. 타케시마에
도해하는 것이 금지되어, 섬은 조선국에 넘긴 것과 같다고, 그렇게 말하는 세간의 풍조가
있었다. 사실 조선국도 이 섬의 도해를 금지하고 있었으나 3년에 1회씩 섬에 조정 관리
가 건너다니며 검찰했다. 서서히 섬은 조선국의 것이 되어 갔다. 그리고 이 바다도 조선
의 바다라고 이해되어 갔다.

本朝の島であろうか

　ここで竹島を［あるいは］本朝の島であろうかと、疑問を投げ掛ける。元禄竹島一件の決着
は、どちらの国の島とも決めなかった。ただ両国民が、この島で交雑し、紛争に及んではなら
ないとするものであった。松島については「本朝西海の果て」と明白に日本領として宣言する。
東の松島から西の松島まで、それが本朝の海とする。だが竹島の場合、もはや本朝の島とは
言い難くなっていた。竹島への渡海は禁止され、島は朝鮮国へ渡したも同然と、そのように言
う世間の風潮があった。事実、朝鮮国においても、この島に渡海は禁止していたが、三年に
一度、島へ朝廷の役人が検察に渡る。なし崩し的に、島は朝鮮国のものとなっていった。そし
て、この海も朝鮮の海と理解されていった。

[주5]　호랑이의 위엄을 빌려서라도 천리의 도해선을 보내 우리나라 섬으로

　야다 타카마사는 타케시마를 어떻게 해서라도 본조의 섬으로 하지 않으면 안 된다고

말한다. 즉 쿄우와와 분카 연간에 타케시마는 조선령이 되려하고 있었다. 아니 조선령이라고 그렇게 세간에서는 보고 있었다. 그러한 섬을 야다는 호랑이의 위엄(막부의 위광)을 빌려서라도, 이 보물의 도산을 일본령으로 되찾자고 주장한 것이다. 새가 우는 소리도 들리지 않는 인적이 드문 섬이라면, 즉 조선인이 건너오지 않는 공도라면 일본인 어부가 도해해도 지장이 없다는 것이다. 그것을 근거로 해서 마쓰시마와 타케시마는 1쌍을 이루는 섬, 음양이 화합하는 섬이라고 말한다. 마쓰시마가 일본령이라면 쌍을 이루는 타케시마도 일본령이다. 그래도 이상하지 않다는 논리다. 그러나 이 논리는 반대로 말하자면 타케시마가 조선령이면 쌍을 이루는 마쓰시마도 조선령이어서 이상하지 않다는 것이 된다. 사실 현재의 한국 측의 논거는 울릉도(과거의 타케시마)의 부속의 섬으로 독도(과거의 마쓰시마)를 본다. 울릉도가 조선령이기 때문에 독도는 당연히 조선령이라고 한다.

虎の威を借り受けてでも、千里の渡海船を渡し、我が朝の島と

　矢田高當は、この竹島を何としても本朝の島にしなければならぬと、そのように説く。つまり、この享和から文化年間、竹島は朝鮮領になろうとしていた。いや朝鮮領と、そのように世間は見ていた。そのような島を、矢田は虎の威(幕府の威光)を借り受けてでも、この宝の島山を日本領に取り戻せと主張したのである。鳥の鳴き声もしない人跡稀な島であれば、つまり朝鮮人が渡っていなければ、すなわち空島であれば、日本人漁師は渡って差し支えないとする。その根拠として、松島と竹島は一対の島、陰陽和合の島だからと言うものである。松島が日本領であれば、対の島である竹島も日本領である。それで別におかしくはないと、そのような理屈である。だがこの理屈は、裏を返せば、竹島が朝鮮領であれば、対の島として松島も、また朝鮮領であって、おかしくはないとなる。事実、現在のコリア側の論拠は、鬱陵島(かつての竹島)の附属の島として独島(かつての松島)を見る。鬱陵島は朝鮮領であるから、当然ながら独島は朝鮮領であるとする。

해설1 안용복의 나이

안용복의 호패라는 것이 오카지마 마사요시(岡嶋正義)의 『타케시마코우(竹島考)』, 『조우호친지로쿠(增補珎事錄)』, 『인푸레키넨잣슈우(因府歷年大雜集)』 등에 전한다. 안용복의 실체를 알기 위해서는 그 내용의 허실을 살펴 보아야 한다.

アンヘンチウ札

表之文字

　東　　　私甫卜年三十三長
　　　　　四尺一寸、面鉄髭暫生疤無
　莱　　　主京屋呉忠秋

裏ノ文字

　庚　　　釜山佐自川一里　　　　　焼印有
　午　　　第十四統三戸

안헨치우 표찰

표의 문자

　동　　　(동래의 동, 출신지) 사노 용복, 나이는 33세,
　　　　　신장은 4척1촌, 철색의 얼굴에 약간의 콧수염
　　　　　이 나있고 상처는 없다.
　래　　　(동래의 래) 주인은 서울에 사는 오충추

리의 문자

　경　　　(경오의 경) 부산 좌자천1리　　소인이 있다
　오　　　(경오의 오) 제 14통 3호

이 기록은 「안헨치우찰 두 사람 모두 가슴에 걸었다 한다(アンヘンチウ札兩人共胸懸居候云)라는 『因府歷年大雜集』의 기록에서 「兩人共胸懸居候云」이 결락 되었을 뿐이다. 이곳의 안헨치우는 동래에 사는 33세의 사람으로 4척1촌의 신장에 철색 얼굴에 약간의

콧수염이 나고 상처는 없다. 표찰의 표면에 서울에 사는 오충주라는 자가 주인이라는 내용이 있다. 그런데 확실하게 해독이 되지 않는 「私甫卜」을 「私奴用卜」으로 해독하는 것이 일반적이다. 「主京屋吳忠秋」와 「私奴用卜」이 잘 대응한다고 믿고 해독하기 어려운 「私甫卜」을 「私奴用卜」으로 번각하며 안용복을 사노로 단정한다. 그리고 그것을 근거로 해서 안용복이 칭한 「통정대부(通政大夫)」·「안동지(安同知)」·「울릉자산양도감세장(鬱陵子山兩島監稅將)」·「조울양도감세장신안동지(朝蔚兩島監稅長臣安同知)」 등의 관직을 부정하고, 안용복을 허위에 능한 자로 단정하며, 안용복의 진술은 물론 그것을 전하는 조선의 기록까지 부정하려 한다.

그러나 「私甫卜」을 「私奴用卜」으로 해독해야 한다는 근거도 없고, 1654년생인 그를 33세로 한 점, 그의 신장을 4척1촌(124cm)으로 한 점 등을 감안하면 이 호패는 안용복의 것으로 볼 수 없다. 안용복의 호패로 보기에는 설명이 안 되는 점이 많다. 안용복이 43세로 진술했다는 기록과 33세로 하는 표찰의 내용을 같이 기록하고 그것을 동일인의 것으로 단정하는 것은 납득할 수 없는 일이다.

안헨치우의 표찰이라는 것이 경오년(1690)년에 발부되어 1690년에 33세였으므로, 1693년에는 36세였기 마련이다. 이를 감안하여 표찰의 안용복을 36세라 해도 안용복이 구술한 43세와는 차이가 크다. 당시(1693년)의 안용복은 1654년생으로 39세나 40세였다.

안용복이 칭했다는 관직들을 근거로 해도 표찰을 안용복의 것으로 보기 어렵다. 안용복이 납치되었던 1693년에는 비장(裨將)을 의미하는 「핀샤」·「피샨」 등으로 불렸고, 1696년에는 「통정 대부」·「동지」 등등으로 불린 것으로 보아 1696년의 신분은 「사노」보다 「비장」으로 보아야 한다. 「사노」가 3년 후에 「동지」나 「통정대부」를 칭할 수 있는 가능성보다는 「비장」의 경우가 많기 때문이다.

해설2 마쓰시마와 타케시마의 장생사상

편자는 본 기록을 세 노인(안용복을 납치했던 이타야가 80세 경에 한창 나이인 쓰바키에게 들려준 이야기를, 80여세가 된 쓰바키와 야다 두 노옹이 3국(朝鮮國, 隱岐國, 出雲國)의 진기한 장생의 이야기를, 세 마리의 학과 같은 3옹, 즉 장수한 3옹이 이야기하고 들려준 내용이기 때문에, 그것을 정리한 『長生竹島記』를 견문하면 장생이 보장될 것이라고 단정했다. 그런 사고는 쌍을 이루는 마쓰시마와 타케시마를 음양의 화합, 즉 마쓰(松)에는 타케(竹)가 저절로 짝을 이룬다는 송죽사상 에 근거한다. 그러나 마쓰시마

(독도)는 수목이 자랄 수 없는 암도다. 그래서 마쓰시마가 녹색이 우거진 섬이기 때문에 장수를 보장한다는 사고는 야다의 관념으로 보아야 한다.

해설3 편자의 의도

　야다는 마쓰시마를 일본의 섬으로 단정하고, 조선에 가까운 타케시마도 일본의 섬인 것 같다는 의견을 제시한 다음에, 막부의 힘을 빌려서라도 도해해야 한다는 의지를 밝혔다. 이것은 야다 개인의 생각이나 의지의 표현이 아니다. 당시 산인(山陰)지역에는 타케시마 도해의 재개를 원하는 염원이 있었다. 타케시마 도해로 얻었던 경제적 이익을 잊을 수 없었던 것이다. 야다는 그런 사회적 염원에 응하여 『長生竹島記』를 편찬했기 때문에, 어떻게든 타케시마에 대한 정통성을 확보할 필요가 있었다.

　그런 필요성에 의해 송죽사상과 『코지키』의 「천하사상」을 활용했다. 송과 죽은 쌍을 이룬다는 송죽사상에 의하면 마쓰시마나 타케시마의 소속은 쌍을 이루는 섬의 소속에 따라 결정된다. 그렇기 때문에 먼저 마쓰시마를 일본의 섬으로 단정했다. 그러면 쌍을 이루는 타케시마도 저절로 일본의 섬이 되기 때문이다. 수목이 자랄 수 없는 마쓰시마를 녹음이 우거진 섬으로 한 것도 울창한 타케시마를 근거로 하는 관념이었다.

　『코지키』는 천황이 통치하는 일본이 천하의 중심이라는 것을 확인하는 기록이기 때문에 『코지키』에 등장하는 나라는 천황이 통치하는 일본의 속국이어야 한다. 그래서 『코지키』가 소개하는 분쟁이나 전쟁은 천황이 후원하는 세력이 필승을 거둔다. 그 천황의 후원이라는 것은 천상의 「타카아마하라(高天原)」의 수호 여부로 결정된다. 「타카아마하라」의 수호를 받아야 천황의 자리에도 오를 수 있고 경쟁에서도 승리할 수 있다. 천황이 통치하는 나라는 그 수호를 배경으로 공존하는 나라들을 속국으로 한다. 그것이 「코지키」의 논리다.

　그런데 『長生竹島記』는 오키노시마(隱岐島)를 「타카아마하라」가 수호하는 섬으로 한 다음에 「오키노쿠니(隱岐國)·이즈모노쿠니(出雲國)·쵸우센코쿠(朝鮮國)」을 3쌍으로 묶었다. 그렇게 「타카아마하라」의 수호를 받는 隱岐國·出雲國과 그것과 무관한 朝鮮國을 3쌍으로 묶는 것은 朝鮮國이 隱岐國·出雲國에 부속하는 나라라는 것을 시사하는 일이다. 「오키노시마·마쓰시마·타케시마」의 3쌍도 마찬가지다. 3도 중에서 「타카아마하라」의 수호를 받는 것은 오키노시마 뿐이라 마쓰시마와 타케시마는 오키노시마에 부속하는 섬이 되고 만다.

十五、題と跋
제와 발

矢田老翁讀竹嶋記有感賦

滄海竹洲外　一書堂裏過

風流韓興和　相對奈情何

文化戊辰夏日　　湖中

橋下翁題

題跋

　　矢田老翁讀竹島記有感賦

風流韓與和　　相對奈情何

滄海竹洲外　　一書望裏過

　文化戊辰夏日　湖中

　　　　　　　　橋下翁　題

【十五、題と跋 】

矢田老翁の竹島記を読み、感ずるところが有り、ここに[詩を]賦す

風流韓与和　　　　風流なるかな、韓と和

相対奈情何　　　　相対して奈せん、その情たるや何ぞ

滄海竹洲外　　　　滄き海は竹洲を外にして

一書望裏過　　　　一書に裏過(背景と過去)を望む

〈解説〉　韓(朝鮮国)と和(日本国)との美しい交流があり、実に風流なことであった。その相対して尽くされた交流は、どう展開し、その交情はどのようにして花開いたのか。両国の間には滄海が横たわり、ここに竹洲があるが、その交流を禁じた問題を別にして、この一書によって、ことの背景と過去とを望見することができた。[その結果、ここに素晴らしい風流の経緯を知ることができた。]

　　　文化戊辰、夏の日　湖中にて(註1)

　　　　　　橋下の翁(註2)これを題す

【15, 제와 발】

야다 노옹의 죽도기를 읽고 느끼는 것이 있어 여기에 시를 읊는다.

　풍류가 있도다. 조선과 일본

　어떻게 상대할 것인가 그 정을 어떻게 할 것인가

　넓은 바다는 타케시마를 밖에 두고

　이 일서로 그 배경과 유래를 알아보았다.

〈해설〉　조선과 일본의 아름다운 교류가 있었다는 것은 풍류가 있는 일이었다. 그렇게 많은 교류가 어떻게 전개되고, 그렇게 나눈 교류의 정이 어떻게 꽃을 피웠는가? 양국 간의 창해에 타케시마가 있는데 그곳의 왕래를 금한 문제는 따로 두고, 이 일서로 그 사건의 배경과 과거를 망견할 수 있었다. [그 결과 훌륭한 풍류의 경위를 알 수 있었다.]

　　　분카 무진(1808년), 여름날에 호수 안에서

　　　　　　하시모토 옹이 이를 기록하다

雲只之人有矢田翁者集録於
西海中之名嶋古蹟而為一卷
名曰竹島記矣男當厚生遊湖
中初會于橋下翁臨江得當厚
袖此書示予閲之事々搜未異
聞又與韓人有于歷問語實為
一奇事

雲州之人有矢田翁者集録於
西海中之名嶋古蹟而為一巻
名曰竹島記矣男當厚生遊湖
中初會于橋下翁臨江亭當厚
袖此書示予閲之事々搜采異
聞又與韓人有于歷問語実為
一奇事

雲州の人で、矢田翁という者がいる。西海中の名のある島を取り上げ、その古蹟を集録し、一巻と成した。名付けて竹島記と言う(註3)。ある一男子(橋下翁)がまさに厚生(身体を健やかにする事)のため、湖中に遊んでいる時、初めて[その湖中の]橋の下で、この矢田翁と会談することがあった。その江亭に臨席していた矢田翁から、まさに袖を厚く[丁重な趣きで、同時に臨席していた]私に対し、此の書を示してくれた。私はこれを閲し[文中の]事々に触れ[この書が]操采異聞(様々な異聞を捜し集めたもの)であることを知った。また韓人との間に、ここ[竹島についての]歴[史的な経緯]が有る[ことを知った。その韓人との間の]問い語りにも[大いに興味深いものがあった。それゆえ]これは実に[大いなる]一奇事であると思った。

운슈우 사람으로 야다 라는 옹이 있다. 서해 중에 이름이 있는 섬의 고적을 집록하여, 한 권의 책으로 정리했다. 이름하여『타케시마키』라고 한다. 어떤 남자(하시모토 옹)가 후생(신체를 건강하게 하는 일)을 위해 호수 속에서 지내고 있을 때, 처음으로 [그 호수 안의] 다리 아래에서 야다 옹과 회담하는 일이 있었다. 그 강에 있는 정자에 임석하고 있었던 야다 옹이, 그야말로 친절하게 [임석한] 나에게 이 기록을 보여 주셨다. 나는 이것을 보고 [문중의] 사건에 접하여 [이 기록이] 조채이문(여러 가지 다른 내용을 찾아서 모은 것)이라는 것을 알았다. 또 조선인과의 사이에 이곳 [타케시마에 대한] 역사적인 경위가 있다는 [것을 알았다. 그 한인과] 주고 받은 이야기에도 [매우 흥미로운 것이 있다. 그래서] 이것은 참으로 기이한 일이라고 생각했다.

皇和及于國風屬讀是編憖足資
風月談於之字而為悵中秘也
文化戊辰初夏江陽井光通跋

皇和及于国風属讀是編焉足資
風月談於之写而為帳中秘也
文化戊辰初夏江陽并光通跋

皇国の平和や[隠岐や出雲といった]国々の風俗など、是の一編を読むことで[よく理解が得られることであろう。まさに]風月の中での語りとなるものである。それゆえ、これを写し取り、我が蔵書の中に加え[永らく]秘匿することにした。
　　文化戊辰(四年)初夏(註4)
　　江陽すなわち光通(註5)が跋文を記す

황국의 평화나 [오키나 이즈모라는] 나라의 풍속 등을, 이것을 읽는 것으로 [이해할 수 있을 것이다. 그야말로] 풍월 속에서 이야기한 것이다. 그래서 이것을 복사하여 나의 장서에 더하여 비익하기로 했다.
　　분카 무진(5:1808년) 초하
　　강양 즉 광통이 [발문을 쓰다.]

大正二年三月四日飯石郡三刀屋村竹内栄四郎

丁有写本ニ依り謄写ス

島根県史編纂掛

大正二年三月四日飯石郡三刀屋村竹内栄四郎所有写本ニ依リ膳写ス

　　　　　　　島根県史編纂掛

大正二年三月四日、飯石郡三刀屋村の竹内栄四郎が所有する写本に依って、これを膳写した。

　　　　　　　島根県史編纂掛

타이쇼우 2(1913)년 3월 4일에 이이시군 미토야무라의 타케우치 에이시로우가 소유하는 사본에 의해 이것을 등사했다.

　　　　　　　시마네켄사 편찬괘

[주1] 호중

　　운슈우에서 풍류인이 나눈 대화로, 호중이라는 것은 아마도 신지코 호반으로, 그곳에서 나눈 대담을 말하는 것 같다. 여름날이라고 있는 것으로 보아 시원한 곳을 찾는 물놀이 뱃놀이로 보아야 할 것이다.

湖中

　　雲州における風流人の語らいであり、この湖中というのは、おそらく宍道湖の湖畔での語らいであろう。夏日とあるからには、その涼を求めての水遊び、舟遊びの折ということであろうか。

[주2] 하시모토 옹

　　이 풍류의 옹의 이름은 불명이다. 신지코에서 중해로 흐르는 오오하시가와(당의 송강과 닮았다해서 이 천과 호반을 송강이라고 한다.)에 걸린 다리 아래에서 야다 옹과 또 한 사람의 옹(강양 또는 광통이라고 있다)이 풍류의 자리를 가진 것이다. 그 회합의 자리는 다리 근처의 요정, 즉 물가에 접하고 있는 정자다. 어느 여름 날 그 요정에서 놀 때, 야다옹의 일서를 읽고 흥미에 빠져 읊었다는 부(시)다. 하시모토 옹이라고 자칭할 정도였으므로, 이 옹은 이 강가의 정자에 은거하며 매일 호반의 광경을 감상하고 있었을 것이다.

橋下翁

　　この風流の翁の名は不明である。宍道湖から中海に流れる大橋川(唐の松江に似たことから、この川そして河畔を松江という)に掛かる橋の下で、矢田翁、そして今一人の翁(江陽並びに光通とある)と、風流の一席を持ったのである。その会席の場は、橋下の料亭、すなわち川に接するという江亭である。夏の或る日、その料亭で遊んだ折、この矢田翁の一書を読み、感興にまかせて詠んだという詩である。橋下翁と自称するくらいであるから、この翁は、この江亭に入り浸っていた隠居で、日々湖畔そして河畔の光景を愛でていた。

[주3] 이름하여 타케시마키라 한다

　　3인의 노옹이 얼굴을 마주하여 풍류를 나누었다. 이 3인의 이야기를 결로 했다. 제1의 옹이 기사를 쓴다. 제2의 옹이 이것에 대한 시를 쓴다. 이야기의 제가 되는 것이다. 제3의 옹이 이에 호응하여 발을 쓴다. 이 제3옹의 발문은 제2옹의 시문에 대응하는 것으로, 제1의 옹의 그림과 같은 미문에 대한 찬이라는 것이다. 즉 시와 찬양이 어울어진 미문의 이야기는 영원한 빛을 가지게 된다는 것이다. 그것은 세 사람의 옹이 장생했기 때문에 성립

하는 경사스러운 이야기라는 것이다. 즉 여기에 長生竹島記가 그 실체를 동반하여 제시되었다고 말하는 것이다.

名付けて竹島記という

　三人の翁が顔を揃え、風流の語りをなした。その三人の語りを以て、結びとした。第一の翁が記事を書く。第二の翁が、これに対する詩を書く。語りの題となるものである。そして第三の翁が、これに呼応して跋を書く。この第三の翁の跋文は、第二の翁の詩文に対応するもので、第一の翁の絵のような美文に対する讃ということである。つまり詩と讃を伴って、美文の語りは永遠の輝きを持つと。それは三人の翁の長生ゆえに成立した目出度い語りということである。すなわち、ここに長生竹島記が、その実を伴って提示されたという次第である。

［주4］ 분카 무신(5년)

　분카 5년(1808)은 마쓰에 한슈였던 마쓰다이라 하루사토가 은거한 다음 해이다. 하루사토는 분카 3년(1806)에 삭발하고 부매라고 호하며 풍류 삼매경의 생활을 시작했다. 그 같은 마쓰에한의 시대 배경 속에서 3옹이 모여 풍류를 논하는 일이 있었던 것이다.

文化戊辰(五年)

　文化四年は、長らく松江藩主であった松平治郷が隠居した次の年である。治郷は文化三年に剃髪し、不昧と号し、いよいよ風流三昧の生活に入る。そのような松江藩の時代背景の中で、三人の翁が集い、風流の語りがあったのである。

［주5］ 강양 및 광통

　호가 강양 자가 광통이라는 인물은, 그 통칭명은 물론 일체 불명이다. 그 호의 강은 송강, 양은 운양(운주의 미칭)의 양일 것이다. 운슈우 마쓰에 사람이다

江陽并光通

　号が江陽、字が光通という人物で、通称名については勿論の事、一切不明である。その号となる江は松江の意、そして陽とは雲陽(雲州の美称)の陽であろう。すなわち雲州松江の人である。

長生的島記

『長生竹島記』의 天下

충남대학교 명예교수 權五曄

1. 서문

『長生竹島記』는 1801년(享和元年)에 雲陽大社의 攝社 赤人社·赤人墳의 社人으로 赤墳을 관리하기 위해 거주하는 矢田高当가 古蹟을 집록하여 편찬한 것이다. 雲陽大社는 島根県 簸川 郡 大社町에 있는 出雲大社 또는 杵築大社라고도 하는 神社로 大国主神를 제신으로 한다. 야 다는 赤人社의 神主로 제사나 기도를 관할하며 주민들의 상담에 응했다. 그런 과정에서 어민 椿義左衛門이 隠岐島의 福浦에서 竹島(울릉도)에 도해 하는 板屋何兵衛의 경험담을 듣고 그것 을 야다에게 들려주자, 야다가 그것을 『長生竹島記』로 편찬했다.[1]

『長生竹島記』는 서문과 10장의 본문과 結語, 2翁이 8년후에 작성하여 첨부한 題跋文으로 구 성되어있는데, 사물을 쌍이나 3쌍으로 묶어서 설명하는 것이 특징이다. 竹島에 도해하던 板屋 가 80여세일 때 30대 중반의 椿에게 이야기한 竹島의 경험담을, 椿가 80여세가 되었을 때 동년 배의 矢田에게 들려주자, 야다가 그것을 한 권의 책으로 정리했다. 그리고 세상을 오래 산 3옹 이 관계된 책이기 때문에 『長生竹島記』로 명명하고, 그것을 견문하면 千代万代를 사는 松竹처 럼 장수할 수 있다는 것이 板屋의 사고였다.

그런 사고는 松島와 竹島의[2] 단단한 바위에 우거진 녹음이 장수를 보장하기 때문에 편찬물을 『長生竹島記』로 명명한다는 서문만이 아니라 「朝鮮国·隠岐国·出雲国」 3국의 장생에 관한 것을 3옹이 관계하여 편찬된 것이기 때문에 그것을 견문하면 장생이 보장된다고 말한 결어에도 나 타나있다. 그러나 그것은 사실이라기 보다는 송죽사상에 근거하는 觀念으로 보아야 한다.

편자의 그런 관념 때문인지 『長生竹島記』에는 사실로 볼 수 없는 허구가 많다. 竹島 도해가 徳川家綱 시대에 시작되었다는 것을 비롯해서, 연행된 조선인의 行跡이 隠岐島에 한정된 것, 안용복의 언동, 松島가 緑島라는 것, 松島를 일본령으로 단정한 것 등 허구의 연속이라고 말할 정도다. 문제는 그런 허구가 사실을 몰랐거나 확인할 자료가 없는 것을 원인으로 하지 않는다 는 것이다. 그런 자료는 많았고 구하는 것도 어려운 일이 아니었다. 矢田보다 27년 늦게 『竹島 考』를 편찬한 岡嶋正義가 「竹島의 자세한 기록과 도감」을 건네주는 사람도 있었다고 말할 정 도로 자료를 구하는 것은 어려운 일이 아니었다. 야다도 많은 자료를 모아 편찬한 이상, 岡嶋가 확인한 자료 정도는 확인한 것으로 볼 수 있어 『長生竹島記』의 허구는 사실을 몰랐기 때문이 아 니라 의도된 결과로 보아야 한다.

야다는 막부가 1696년에 일본인의 竹島 도해를 금지시킨 사실과 그 이후로 松島에 건너 다니

---

1 『長生竹島記』の翻刻文や解読文は未発表の大西俊輝の作業物に基いている。
2 원래 일본은 鬱陵島를 竹島, 獨島를 松島라 칭하다, 1905년에 松島를 竹島로 개칭한다.

는 일이 없었다는 것도 알고 있었다.[3] 그런데도 「松島는 일본 서해의 끝」으로 단정하고, 조선에 가까우나 일본의 섬으로 생각되는 竹島라는 말을 했는데, 그런 단정이나 추정은 사실이 아니라 竹島 도해가 재개되는 것을 염원하는 지역사회의 인식에 영합한 결과로 보아야 한다.

『長生竹島記』에는 많은 지명이 나오는데 자세히 설명된 것은 隱岐島뿐이다. 모든 장에서 빠지는 일 없이 隱岐島에 건너는 航路, 隱岐島에 끌려간 조선인의 행적이나 언동, 隱岐島와 葦原中國(나카쓰쿠니)와의 관계 등을 언급한다. 隱岐島를 隱岐三子의 洲(오 키노미쓰 코 노 시마)라고 칭하고 高天原(타카아마하라)가 파견한 渡大明神(토 다이묘우 진)이 鎭座하는 섬으로 하는데, 그것은 高天原가 수호하는 大八島国(오오 야 시마노쿠니)와 葦原中国가 『古事記』(코 지 키)가 이야기하는 세계의 중심이라는 것처럼, 隱岐島를 高天原가 수호하는 섬으로 해서 『長生竹島記』가 이야기하는 세계의 중심에 위치시키는 일이다. 그런 내용들의 허실은 역사적 사실이나 야다의 사고, 지역사회의 시대적 사상을 통해서 확인할 수 있을 것이다.

2. 『長生竹島記』의 구성과 허구

『長生竹島記』는 서문 뒤에 페이지를 바꾸어 2페이지에 걸친 목록을 싣고 있으나, 서문에 대응하는 결어가 없다. 그러나 「12장」과 책의 대미를 알리는 「長生竹島記終」이라는 표기 사이에, 행을 바꾸어 3자를 물려서 쓰기 시작한 3페이지의 내용이 있는데, 분량이나 내용으로 보아 「결어」로 볼 수 있다. 또 그 뒤에 1828년(文化 戊 辰)(분 카 쓰치노에타쓰)에 橋下(하시모토)와 江陽(에 요우) 2옹이 쓴 제발문이 있다. 따라서 『長生竹島記』의 구성은 다음과 같은 구성으로 보고 검토해야 한다.

(1) 長生竹島記序
(2) 隱岐洲에서 타케시마로 도해하는 일을 전해 들은 일
(3) 同洲에 出雲國에서 가는 해상의 도법, 그리고 도해하는 포구의 일
(4) 仝洲에서 마쓰시마에 가는 타케시마마루가 거쳐가는 포구의 일
(5) 仝洲에서 타케시마로 도해하는 해상의 거리에 관한 일
(6) 同洲의 渡大明神의 신덕으로 타케시마에 도해하는 일
(7) 同洲에서 타케시마로 여섯 번째로 건넜을 때 조선인을 만나 서로 놀란 일
(8) 同洲에서 타케시마로 일곱 번째로 건넜을 때, 조선인의 주연에 능한 일

3 光りを仰ぐ武蔵野々月くもらぬ御代の照る日影思ひをこヽに二ヶ月めいと速ニ唐へ帰へれと御上意下ル次ニ倭国の水主ハ船路の通ひ禁置(十, 附り貝藻の綴り戯文之事).

(9) 同島에서 조선인을 끌고 와서 주진한 일

(10) 첨부, 貝藻를 엮어서 戱文으로 한 것

(11) 同島에서 조선인을 끌고 올 때, 船中에서 심문한 일

(12) 同島에서 8년 째에 安龍福 朴於屯이 의를 따져 隱洲에 다시 온 일

(13)결어

(14)題跋文[4]

목록의 10장은 「從隱岐洲」, 「同洲」, 「從全洲」, 「從同島」로 시작되는 장으로 隱岐島에 전하는 竹島의 전승, 出雲国에서 隱岐島에 가는 航路, 隱岐島에서 松島·竹島로 가는 항로, 隱岐島에 연행된 조선인에 관한 것을 내용으로 한다. 「첨부」도 연행된 조선인의 隱岐島에서의 생활상이고, 「서」와 「결어」도 隱岐島와 竹島의 관계를 내용으로 한다. 題跋文만이 出雲의 2옹이 『長生竹島記』를 평하는 내용으로 『長生竹島記』가 隱岐島 중심의 기록이라는 것을 알 수 있다. 각 장의 개략을 정리하면 다음과 같다.

「(1) 長生竹島記序」는 隱岐島를 「隱岐三ツ子の洲」로 칭하는 것으로 시작한다.[5] 일본인들이 竹島에서 조선인을 隱岐島로 연행했다가 송환했더니, 翌年에 다시 찾아 오는 의리를 지켰으므로 앞으로도 出雲国·隱岐国·朝鮮國이 약속을 잘 지켜야 한다. 푸른 松島·竹島가 영원한 것처럼 일본과 조선의 영원한 우호를 기원하며 편찬물을 『長生竹島記』로 명명하여 후세에 전하고 싶다.

松島와 竹島가 푸른 常磐固磐(토키 와 카키 와)이기 때문에 장수를 보장한다는 것은 송죽사상과 같은 관념에 근거한다. 松島를 綠島로 한 것이나 德川家綱 시대에 竹島 도해가 시작되었다는 내용은 사실과 다르다. 松島는 수목이 자라지 못하고, 竹島 도해는 德川秀忠(토쿠가와히데타다) 시대에 시작되었다. 그 이전에는 도해가 없었다는 것도 사실이 아니다. 조선은 해금정책을 펴면서도 관리를 파견하여 관리하고 있었다.

「(2) 隱岐洲에서 竹島로 도해하는 것을 들은 것」에서는 雲洲大社의 椿와 竹島에 渡海하는 板屋, 그리고 『長生竹島記』를 편찬한 야다 3옹에 관한 설명이다. 椿는 18세인 元文(겐 분) 연중에 隱岐島의 福浦에서 60대 후반의 板屋한테 竹島의 경험담을 들었는데, 30대 中半인 宝曆(호 레키) 연간에도 재회한 80여세의 板屋한테 들은 것을 矢田에게 들려주었고, 야다는 그것을 1801년에 『長生竹島記』로 편찬했다. 그때는 쓰바키와 야다 두 사람도 80여세의 노옹이었다.

---

4 (一)長生竹島記 序.(二)從隱岐洲竹島江渡海伝聞之事. (三)同洲ヘ從出雲国海上道法渡海津口之事.(四)從全洲松島江竹島丸津懸り之事. (五)從全洲竹島渡海并海上道法之事. (六)同洲渡ル。大明神御神徳を以竹島渡海之事. (七)從同洲竹島ヘ渡海六度目朝鮮人ニ出合。互ニ驚たる事. (八)從同洲竹島江渡海七度目唐人酒宴ニ長したる事. (九)從同洲唐人連来り御注進之事.(十)附り貝藻の綴り戱文之事(十一)從同島唐人連来る刻船中乗り艟尋問之事. (十二)從同島八年目あべんてふ虎ヘひ義を糺して隱洲江再ヒ渡海之事. (十三)結び. (十四)題跋文.

5 隱岐洲·同洲·全洲·同島의 隱岐洲는 오키노시마(隱岐島)로 통일한다.

　　야다는 『長生竹島記』를 편찬한 1801년을 竹島 도해가 시작되어 110연년에 이른다고 말했는데, 그것은 일본인의 도해가 시작되었다는 1624, 5년(寬永元·二)이 아니라 板屋가 竹島에 도해하기 시작한 1687년(貞享四年)부터 1690년(元祿三) 경을 말한다.

　　「(3) 同洲에 出雲國에서 가는 해상의 도법, 그리고 도해하는 항구에 관한 것」은 隱岐三ツ子의 洲와 日山嶋라는 별명을 소개하고, 隱岐島의 지리적 설명만이 아니라 出雲国의 三保関, 多古が鼻, 杵築大社, 日御埼, 宇龍浦 등지에서 건너가는 항로까지 설명하고, 焼火山의 성령이나 文覚上人이 수행한 사실도 소개했다. 다른 지명에서는 볼 수 없는 상세한 설명이다.

　　이곳에서 隱岐島를 『古事記』가 이야기하는 大八島国의 1국인 隱岐三ツ子의 洲로 하고, 6장에서는 葦原中国을 수호하는 渡大明神이 진좌하는 섬으로 하는 데, 그것은 隱岐島를 『長生竹島記』가 이야기하는 세계의 중심에 위치시키는 일이다.

　　「(4) 소洲에서 松島에 가는 竹島丸이 들리는 항구에 관한 것」에서는 松島를 녹음에 뒤덮인 섬으로 노래하고, 松(十八公)으로 장식된 섬의 그림자가 만리에 아름답게 비친다며, 수목이 우거진 섬으로 했다. 隱岐島의 島後에서 170리라는 도정과 면적, 竹島에 가는 竹島丸나 松前에 가는 廻船이 들리는 섬으로 「本朝 西海의 끝이다」라며 일본의 섬이라고 단정했다.

　　항로의 도정이나 섬의 면적은 계산하는 방법에 따라 다를 수 있어 문제가 아니나,[6] 수목이 자라지 못하는 암도를 수목이 우거진 섬이라는 것은 사실과 다르다. 그것은 쌍을 이루는 竹島가 綠島라는 것에 맞춘 표현, 松島이기 때문에 소나무가 우거졌다는 관념으로 보아야 한다. 松島를 일본령으로 한 것은 10장에서 언급한 「竹島渡海禁制令」과 모순된다.

　　「(5) 소洲에서 竹島로 도해하는 해상의 거리에 관한 일」은 대나무가 우거진 竹島에서 장수와 평안을 구하는 노래로 시작된다. 松島에서 90리, 隱岐島에서는 260리의 道程을 설명한 후에 竹島에서 조선까지의 거리가 30리라는 것을 설명하면서 潮流로 보면 일본령인 것처럼 말했다. 松島를 일본령으로 보는 것과 궤를 같이하는 인식이다. 그런 표현은 結語에도 있다. 松島를 일본령으로 단정한 것을 근거로 하는 영유의 주장이다.

　　「(6) 소洲의 渡大明神의 神德으로 竹島에 도해하는 일」에서는 隱岐三ツ子의 洲라고 칭한 隱岐島를 葦原中国의 邪鬼를 제거하라는 명을 받은 渡大明神이 진좌하는 섬으로 했다. 오리(鴨)로 변하는 渡大明神은 宮川·大谷·村川 3가가 파견하는 배의 좌현에 앉아 안내하고, 3家는 竹島産 오동나무로 큰 북을 만들어 神楽를 연주하여 신을 위로하는 방법으로 신탁을 받고 있었다. 隱岐島는 竹島만이 아니라 長崎나 松前의 산물들도 모여드는 섬으로, 조선침략에 참가했다 병사

6　福浦より松嶋江八十里程。松嶋より竹嶋江四十里程(權五曄編譯注 『竹嶋之書附』 知性人, 2012, 199·201頁).

한 자의 墓도 있다.

隱岐島를 高天原의 명을 받은 伊耶那岐·伊耶那美가 낳은 大八島国의 1국인「隱岐三ツ子の洲」로 칭하고 高天原가 파견한 渡大明神이 진좌하는 섬으로 하는 일은 『長生竹島記』의 세계를 『古事記』의 세계와 연결하는 일로, 사실로 볼 수 없다. 宮川家가 竹島에 도해했다는 기록은 달리 없어, 3쌍으로묶는 것을 좋아하는 矢田의 방법으로 보인다.

「(7) 同洲에서 竹島로 6회째 건넜을 때 조선인을 만나 서로 놀란 일」의「6회째」는 1687년부터 시작된 板屋의 1692년 도해를 말한다. 이 해에 竹嶋丸의 수부들은 조선인이 마련한 小屋과 철포, 石火矢 등으로 장식한 암혈을 보자 겁을 먹고, 공동어렵을 합의했으면서도 죽으면 아무것도 아니라며, 신풍을 빌어 빈 배로 귀향한다. 귀향하는 도중에 燒火山가 보이자 後鳥羽院法王가 부른 노래를 생각하며 신의 수호에 감사했다.

조선인의 무장은 사실이 아니다. 조선인을 연행했던 선장의 진술서 그 어디에서도 확인할 수 없는 내용이다. 조선인의 거처에는 꽃전복, 少網, 두건, 누룩 등이 있을 뿐이었다.[7] 철포로 무장한 것은 일본인들이었다.[8]

「(8) 同洲에서 竹島로 7회째로 건넜을 때, 조선인의 주연에 능한 일」은 안용복과 박어둔을 연행한 내용으로 『長生竹島記』의 핵심부분이다. 조선인을 만나자 빈 배로 돌아갔던 村川家의 수부들은 다음 해에도 철포나 石火矢 종류로 장식한 小屋을 보자 두려움을 느끼면서도 작년처럼 공동어렵을 합의하여 조선인들을 안심시켰다. 그리고 선상에 마련한 주연에 조선인을 초청하여, 만취하여 쓰러진 둘을 연행한다. 뒤늦게 그 사실을 안 조선인들이 石火矢를 쏘면서 추격하다 연행되는 동료들이 같이 다칠 것을 걱정하며 회선했다. 조선인을 연행한 竹島丸가 隱岐島로 귀향하자 놀란 주민들이 때지어 모여들었다. 그 중에는 선장의 부인도 있었는데, 조선인이 불쌍하다며 상의를 벗어서 걸쳐주었다. 편자는 그런 부인의 행위를, 남편이 지은 인과를 되돌아본 자애 깊은 행위로, 여인의 귀감이라고 평했다.

그러나 주연에 초대받은 조선인이「이런 기회가 아니면 두 번 다시 마실 수 없다며, 술에 정신을 빼앗기더니 결국에는 취하여 정신을 잃고 쓰러졌다」는 묘사나 취기가 깨자「하늘에 절하고 겁먹은 표정으로 눈물을 흘리고 손을 비비며 정신 없이 일본인들에게 절하기 시작했다」는 타 자료에서는 확인할 수 없는 내용이다.[9] 그리고 1693년에는 村川家가 아닌 大谷家가 도해했다.

---

7 전게주 6, 47頁

8 米子大屋九右衛門来月上旬竹嶋渡海仕候付、如例年海渡、鉄砲七挺拝借仕度由願、是又九右衛門先年渡海之節、鉄砲七挺之内壱挺海へ取落シ申候付、六挺ニては猟難仕候付、村川市兵衛鉄砲之内成共壱挺御借シ被下樣ニと願申ニ付、例之通熊沢郎左衛門相届候間、鉄砲持参仕樣ニ荒尾修理へ申渡事(權五曄 編譯注『控帳』冊舍廊, 2009, 70頁).

9 二度とハ飲ぬ此酒と気も心もうばわれて船中に酔とれてたわひなく臥す(中略)天を拝し座にひいり亦乗組に向ひ涙を流し

「(9) 同洲에서 조선인을 끌고 와서 보고한 일」은 조선인을 연행한 수부들의 보고를 받은 村川家는 희대의 어리석은 일이라며 놀라서 막부에 보고하고, 지시가 있을 때까지 福浦에 억류했다.

그러나 1696년에 조선인이 福浦에 억류된 것은 3일 정도였다. 심문을 마치자 福浦를 떠나 4월 27일부터 6월 6일까지 鳥取藩(돗토리 한)에 억류되어 있었다.[10] 그런데 야다는 둘의 행적을 隱岐島에 한정하고 두 사람이 隱岐島에서 생활한 내용을 10장에서 자세히 설명한다.

「(10) 첨부 조개 해초를 열거한 희문의 일」은 조개와 해초 이름을 열거하는 방법으로 隱岐島에 연행된 조선인의 심경이나 고역, 향수심을 상정하고, 결국에는 교화시켜서 귀국시키는 것으로 隱岐島를 정화되는 성지로 여기게 한다. 隱岐島에 유배되는 죄인은 반드시 사면되어 돌아간다는 것으로, 조선인도 교화되어 귀국하는 날이 온다는 것을 예고했다.[11] 隱岐島는 표착하는 이국인을 각 가정이 돌아가며 보살피는 관습으로, 이국인을 隱岐島의 관습에 순종시킨다. 그 순종은 섬 사람들의 보살핌만이 아니라 「여인은 두 남자를 따르지 않는다」 등을 내용으로 하는 포고의 규정에 의해 사람으로서의 도리를 깨닫는 것으로 보았다. 그리고 그러기 위해서는 古道의 가르침을 전하는 『古事記』를 이해해야 하는 필요성을 海藻와 비교해서 설명했다.

隱岐島를 葦原中国를 수호하는 渡大明神이 진좌하는 隱岐三ツ子의 洲로 칭한 야다는 出雲大社의 社人으로 『古事記』의 내용을 이해하는 것으로 생각되어, 그가 조선인의 교화를 이야기하며 『古事記』를 언급한 의미는 크다. 隱岐島가 高天原가 파견한 渡大明神이 수호하는 섬이라면, 조선인이 받는 은혜는 高天原를 다스리는 천신의 후예 천황이 베푼 은혜를 입는 것이 된다. 귀국을 허가 받은 조선인이 무릎을 꿇고 이별의 예를 취하는 것은 일본에 교화된 결과였다.[12]

조선인이 2개월이나 隱岐島에 억류된 것으로 하고 있으나 隱岐島에 억류된 것은 7일 정도로, 米子(요나고), 鳥取(돗토리), 江戸(에도), 長崎(쓰시마), 対馬 등지에서 6개월 이상이 억류된 후에 귀국했다. 그것을 야다는 隱岐島에서 長崎로 직행한 것으로 해서 두 조선인의 행적을 隱岐島에 한정한다.

「(11) 同洲에서 조선인을 끌고 올 때, 선중에서 심문한 일」은 竹島丸의 선상에서 조선인과 일본인이 북극성을 의지하는 항해술이나 북극성을 중심으로 하는 성좌군을 좌표로 하는 항해법, 그리고 남만의 항로를 이야기하는 내용인데, 연행이라는 상황과는 맞지 않는다. 일본어로 대화한 것으로 보아 안용복과 竹島丸의 선두가 隱岐島를 지나 米子로 향할 때 나눈 대화로 보인다.

手を合ちんふんかんと云ひたてゝむたひに拝む(八, 従同洲竹島江渡海七度目唐人酒宴ニ長したる事).
10 江戸より御左右有之内ハ唐人大屋九右門手前ニ差置(전게주8, 72頁).
11 濁る身も今日迄も加茂川の清き流れを汲ける人ハ天の恵のふかくして(中略)忍ふ中にも年月を経ゆるしを蒙りたる輩ハ思ひ思ひに路方へ渡り鳥の旧巣ニ帰るがごとくなり(十, 附り貝藻の綴り戯文之事).
12 其時隱嶋陣家の備ニハ武威盛なる緋縅の鎧を揃ふ星甲執事の奉書ニ跪礼儀正しく彼等の別れ(十, 附り).

　　그러나『長生竹島記』가 조선인의 행적을 隱岐島에 한정하는 것을 생각하면, 竹島에서 隱岐島
로 연행하는 5월 18일이나 19일에 이루어진 대화로 보아야 하나 그것은 안용복이 목숨을 빌었
다 내용과 모순된다. 따라서 허구이거나 다른 기회에 있었던 대화로 보아야 한다.

　　「(12) 竹島 도해 8번째, 안벤테후 토라헤히가 의를 따져 인슈우에 온 일」은 송환된 안용복과
박어둔이 은혜에 감사하며 다음 해에 隱岐島를 방문한 내용이다. 矢田는 그것을 「원수
를 은혜로 갚는다」는 군자의 말을 실천하는 것으로 보았다. 그것은 연행을 원수의 행위로 보고,
방문을 군자의 도리로 보는 인식이다. 잘못하여 西村에 표착한 두 조선인이 항로를 물어 福浦에
이르자 주민들이 해변에 나와 환영했다. 당시의 일본은 이국인의 상륙을 금하고 있었는데도 둘
은 상륙하여 「손가락으로 하늘을 가리키고 9배한 다음에 모여든 주민들에게 3배」하는 의례를
취했다. 그러자 주민들도 눈물을 흘리며 환영했다.[13] 의례를 마친 둘은 승선하여, 紅淚로 옷소매
를 적시며 이별을 슬퍼하는 福浦의 남녀 노소에게 눈물을 흘리며 손을 흔들었다.[14]

　　두 사람이 隱岐島에 들린 것은 1693년뿐이다. 다른 기록에 의하면 안용복이 다시 일본을 방
문하는 것은 1696년으로, 그때의 일행 11인에 박어둔은 포함되지 않았고, 2주 정도 머물렀으나
福浦가 아니라 大久村였다. 鳥取藩을 방문하고 귀국할 때 福浦에 들렸는지 여부는 기록으로 확
인할 수 없다. 따라서 두 사람이 1694년에 福浦에 잠시 들렸다 돌아갔다는 내용은 사실로 보기
어렵다. 더군다나 1694년의 안용복은 동래부에서 복역 중이었다.

　　「(13) 결어」는 「장수하여 몸이 늙고 말았다. 파뿌리 같은 백발이 된 지금 지난날이 생각난다.
그 일들을 말하고 만다」라고,[15] 椿가 옛날 일을 회상한 노래를 전후로 해서 내용이 다르다. 전반
부에서는『長生竹島記』가 80여세의 3옹의 관여로 완성되었기 때문에 「朝鮮国·隱岐国·出雲国」
3국의 진기한 장생과 「竹島·松島·隱岐島」 3도의 진기한 영세담이 모이고, 3옹이 이야기한 내용
이라 그것을 견문하면 장생이 보장된다는 내용이다.

　　후반부에서는 出雲大社의 해변에서 竹島가 보이는 것 같다는 관념을 말하고, 동쪽의 松島가
일본의 섬이기 때문에 서해의 松島도 일본령이라고 말하며 조선 가까운 곳에 있는 竹島가 일본
의 섬일까라는 의문을 표했다. 그리고 송에는 죽이 첨부되는 것으로, 松島와 竹島의 쌍은 陰陽
의 화합을 나타낸다는 송죽사상에 근거해서 松島와 쌍을 이루는 竹島의 영유까지 주장한
다.[16] 사물을 쌍이나 3쌍으로 묶어서 설명하는 목적이 그것에 있었다.

13　扨去年障りもあらぬ　御上意恵を蒙たる事を厚く慮りその礼儀と見へてそらへ指をさして九拝をなし次ニ集り居る大勢に
　　向ひ又三拝して一別つ以後イカン無量恩徳ちんぷんかんのわかりかねたる音聲ぞかし況浦人も皆以礼儀みださす跪き
　　手を合感涙流しうなづき(十二, 従同島八年目あべんてふ虎へひ義を糺して隱洲江再ヒ渡海之事).
14　藻を焼浦の老若男女濱邊へ出て言葉わからぬ名残をおしみ紅淚たもとをひたす猶唐人も名残はるかにはらはらと涙を流
　　し手を揚けて朝鮮差て帰りける(十二, 従同島八年目あべんてふ虎へひ義を糺して隱洲江再ヒ渡海之事).
15　なからへて今は我か身の　つくも(九十九)髪　すきしむかしを思ふことの葉(十三, 結語).

「(14)제와 발」은 1801년에 편찬한 『長生竹島記』를 宍道湖^{신지코}에서 풍류를 즐기는 橋下 옹과 江陽 옹이 읽고, 1828년 여름에 3옹이 호반에서 자리를 같이하고 대화하는 자리에서 橋下 옹이 감흥에 젖어 題詩를 읊고, 江陽 옹이 跋文을 썼다. 橋下 옹은 和韓 양국의 배경과 과거를 알 수 있었다고 읊었고, 江陽 옹은 古蹟을 集録한 것이 『竹島記』라는 사실을 확인하고, 湖中에서 야다와 같이 회담할 때 그것을 접한 일, 그것을 보고 韓人과의 역사적 경위만이 아니라 皇国의 평화, 隠岐나 出雲의 풍속도 이해할 수 있었다는 일 등을 언급했다. 즉 제1옹의 편찬물의 제문을 제2옹이 쓰고, 제3옹이 발문을 쓴 것이다. 이것은 『長生竹島記』의 완성에 관여한 3옹에 제발문을 작성한 3옹이 대응하는 것으로 장생을 이중으로 보장하는 일이다.

3. 隠岐島와 『古事記』

(1) 隠岐島 중심의 세계

『長生竹島記』는 전장에 걸쳐서 隠岐島에 접근하는 항로,[17] 隠岐島와 松島·竹島의 관계, 隠岐島의 조선인 등을 이야기하여 隠岐島를 『長生竹島記』가 이야기하는 세계의 중심에 위치시킨다는 것을 알 수 있다. 出雲, 肥前国, 石見, 長門, 松前 등의 지명이나 조선국도 언급하는데 隠岐島와 관계되는 것에 한정된다.

隠岐三ツ子洲는 日山嶋라고도 한다. 島前·島後 2도가 있는데 이것을 4군으로 나눈다.[18]

隠岐島의 고명 隠岐三ツ子洲와 별명 日山嶋를 언급하고 隠岐島를 島前과 島後로 대별한 다음에 島後^{도우고}가 周吉郡^{스키군}과 穏地郡^{오치군}으로 나뉘고, 島前^{도우젠}이 知夫郡^{치부군}과 海士郡^{아마군}으로 나뉘는 것을 설명한 후에, 내해의 형상과 수심, 어장, 섬들 간의 항로, 지명의 유래, 인가의 분포까지 설명했다. 그 뿐만이 아니라 文覚上人가 수행한 일이나 後鳥羽院法皇이 유배된 사실도 소개한다. 出雲国의 三保関·多古が鼻·杵築大社·宇龍浦 등지에서 隠岐島에 건너가는 항로를 소개하면서

---

16 虎の威を受て千里の渡海船我朝なれ哉竹島の往来絶せぬいかり綱千代万代の御代盛なる勢ひに猶もはけます水の音也((十三, 結語).).

17 出雲国島根郡三保関より隠岐洲江磁石の針先亥の方ニ当る三十六丁一里として海上道法弐十里同郡多古が鼻より十八里神門郡杵築大社より子の方ニ当る道法三十七里同郡日御埼并ニ宇龍浦よりも方角ハ同断ニして海上道法三十五里(三, 同洲へ従出雲国海上道法渡海津口之事).

18 隠岐三ツ子洲ハ或ハ日山嶋とも唱ふなり島後島前二嶋四郡と分り(三, 同洲へ従出雲国海上道法渡海津口之事).

隱岐의 島後에서 松島에 가는 방향을 말하자면 辛酉(서방)의 먼바다에 해당한다. 卯方 (동방)에서 부는 바람을 받아 2일 2야를 범주한다. 그 도정은 36정을 1리로 해서, 해상의 행정은 170리 정도라 한다.[19]

隱岐島 島後에서 松島까지의 항로를 설명하고

松島에서 竹島에 가는 것은 같은 방각으로 나아간다. 卯(동방)의 바늘로 卯(동방)에서 불어오는 바람을 받아, 하루 낮 하루 밤을 범주한다. 해상의 도정은 90리 정도이다. 隱岐島 에서 竹島까지 해상의 里數는 도합 260리라는 것이 된다.[20]

松島에서 竹島까지의 항로도 설명한 다음에 隱岐島에서 竹島까지의 거리 260리도 확인한다. 그것은 竹島・松島에서 隱岐島까지의 설명, 즉 양도에서 隱岐島에 접근하는 항로를 설명한 것이 다. 그 항로를 통하여 산물이나 물품이 隱岐島로 모여든다. 보물섬으로[21] 장수를 보장한다는 竹 島의 산물을 비롯해서, 그것들을 매각하여 구매한 長崎의 물품 松前의 산물 등이 모여드는데, 竹島에서 반입한 오동나무로 북을 만들어 渡大明神의 신탁을 비는 음악을 연주하기도 한다.[22] 산물만이 아니라 내외의 사람들도 모여들어 교화되는 곳이 隱岐島다. 죄를 지은 사람들이 유배 되어 참회하여 사면 받는 형식의 은혜를 입는다.[23] 일본의 죄인이라 해도 은혜로 순화되는 곳이 고 표착하는 조선인이라 해도 신세를 지며 순종하게 되는 곳으로서의 隱岐島다.[24]

그 은혜라는 것은 「정숙한 여인은 지아비를 두 번 바꾸지 않는 법이다」[25]는 도리 등을 내용으 로 하는 포고의 규정이나 「달도 흐리지 않은 德川 어대의 천하를 비추는 햇빛과 같은 은혜」를 말한다.[26] 그런 은혜를 베푸는 隱岐島이기 때문에 연행된 조선인도 귀국하는 은혜를 입었고, 보

19　隱岐 隱岐島後より松島ハ方角申酉の沖ニ當る卯方より吹出す風二日二夜颿り道法三十六丁一里として海上行程百七十 里程の考なり(四, 從全洲松島江竹島丸津懸り之事).

20　松島より竹島ハおなし方角ニして卯の針にて卯の風を一日一夜颿り海上道法九十里程の考なり隱岐嶋より竹島まで海上 里数の都合凡二百六十里(五, 從全洲竹島渡海并海上道法之事).

21　立宝の山に登り空く金宝を得さるかことく(七, 從同洲竹島へ渡海六度目朝鮮人ニ出合。互ニ驚たる事).

22　竹島の土地ニ比類なく大ひなる桐木あり是を取帰り守護社渡シ明神の大鼓に仕立混沌の古風磐戸の賑ひあり面白の奏 二神楽一神慮をいさめ奉んと(六, 同洲渡ル。大明神御神徳を以竹島渡海之事).

23　都人亦難波潟の輩罪重りて遁れかたきハ是非もなく隱岐洲へそ流さるゝ (中略) 濁る身も今日迄も加茂川の清き流れを 汲ける人ハ天の恵のふかくして(十, 附り貝藻の綴り戯文之事).

24　扨又隱岐洲福浦港へ稀に唐人渡海して往昔より浦の慴ひの是等之類ハ爰ニ一日隣ニ一夜皆家毎にてそ養育すなり唐と ても道ニ二筋あらハこそ(十, 附り貝藻の綴り戯文之事).

25　忠臣不仕二君, 貞女不更二夫(『史記』, 田単伝).

26　からの赤貝を螺(にな)事や蟶(まて)と蚝(かき)付島々にあり其掟には貞女両夫ニまみへずとある(中略)光りを仰く武蔵 野々月くもらぬ御代の照る日影思ひ(十, 附り貝藻の綴り戯文之事).

은의례를 취하기 위해 다시 방문한 것이다.

隱岐島가 은혜를 입는 성지라는 정통성은 隱岐三ツ子洲라고 칭하는 것이나 葦原中国을 수호하는 渡大明神이 진좌한다는 것으로 보장된다. 隱岐三つ子の洲와 葦原中国은 『古事記』가 이야기하는 島名과 国名으로 高天原의 수호가 보장된다. 야다는 그 島名과 国名을 언급하는 것에 그치지 않고,

> 옛날의 도리를 알려주는 『古事記』나 鹿尾藻(히지키)와 같은 것들을 뒤섞어서 깊은 맛을 보는 것도 좋은 일일 것이다. 그렇게 해서 변하지 않는 깊은 맛이나, 새로운 잎을 씹어 보면 세상의 도리도 의외로 입에 맞는다는 것을 알고, 그것을 이해한다고 공공연히 말할 것이다.[27]

라고 『古事記』와 「鹿尾藻」를 쌍으로 해서 隱岐島를 『古事記』가 이야기하는 세계에 연결한다. 그것은 「고지키」와 「히지키」가 비슷한 음을 활용한 戱文이다. 난해하여 접근하기 어려운 『古事記』를 섬사람들에게 익숙한 海藻의 쌍으로 해서 친숙하게 하는 방법이다. 한편은 古事를 뒤섞어서 「비빈 것」과 같은 기록물이고, 또 한편은 해조를 뒤섞어서 「비빈 것」으로서의 식품이다. 어느 쪽이나 음미하면 맛을 알고 입에 맞듯이 『古事記』를 숙독 완미하면 그것이 말하는 의미를 알게 되어, 오래 된 것에서 새로운 것을 발견할 수 있다는 것이다.[28] 隱岐島와 竹島의 관계를 이야기하는 야다가 『古事記』을 숙독 완미하면 알게 된다는 것은 『古事記』의 논리를 근거로 隱岐島와 竹島의 관계를 설명하는 것을 목적으로 한다.

(2)『古事記』의 세계

『長生竹島記』는 隱岐三つ子の洲라고 칭한 隱岐島에 葦原中國의 邪鬼를 제거하라는 명을 받은 渡大明神이 진좌하는 곳으로 했다. 그 「隱岐三つ子の洲」와 葦原中國을 『古事記』가 어떻게 이야기하고 있는가를 알면 矢田가 말하는 隱岐島의 의미도 이해할 수 있다.

隱岐三つ子の洲를 『古事記』는 隱伎之三子島(오 키 노 미쓰코노시마)로, 『日本書紀』는 億岐洲(니 혼 쇼 키)·億岐三子洲(오 키노시마 오 키노마쓰코노시마)로 표기하고, 그것과 같이 태어난 8도를 『古事記』는 大八島国(오오 야 시마노쿠니)로, 『日本書紀』는 大八洲国(오오 야 시마노쿠니)로 표기하여 島(시마)와 洲(시마)가 通字로 사용되었다는 것을 알 수 있다. 그래서 『長生竹島記』의 隱岐三つ子の洲는 『古事

---

27 古道と云ひ古事記鹿尾藻を競ニあへて替らぬ味の古さや新しき事の葉草をかみしめて見れバ口合皆うそぞかし(十, 附り貝藻の綴り戱文之事).

28 2015年 12月 26日にインターネットを通じて更に披露した大西俊輝の意見.

記』의 隱伎之三子島와 같은 섬으로 볼 수 있다. 또 矢田의 시대는『古事記』와『日本書紀』의 신화적 부분을 記紀神話라며『古事記』와『日本書紀』의 공통성을, 그것들의 논리 내지 전체상을 제외하고, 줄거리상 공약수를 뽑아내고 있었다.[29] 隱伎之三子島와 億岐三子洲도 엄격히 구별하는 일 없이 혼용하고 있었다.

『古事記』의「隱伎之三子島」는 高天原의「天神諸命」을 받고 天降한 이자나키・이자나미가 낳은 大八島国의 3번 째 섬이었는데, 大八島國에는 두 가지 의미가 있다. 이자나키・이자나미가 낳은 大八島國와 高天原를 통치하는 天 照 大御神의 혈통을 이은 천황이 통치하는 大八島國다. 이자나키・이자나미가 낳은 8도를 大國主神가 大八島國로 완성해서 高天原에 헌상하자, 高天原를 통치하는 天照大御神는 천손을 天降시켜 통치하게 하는데, 그때 大八島國를 葦原中國로 개명했다. 그 葦原中國은 高天原과 교류한다는 것을 정통성으로 해서 같이 존재하는 黃泉国・根之堅州国・海神国를 거느리는 중심국이 된다. 葦原中國의「中国」은「國」의 중앙, 가치 있는 중심 세계라는 것을 의미하는데,[30] 高天原에서 온 신이 열었기 때문에 高天原의 질서로 통치된다.[31]

葦原中国은 高天原가 파견한 천손의 후예가 통치하는 日向三代를 거쳐 천황이 통치하는 시대가 되면서 葦原中国는 大八島国로 개명된다. 그래서 大八島国은 葦原中国을 수호하던 高天原의 수호도 계속해서 보장 받는 세계로, 천황들의 세계로서의「천하」라고 말할 수 있다.[32] 그 천하에는 大八島国와 백제 신라가 공존하는데, 大八島国은 高天原에게 수호된다는 정통성을 배경으로 해서 백제와 신라를 주변국으로 하는 중심국이다. 그것은 현실의 역사와는 다른 것으로 조선이 천황의 세계에 포함된다는 것의 확인이나 현실성이 없다.[33] 葦原中国가 高天原와 교류한다는 것을 정통성으로 해서 黃泉国・根之堅洲国・海神国를 주변국으로 하는 것과 같은 일로, 신화적 세계 葦原中国는 현실세계인 大八島国를 천하의 중심, 세계의 중심으로 보장한다.[34]

그런『古事記』의 논리라면, 高天原가 수호하는 隱岐島와 공존하는 섬들은 자연히 隱岐島에 복속된다. 야다가 古跡을 集録하여『長生竹島記』를 편찬할 당시의 鳥取藩 지역의 염원은 竹島 도해의 재개였다. 1696년에 막부가 일본인의 竹島 渡海를 금지시켰으나, 그것으로 얻고 있던 이익은 당사자만이 아니라 도해선의 선원들이나 竹島 전복을 막부에 헌상하던 鳥取藩에 이르

29 神野志隆光『古事記』天皇の世界の物語(日本放送出版協会, 1995), 42頁.
30 神野志隆光『古事記の世界観』(吉川弘文館, 1986), 150頁.
31 神野志隆光『古事記の達成』(東京大学出版会, 1983), 120・144頁.
32 神野志隆光『古事記の世界観』(전게주30, 163頁).
33 神野志隆光『古事記をよむ』下(NHK出版, 1994), 114頁.
34 전게주 30, 153頁.

기까지 지역사회에 널리 퍼져있었다. 따라서 竹島 도해에 이권에 관계되는 의식은 지역사회 모두의 의식이었다.[35] 矢田보다 27년 늦게 『竹島考』를 편 岡島正義는

이국 어민들의 간계로 오랫동안 우리의 속지를 빼앗긴 것을 마음이 있는 자라면 누가 안타깝게 생각하지 않겠는가.[36]

　원래 伯耆国(호우키노쿠니)가 개발하고 도해하던 竹島를 조선 어민의 간계로 빼앗겨 지역사회의 모두가 분하게 여기고 있다며, 자신이 편찬한 『竹島考』가 竹島 도해가 재개되는데 조금이라도 참고가 되고 국가에 도움이 된다면 영원한 행복이라 했다. 竹島 도해의 재개를 염원하는 지역사회의 시대적 사고에 응하여 『竹島考』를 편찬했다는 것을 알 수 있다.
　그런 사회적 염원에 응하여 편찬되었다는 것은 『長生竹島記』도 마찬가지다. 사회적 염원에 응하여 『長生竹島記』를 편찬하는 야다에게 高天原의 수호가 천하의 중심이 되는 정통성이라는 『古事記』의 논리는 지역사회의 염원을 만족시킬 수 있는 둘도 없는 논리였다. 隱岐島를 高天原가 수호한다는 것만 확인하면, 竹島와 松島를 隱岐島에 부속시키는 정통성도 확보할 수 있어, 隱岐島를 세계의 중심에 위치시킬 수 있기 때문이다. 그래서 야다는 隱岐島를 隱岐三つ子の洲라고 칭하고 葦原中国을 수호하는 渡大明神이 진좌하는 섬으로 한 것이다.

옛날에 渡大明神은 葦原中國의 邪鬼를 제거하라는 명을 받고 出雲國 북방에 있는 子ノ国(네노쿠니)의 바닥에 邪鬼를 잡아가두기 위해, 그 북쪽의 끝 隱岐島 島後의 福浦港에 진좌하셨다. 그 신의 위력과 영위는 분명하여 모두가 숭경하게 되었다.[37]

　隱岐島를 葦原中国의 邪氣를 제거하라는 명을 받은 渡大明神이 진좌하는 섬으로 해서 高天原가 수호하는 섬으로 했다. 이곳의 「옛날(昔日)」은 「葦原中国」을 근거로 해서 『古事記』가 이야기하는 신화시대라는 것을 알 수 있다. 子ノ国는 두 가지로 해석할 수 있다. 하나는 隱岐島가 出雲國의 북쪽(子)에 있는 것에 의한 호칭으로 볼 수 있고,[38] 또 하나는 『古事記』가 말하는 根之堅州

35 池内敏 「竹島考について」(『大君外交と「武威』, 名古屋大学出版会, 2006), 362頁).
36 異邦ノ漁豎ガ奸濫ニ依テ永ク吾屬地ヲ奪横セラレシ事有心者誰カ不ン惜之ヲン乎(權赫晟역 『竹島考』 上卷, 人文社, 2013), 18頁.
37 昔日渡ル大明神ハ欲ズ令撥葦原中ツ国之邪鬼ヲ故ニ子ノ国の底隠岐洲島後福浦港に鎮座ましまして神靈露顕にして諸人崇敬奉るなり((六, 同洲渡ル。大明神御神徳を以竹島渡海之事).
38 본서 108頁, 주2.

国로 볼 수 있는데 그것은 隠岐島의 끝(端·果·底)인 島後의 福浦에 해당한다.

『日本書紀』는 그것을 根国·根之国로 표기하는데,[39] 記紀神話論者들은 원래의 신화가 체계화되면서 고도로 정치화 된다는 발전단계론을 말하며[40] 상황에 따라 혼용한다. 津田左右吉나 岡田精司로 대표되는 그런 주장은 현재에도 통용되는 일이 있기 때문에 矢田가 『古事記』와 『日本書紀』의 내용을 혼용하는 일은 당연했을 수도 있다.

葦原中国의 邪気를 털어내는 渡大明神을 隠岐島에 파견하여 진좌시킬 수 있는 세계는 高天原이외는 생각할 수 없어, 隠岐島에 渡大明神이 진좌한다는 것은 高天原를 통치하는 天照大御神의 명에 따른 것으로 보아야 한다. 또 그것은 隠岐島가 高天原의 질서에 포섭되어 수호된다는 것이다. 야다는 渡大明神의 수호를 다음처럼 설명했다.

> 선기를 달고 신사의 탁선을 받아 좋은 날씨를 얻어 나간다. 물가에 뜬 배의 노 젓는 소리가 울려 퍼질 때 출범하거나 귀범할 때 보통 때는 보지 못하던 오리 한 마리가 허공에서 날아 온다 한다. 출범할 때는 타케시마마루 사공의 면전에 그 오리가 앉아 있고, 귀범할 때는 그 오리가 삿대에 앉아있다. 渡大明神의 영험을 보이는 것으로, 그 기특한 정도를 보여주는 일이었다.[41]

竹嶋丸가 竹島에 오갈 때 오리로 화생한 渡大明神이 배의 좌현에 앉아 항로를 안내했다. 즉 高天原가 파견한 渡大明神이 항로를 안내해주고 있었다. 그것을 야다는 靈顕의 験이라 했는데, 『長生竹島記』가 이야기하는 隠岐島는 그런 高天原의 수호를 배경으로 해서 공존하는 섬들을 속도로 하는 천하의 중심이 된다.

高天原이 파견한 渡大明神이 竹島 왕래를 수호한다는 것은 이자나기가 黄泉国을 찾아가는 일, 大国主神가 根之堅州国를 방문하는 일, 천신의 후예가 海神国을 찾아가서 日向三代를 여는 일 등이 高天原의 守護로 이루어졌다는 것과 같은 일이다.

야다가 隠岐島를 隠岐三つ子의 洲로 칭하고 渡大明神이 진좌하는 곳으로 한 이유가 이것으로 분명해진다. 高天原의 수호를 보장받는 것이 천하의 중심이 되는 정통성이라는 『古事記』의 논리에 근거해서 隠岐島를 『長生竹島記』가 이야기하는 세계의 중심으로 해서 竹島 도해의 재개를

---

39 전게주 30, 93頁.

40 전게주 29, 41頁.

41 船印をたて則此神社託宣の日和を希ひ汀ニ浮む出船の櫓聲然ル時出帆帰帆ともに常に見馴れざる鴨一羽虚空より来り竹島丸取楫の面先に居る又帰帆にはとも楫に居る霊顕奇特之程露顕し(六, 同洲渡ル。大明神御神徳を以竹島渡海之事).

염원하는 지역사회에 정통성을 부여하려 한 것이다.

(3) 隱岐島에 한정되는 세계

안용복의 일본 경험은 1693년(元禄六)에 연행된 것과 1696년에 鳥取藩을 방문한 것으로 한정하는 것이 통설이다. 1693년에 9인의 일행이 울릉도(竹島)에서 박어둔과 같이 연행되었으나 1696년에는 11인의 일행이 対馬藩의 비리를 소송하기 위해 鳥取藩을 방문한 경험이었다. 그런데 1696년의 일행에 박어둔은 포함되지 않았다. 그것을『長生竹島記』는 1693년에 隱岐島에 연행되었다 송환된 다음해인 1694년에 안용복과 박어둔이 隱岐島을 찾아간 것으로 하고 있다. 1693년 4월 18일에 울릉도에서 연행된 2인은 12월 10일에 동래부에 송환되었으나 안용복은 2년형의 복역 중이었으므로 1694년에 隱岐島를 방문할 상황이 아니었다.

1693년에 연행된 둘은 隱岐島만이 아니라 鳥取藩과 江戸를 거친 다음에 長崎로 송환되었는데『長生竹島記』는 隱岐島에서 長崎로 직행한 것으로 하여, 둘의 행적을 隱岐島로 한정한다. 막부는 隱岐島에 2개월간 억류되어 있는 둘에게 조선으로 돌아가라는 명을 내렸고, 둘은 특별한 대접을 받으며 長崎를 거쳐 조선으로 송환되었다.[42]

연행되었던 두 사람이 송환될 때 후대된 것은 사실이나, 그것은 鳥取藩에서 長崎로 이송될 때의 일로, 隱岐島에서 米子로 이송될 때는 국경을 침범한 죄인 취급이었다. 둘을 연행한 大谷家의『竹嶋渡海由来記抜書控』나 안용복을 심문한 対馬藩의『竹嶋紀事』, 岡嶋의『竹島考』등의 기록에 따르면 두 사람은 隱岐島의 福浦를 떠나 同島의 島前—出雲国長浜—米子—鳥取藩庁—江戸를 거쳐 長崎로 이송되었다.[43] 그런 기록에 의하면 隱岐島에 머문 것은 6일, 米子에서 1개월, 鳥取藩에서 6일을 머물다 90인이 호위하는 가마를 타고 6월 30일에 長崎에 도착했다.[44] 여기서 주의할 것은 두 사람의 江戸行이다. 많은 기록들이 둘의 江戸行을 전하는데도 충분히 논하는 일 없이 부정 당하고 있다.

야다는 隱岐島에서 長崎로 직행한 것으로 한 것만이 아니라, 長崎에서 이루어진 인계인수의 과정이나 対馬藩의 대응 등도 언급하지 않았다. 문제는 야다가 둘의 행적을 몰랐거나 확인할

---

42 光りを仰く武蔵野々月々くもらぬ御代の照る日影思ひをこゝに二ヶ月めいと速ニ唐へ帰へれと御上意下ル(中略)肥前長崎の屋敷を差て馬上ゆゝしく帰けれ(十, 附り貝藻の綴り戯文之事).

43 暫唐人勝房江御預 其後鳥府表江唐人被召 船頭黒兵衛始水主召連 勝房後見藤兵衛出府 唐人道中為警固 御組士加納郷右衛門様尾 関忠兵衛様 右御両則鳥府表御吟味之上 唐人江府江御引渡 則江戸相済順々御贈帰卜成ル(權五曄・大西俊輝 編譯注『竹島渡海由來記抜書控』下, 韓國學術情報, 56頁. 番士加納氏尾関氏守護たり、異人江戸に召されて本土に送らる(田村清三郎『島根県竹島の新研究』1954年島根県, 12頁).

44 朝鮮人弐人五月七日因幡発足六月晦日長崎江到着因幡より護送之御使者松平伯耆守様御家来山田兵右衛門平井甚右衛門惣人数九拾余人相附尤朝鮮人駕籠にて被相送候(權五曄・大西俊輝編注釈『竹嶋紀事』1~1, 韓國學術情報, 2011, 227頁).

수 있는 자료가 없었던 것이 아니라는 것이다. 두 사람의 隱岐島 이외의 행적을 확인할 수 있는 자료는 많았고 또 쉽게 구할 수 있었다. 그런데도 長崎로 직행한 것으로 처리한 것은 둘의 행적을 隱岐島로 한정할 필요에 따른 것으로 보아야 한다.

두 번째의 경험에는 문제가 더 많다. 제 기록에 의하면 안용복의 鳥取藩 방문은 1696년이었고, 그 11인의 일행에 박어둔은 포함되지 않았다. 그때 박어둔은 竹島에 남아 있었다.[45] 鳥取藩을 향하던 안용복 일행은 폭풍을 만나 隱岐島의 大久村오오히사무라에 5월 20일에 표착하자[46] 代官所를 찾아가 표착한 경위를 설명하고 협조를 요청하여 6월 2, 3일 까지 머물다 6월 4일에 鳥取藩의 赤아카崎사키로 건너갔다.[47] 이후로 일행은 專念寺센넨지·東善寺도젠지를 거쳐 鳥取藩의 町會所에 머물며 對馬藩의 비리를 막부에 고발하고 湖山池고야마이케에 머물다 8월 6일이 鳥取의 加路가로를 떠나 강원도 三陟으로 귀환했다.[48]

말하자면 1696년의 안용복 일행은 5월 15일에 울릉도(竹島)를 떠나 20일에 隱岐島의 大久村에 표착하여 鳥取藩의 赤崎→專念寺→東善寺→鳥取藩의 町會所→湖山池 등지에 머물다 8월 6일에 加路港을 떠나 강원도 삼척으로 귀환했다. 加路港을 떠난 귀국길에 隱岐島에 들렸는지 여부는 확인할 수 없으나 강원도 삼척에서 8월에 체포되었으므로 일본에 75일간 머문 것이 된다. 隱岐島에만 2주일 정도 머물렀다. 그것을 야다는 半日 정도의 방문으로 했다. 두 사람이 온 방향도 밝히지 않았으나 수 백리의 항로를 2리밖에 틀리지 않았다며 둘의 능력을 높이 평가하는 것을 보아,[49] 조선에서 왔다가 조선으로 돌아간 것으로 볼 수 있다. 그렇게 야다는 隱岐島 이외의 행적을 생략하며, 두 조선인의 행적을 隱岐島로 한정했다.

따라서 隱岐島에서 長崎로 직송되었다는 1693년의 행적이나. 조선에서 隱岐島를 찾아가 半日 정도 머물다 조선으로 돌아간 것으로 한 1694년의 행적은 사실의 기록이 아니라 조선인의 일본 경험을 隱岐島에 한정하기 위한 윤색으로 보아야 한다. 특히 1694년에 보은의례를 거행하기 위한 방문은 1696년의 鳥取藩 방문을 윤색했거나 다른 일본 경험에 근거한 내용으로 보아야 한다.

45 安龍福ととらべ弍人四年巳前酉夏竹嶋ニ而伯州之舟ニ被連まいり候其とらべも此度召連参竹嶋ニ残置申候(權五曄·大西俊輝 編譯 『元禄覚書』 J&C, 2009, 187頁).
46 五月十五日竹嶋出船同日松嶋江着同十六日松嶋ヲ出十八日之朝隠岐嶋之内西村之礒へ着同廿日ニ大久村江入津仕候(전게주 45, 176頁).
47 元禄九年六月四日伯耆ノ國赤崎灘へ朝鮮國ノ舩着舶セル由(權赫晟譯 『竹島考』 下卷, 人文社, 2013, 283頁).
48 朝鮮人今朝加路出舩歸帆付江戸御屆之爲(전게주 8, 181頁).
49 二里針の立違ひいたしけれと数百里の道也(十二, 從同島八年目あべんてふ虎へひ義を紀して隠洲江再ヒ渡海之事).

4. 松島와 竹島의 쌍

야다는 서문에서 「隱岐島 서해의 먼 곳에 천대 만대에 걸쳐 영원하다는 松島와 竹島가 존재한다」는 사실을 밝혔다. 그렇게 병기된 松島와 竹島가 천대만대에 걸쳐 영원하다는 것은, 단단한 바위에 녹음이 우거져있다는 것에 근거하는 사고이지만, 松島와 竹島가 쌍을 이루기 때문이라는 의미도 있다. 그것은 야다가 결어에서 녹음이 우거진 松島와 竹島가 쌍을 이루는 것은 음양의 화합을 나타내는 것으로 松에는 竹이 저절로 첨부되는 것이라고 말한 것으로 알 수 있는 일이다.[50]

야다는 松島와 竹島를 설명하면서 양도의 녹음을 칭송하는 노래를 읊었다.

하늘의 색도 온통 녹색의 松島로구나 구름도 바람도 떨쳐내는 나무 끝.[51]

松島에 우거진 송림의 녹음으로 하늘과 바다가 온통 녹색으로 물들고, 그 해상에 푸른 松島가 떠있고, 松島의 우거진 소나무 가지가 구름과 바람을 털어내는 것처럼 노래했다. 소나무도 「十八公」이라는 破字로 표현하여 소나무가 우거진 松島로 일반화하려 했다. 竹島의 경우는

좋아질 세상, 우거진 대나무에 영원을 기원한다, 녹색이 짙은 섬이 더욱 그윽하다.[52]

竹島이기 때문에 대나무가 우거진 것으로 노래하여, 松島의 녹색이 소나무의 녹색이었다는 것을 알 수 있다. 이렇게 松島에는 소나무가 무성하고 竹島에는 대나무가 무성하다는 것이 야다의 생각이었다. 그런데 松島가 수목이 자리지 못하는 암도라는 것은 한 번 보면 알 수 있는 일이었기 때문에 17세기에 竹島(울릉도) 도해에 관계하는 자들은 그 사실을 잘 알고 있었다. 1669년에 亀山 庄左衛門이 村川家에 보낸 서찰에

竹島 가까운 곳에 있는 소도(중략) 그 섬에는 초목도 없는 곳이다.[53]

초목이 자라지 않는 섬이라는 것을 밝혔다. 1681년에 大谷家가 巡検使에게 제출한 請書에도

---

50 みとり色添ふ其栄へ島の謂も陰陽和合松には竹の添ふものそかし松竹の繁れる(十三, 結語).
51 空の色も 一つ緑の 松島かな 雲も嵐も 払う木末は(四, 従仝洲松島江竹島丸津懸り之事).
52 よしや世の 繁れる竹に 千代こめて 猶色深き 奥ぞゆかしき((五) 従仝洲竹島渡海并海上道法之事).
53 竹島近所之小島 (中略) 彼島草木も無御座候之所(川上健三 『竹島の歴史地理的研究』, 古今書院, 1906, 78頁).

　　　　竹島에 가는 길목 20정 정도에 소도가 있습니다. 초목이 없는 암도입니다.[54]

　　竹島에 도해할 때 들리는 松島에는 초목이 자라지 않는다는 내용이 있다. 『長生竹島記』가 편찬되기 120년전의 기록으로, 松島는 수목이 자랄 수 없는 암도라는 사실이 일찍부터 알려졌다는 것을 알 수 있다. 그런 사실은 후세의 中井 養三郎가 1904년에 제출한 松島貸下願의「정상에 약간의 토양이 있어 잡초가 자랄 뿐 전도에 하나의 수목이 없다」라는 내용을 통해서도 알 수 있다.[55] 松島를 竹島로 개명하고 1906년에 시찰하는 島根縣 시찰단에 참가했던 奧原 碧雲도 암골이 노출된 상부에 약간의 경토가 있어 잡초가 자랄 뿐 한 그루의 수목이 없다고 말한 후에

　　　　竹島는 이름뿐이로구나 찾아와 보았더니, 옛날부터 바위뿐이었구나.[56]

라고, 竹島라는 도명과 달리 대나무도 자라지 않는 암도라는 노래를 읊었다. 竹島에 대한 고적을 집록하여 『長生竹島記』를 편찬한 야다가 그런 사실을 몰랐을 이유가 없다. 그런데도 松島를 綠島로 기록하고 노래한 것은, 松島와 쌍을 이루는 竹島가 녹음이 풍부한 섬이기 때문에 쌍을 이루는 松島는 소나무가 우거지는 섬이어야　했기 때문이다. 또 그것이 松島라는 島名에도 어울리는 일이었다. 그래야 녹색의 단단한 양도가 천대만대의 장생을 보장한다는 사고에 근거해서 명명한 『長生竹島記』를 견문하는 것으로 장생을 보장받을 수 있다는 관념이 완전해진다. 松島를 사실 그대로 묘사하게 되면 송죽사상이 성립할 수 없고, 松島와 竹島를 쌍으로 엮을 수 있는 명분이 약해져 松島를 근거로 하는 竹島 영유도 주장도 할 수 없게 된다.

　　야다가 松島를 소나무가 우거진 綠島라고 묘사하는 것이 竹島 도해를 염원하는 지역주민들의 기대에 부응하는 일이었다. 역사나 지리적 사실에 근거해서는 지역의 염원에 응할 수 없다는 것을 안 야다는 송과 죽이 쌍을 이루는 송죽사상을 근거로 해서 松島와 竹島에 도해할 수 있는 정통성을 구하려 한 것이다. 그러나 막부의 竹島 도해금지령으로 竹島는 물론 松島에 도해하는 일이 금지되어, 竹島를 조선령으로 인식하는 현실이었다. 그래서 일단은 竹島 도해금지령에 직접적으로 언급되지 않은 松島에 대한 영유의 정통성을 확보하고 그것을 근거로 竹島에 대한 정통성까지 주장하려 했다. 그런 필요성에 의해 야다는 松島는「일본의 서해 끝에 있는 섬이다」라고 마치 松島가 일본의 섬인 것처럼 단정했다.[57] 그리고 나서는

54　竹島近所之小島 (中略) 彼島草木も無御座候之所(權五曄·大西俊輝編譯注『竹島渡海有来記抜書控』上卷, 246頁).
55　其頂上ニハ僅に土壌ッヲ冠リ雑草之ニ生ずるノミ全島一の樹木ナシ(전게주 53, 209頁).
56　竹島は、名のみなりけり、來て見れば、神代なが、岩のみにして權五曄訳注『竹島 및 鬱陵島』(韓国学術情報, 2011, 27·252頁).

본조의 동쪽 오우슈우에 松島가 있다. 앞에서 말한 그 松島가 서쪽에 있다. 또 조선 가까운 곳에 본조의 섬일까? 竹島가 있다. 녹색으로 뒤덮여 번성하는 섬이다. 음양의 화합을 나타내는 섬이다. 송에는 죽이 따라 붙는 것이다.[58]

일본의 동방에 松島가 있으므로 서방의 松島도 일본의 섬이라는 논리로, 松島를 「동서」라는 사방의 쌍을 근거로 해서 松島 영유에 대한 정통성을 확보하려 했다. 그리고 「앞에서 말 한(上件ニ云)이라는 표현으로 「松島는 일본 서해의 끝이다」라고 단정했던 말을 다시 상기시켰다. 그러면서 「조선 가까운 곳에 있는 竹島가 본조의 섬일까」라고 竹島 영유에 관심을 표했는데, 그것은 松島를 일본령으로 단정해둔 사실을 근거로 하는 竹島 영유에 대한 의지의 표현이다. 그런 의지를 실현시킬 수 있는 정통성을 확보하기 위해, 야다는 松島와 竹島가 녹색으로 뒤덮인 섬이고, 음양의 화합을 이루는 섬이라고 말한 것이다. 현실적으로는 竹島가 조선령이지만 송죽사상이나 음양사상으로는 일본령이라고 주장하고 싶었던 것이다. 이때 松島가 음이면 竹島는 양이고 松島가 양이면 竹島는 음으로 서로 자연적으로 쌍을 이루게 된다.

그럴 경우 竹島에 대한 지리 역사적 사실은 문제가 되지 않는다. 야다는 竹島는 조선에서 30리밖에 안 된다는 사실을 알고, 그 사실을 강조하기도 한다. 竹島丸의 선원들이 1696년에 조선인을 연행하여 도망칠 때도,

조선에서 30리도 되지 않아 바라 보인다. 신호라도 하면 일시에 사람들이 달려올 것이다.[59]

竹島에서 조선이 가깝다는 사실을 강조했다. 이것은 「隱岐島에서 아주 멀리 떨어진 竹島」라는 서문의 내용과 반대되는 표현으로, 竹島가 지리적으로 조선의 섬이라는 것이다. 그런데도 야다는 竹島가 조선에 가깝다는 사실을 상기시키면서 일본의 섬일까라는 의문을 표했다. 사실을 떠난 생각으로 松島를 일본의 섬으로 단정한 것을 근거로 하는 사고다.

그것은 쌍을 이루는 사물을 동일시하는 일이고 동질화하는 야다의 방법이었다. 사물을 쌍으로 묶어서 동일·동질화 하려고 할 때 「葦原中国・根之堅洲国・黄泉国・海神国」의 4쌍 중에서 高天原에게 수호 받는 葦原中国이 다른 나라들을 거느리는 중심국이 되고 「大八島国・百済・新羅」의

---

57 松島哉と遠見す本朝西海のはて也(四, 従仝洲松島江竹島丸津懸り之事).
58 かな扨本朝の東奧州ニ松島有り上件ニ云西ニ是なる松嶋あり又高麗を近ふてし本朝ならん竹島ありみとり色添ふ其栄へ島の謂も陰陽和合松には竹の添ふものそかし(十三, 結語).
59 朝鮮三十里ニ不足見渡之なり相図もいたさば一時ニ襲来らん((八, 従同洲竹島江渡海七度目唐人酒宴ニ長たる事).

3쌍 중에서 大八国이 高天原의 수호를 배경으로 해서 백제와 신라를 거느리는 천하의 중심이 된다는 『古事記』의 논리보다 더 좋은 것은 없다.

高天原의 수호가 천하의 중심이 되는 정통성이라는 『古事記』의 논리라면, 高天原에게 수호되는 隱岐島가 공존하는 松島와 竹島를 거느리는 중심이 되는 것은 당연한 일이기 때문이다. 그런 논리를 생각하면 야다가 「朝鮮国・隱岐国・出雲国」의 3국의 쌍과 「竹島・松島・隱岐島」라는 3도의 쌍, 학과 같다는 「板屋何兵衛・椿儀左衛門・矢田高當」의 3옹의 쌍을 열거한 이유가 분명해진다.[60] 3옹의 쌍은 장수한 3옹이 관여한 책이기 때문에 장수를 보장한다는 의미이므로 삼국・삼도의 쌍과는 성격을 달리 한다.

「朝鮮国・隱岐国・出雲国」이라는 3국의 쌍은 국가와 지역을 의미하는 國의 조합으로, 차원을 달리 하는 3쌍이다. 그런데도 야다는 3쌍으로 묶는 방법으로 동격화 하여 조선국을 出雲國와 隱岐國에 부속하는 나라로 위치시킨다. 隱岐国과 出雲国는 어떤 형태로든 高天原와 관계가 있는 나라인 것에 비해 朝鮮国은 高天原와 어떤 관계도 가지지 못하여 高天原가 수호하는 隱岐国나 出雲国와 동격이 될 수 없어, 저절로 주변국이 되고 만다. 「竹島・松島・隱岐島」라는 3쌍의 경우도 마찬가지다. 3島 중에서 高天原가 수호하는 것은 隱岐島뿐이기 때문에 竹島와 松島는 자동적으로 隱岐島에 부속하게 된다. 야다는 그런 결론을 목적으로 해서 쌍이나 3쌍, 4쌍으로 사물을 설명하고 「隱岐三ツ子の洲」라는 隱岐島에 渡大明神이 진좌하는 것으로 했다.

5. 결론

야다는 松島와 竹島가 녹색의 암도이기 때문에 영원하다고 믿고 자신의 편찬물을 『長生竹島記』로 명명하더니, 그것을 견문하면 장생이 보장된다는 효과론까지 제시했다. 사실로 보기 어려운 신념으로 송죽사상에 근거하는 관념으로 보아야 한다. 그런 관념 때문인지 『長生竹島記』에는 허구가 많다.

竹島 도해가 德川綱吉 대에 시작된 것으로 한 것을 비롯해서, 竹島에 大谷家・村川家만이 아니라 宮川家도 도해한 것을 한 것, 안용복의 일본 경험을 隱岐島로 한 정한 것, 두 번째 경험을 1694년으로 한 것, 11인의 일행을 2인으로 한 것, 2주간의 隱岐島 두류를 반나절의 방문으로 한 것, 수목이 자라지 않는 松島를 녹음의 섬으로 한 것 등이 대표적인 허구다.

---

60 朝鮮隱雲三ヶ国の長生の揃ひ実ニ三島鶴の乾坤并し宿りとも云フへし(十三, 結語).

야다는 사물을 쌍이나 3쌍으로 묶는 방법으로 사물을 동질화한다. 松島와 竹島를 쌍으로 묶는 것은 송과 죽은 서로 쌍을 이룬다는 송죽사상에 근거하는데 그의 목적은 따로 있다. 동방에 있는 松島가 일본의 섬이기 때문에 서방의 松島도 일본의 섬이라는 식으로 논리를 확장시켜, 아예 松島가 일본 서해의 끝이라는 결론을 이끌어 낸다. 그리고 그것을 근거로 松島와 쌍을 이루는 竹島의 영유를 말한다. 그런 관념에서는 竹島의 지리적 사실이나 막부가 내린「竹島渡海禁制令」같은 것은 문제가 되지 않는다. 관념이 사실보다 우선되는 것이다.

그런데 竹島가 일본의 섬이라는 관념은 야다에게 한정된 것이 아니었다. 1696년에 막부는 일본어민들의 竹島 도해를 금지시켰는데, 竹島 도해로 얻는 이익은 당사자에게만 한정되는 것이 아니었다. 그 일에 관계되는 선원들이나 竹島 산물을 막부에 헌상하던 鳥取藩에 이르기까지 지역사회의 많은 사람들이 이익을 얻고 있었다. 그래서 山蔭 지역 사람들은 竹島 도해가 재개되는 것을 염원하고 있었다. 岡島가 자신이 편한『竹島考』의 한 구절이라도 도해재개에 도움이 되면 영원한 행복이라고 말할 정도였다. 야다도 그런 지역사회의 염원에 응하여『長生竹島記』를 편찬했기 때문에 竹島가 조선의 섬이라는 것을 알면서도 竹島 영유에 강한 의지를 표현한다.

그런 야다에게 高天原가 守護하는 葦原中国가 세계의 중심이 되고, 大八島国가 백제 신라를 부속시킨 천하의 중심이 된다는『古事記』의 논리는 더 없이 중요한 논리였다. 隠岐島에 대한 高天原의 수호만 확인하면 松島와 竹島의 영유문제는 저절로 해결되기 때문이다. 그래서 出雲大社의 社人인 그는 隠岐島를 大八島国의 일국이었던「隠岐三ツ子の洲」라고 칭하고 高天原가 파견한 渡大明神이 진좌하는 섬으로 했다. 그것은 隠岐島가 高天原의 질서에 포함된다는 것이 되어 高天原와 무관한 松島와 竹島는 저절로 隠岐島에 부속하게 된다.

그런『古事記』의 논리를 아는 야다였기 때문에 먼저「松島는 일본 서해의 끝이다」라고 단정한 것이다. 그렇게 松島를 일본령으로 하면, 松島와 쌍을 이루는 竹島는 송죽사상으로 보아도『古事記』의 논리로 보아도 일본의 섬이다. 隠岐島가 松島·竹島와 같이 3쌍을 이루게 되면, 高天原가 수호하는 隠岐島는 자동적으로 松島와 竹島를 부속시키며 중심에 위치하기 때문이다.

야다는 그것을 목적으로 해서 쌍이나 3쌍으로 조합하는 방법으로 사물을 이야기하고「隠岐三ツ子の洲」라고 칭한 隠岐島에 高天原가 파견한 渡大明神이 진좌하는 것으로 했다. 그렇게 해야 隠岐島가 高天原의 수호를 배경으로 해서 자연스럽게 松島와 竹島를 거느리고 천하의 중심에 위치할 수 있다. 따라서 松島가 일본의 서쪽 끝이다라는 단정이나 조선에 가까운 竹島가 일본의 섬일지도 모른다는 의문은, 사실에 근거하는 것이 아니라, 竹島 도해의 재개를 염원하는 지역사회의 염원에 부응한 관념의 실현으로 보아야 한다.

요지문

Study on The Whole World of *Chosei Takeshima Ki*

The author Yada believed that Matsushima and Takeshima would be eternal because they were rocky islands densely covered with green, named his writing *Chosei Takeshima Ki*, and added that those who read it would deserve longevity. People cannot but say that his claim is a very unwarrantable one or merely a concept obsessed with Songjook thought.

Moreover, noteworthy are the following unsubstantiated claims: crossing the sea to Takeshima began from the time of Tuhnayosji; the Miyakawake family as well as the Ooyake and the Murakawakeyake families traveled; Mr. Yong　Bok Ahan's experience in Japan was limited to Okinoshima Island; and Genroku 9 and woodless Matsushima had been misdescribed as Genroku 7 and woody Matsushima respectively.

Yada tried to homogenize heterogeneous elements by uniting things in pairs. After setting out a logical argument that Matsushima in the western most of Japan should belong to Japan because there is Matsushima in the eastern most of Japan, Yada accepted his idea of Matsushima being the end of Japan as a fait accompli and claimed sovereignty over Matsushima. Beneath his notice was a geographical fact that Takeshima is closer to Joseon than Japan. For him, ideology took priority over reality or truth, which was the prevalent thinking in Sanin region. Based on the very same thought of the region, he had written *Chosei Takeshima Ki*.

In the same vein, for Yada, the logic of *Kojiki* (Records of Ancient Matters, 『古事記』) seemed to be absolute which Ashiwaranonakathukuni that Takamagahara protected was the center of the world and Ohoyasimanokuni that had conquered Kudara(百濟) and shiragi(新羅) was the center of the whole world. According to Kojiki, Takamagahara protected Okinoshima. Yada united Okinoshima and its western neighbors Matsushima and Takeshima in a triad and then he claimed sovereignty over Matsushima and Takeshima, because Okinoshima belonged to Japan.

With such intent, he described Matsushima as green so that it might make a pair with green Takeshima. And also, he tried to explain all things by uniting them in pairs or in triads.

He even named Okinoshima Island as Okimithukonoshima which had appeared in *Kojiki*. The reason why he named Okinoshima Island as the name from *Kojiki* is that, he thought, the island could be pledged a protection from Takamagahara which protected the whole world in the chronicle *Kojiki*, and furthermore Matsushima and Takeshima could be subjugated to Okinoshima which Takamagahara protected in the Kojiki.

Accordingly, *Chosei Takeshima Ki's* recording Matsushima as Japan's territory is not a fact, but a mere product of the author's imagination, hope or wish that Matsushima and Takeshima belonged to Japan.

參考文獻

竹内栄四郎所有『長生竹島記』(島根県史編纂掛、大正2年3月謄写).

田村清三郎『島根県竹島の新研究』(島根県総務課、昭和40年).

川上健三『竹島の歴史地理的研究』(古今書院、1966).

神野志隆光『古事記の世界観』(吉川弘文館、1986).

神野志隆光『古事記の達成』(東京大学出版会、1983).

神野志隆光『古事記をよむ』下(NHK出版、1994).

神野志隆光『古事記』天皇の世界の物語(日本放送出帆協会、1995).

池内敏『大君外交と「武威」』(名古屋大学出版会、2006).

權五曄編譯注『控帳』(冊舍廊、2009).

權五曄・大西俊輝編注釈『竹嶋紀事』1～1(韓國學術精報、2011).

權五曄・大西俊輝 編譯『元禄覚書』(J&C、2009).

權五曄・大西俊輝編譯注『竹島渡海有来記抜書控』上・下 巻(韓國學術精報、2011).

權五曄訳注『竹島及び鬱陵島』(韓国学術情報、2011).

権五曄編譯注『竹嶋之書附』(知性人、2012).

權赫晟譯『竹島考』上下(人文社、2011).

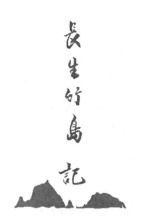

찾아보기

長生竹島記

편역주 약력

▌권혁성(權赫晟)

1995년 순천대학교 일어일문학과
2003년 동경대학 종합문화연구과 석사과정
2009년 동북대학 국제문화연구과 박사과정
2012년 현재 순천대학교 일본어일본문화학과 강사
2015년 한밭대학교 일본어과 강사
2016년 현재 중부대학교 항공서비스학과 강사

▌오오니시 토시테루(大西俊輝)

1946년 島根縣隱岐郡西鄉町(現 隱岐의 島町)生
島根縣立隱岐高等學校, 大阪大學醫學部, 腦神經外科專門醫, 醫學博士
大阪國學院 通信敎育部 卒業, 神職資格(權正階),
大阪市立大學大學院大學 都市情報部卒業
현재(醫)厚生醫學會理事長
(社福) 厚生博愛會理事長
隱岐國 原田向山 大山神社 宮司

著譯書
『레이져 醫學의 臨床』, 『Illustrated Laser Surgery』, 『山陰沖의 古代史』, 『山陰沖의 幕末維新 動亂』, 『人肉食의 精神史』, 『柿本入麻呂와 아들 躬都郎』, 『隱岐는 繪島, 歌島』, 『日本海와 竹島』, 『心의 誕生』, 『水若祚神社』, 『續日本海와 竹島』, 『隱州視聽 合紀』, 『元祿覺書』, 『竹島文談』, 『竹島渡海由來記拔書控』, 『竹嶋紀事』卷一, 『安龍福과 元祿覺書』, 『大西俊輝, 독도개관』, 『竹嶋紀事1 1, 3』, 『竹嶋紀事2 1, 3』, 『竹嶋紀 事3 1, 3』, 『日本海와 竹島』

감수 약력

▌권오엽(權五曄)

忠南大學校 人文大學 명예교수
dongsana@daum.net

學 歷   群山高等學校, 서울敎育大學, 國際大學, 北海島大學院, 東京大學術博士(廣開土王碑文의 天下)
         經歷 서울시초등학교교사, 忠南大學校 日語日文學科 敎授.

연 구   『萬葉集』, 『古事記』를 매개로 고대 가요와 신화를 연구하고, 그것을 토대로 광개토왕비문의 천하사상을 정리한 다음에, 기록된 독도의 본질을 연구하고 있음.

논 문   「広開土王碑文의 世界」, 「韓日建国神話의 世界観」, 「檀君神話의 人間」, 「于山國의 宗敎와 獨島」, 「通政大夫 安龍福」외 다수.

역저서   『古事記』, 『廣開土王碑文의 世界』, 『元祿覺書』, 『獨島と安龍福』, 『獨島』, 『隱州視聽合紀』, 『竹嶋紀事』, 『竹島考』, 『독도이야기』, 『독도·우산국 신화』외 다수.